高等院校**通识教育**
**新形态**系列教材

朱根华 艾卫平◎主编
付滢 张卫平 胡海生 乔信江◎副主编

U0734267

大学生
# 劳动教育

|实|践|版|

人民邮电出版社
北京

**图书在版编目（CIP）数据**

大学生劳动教育：实践版 / 朱根华，艾卫平主编.
北京 ：人民邮电出版社，2025. --（高等院校通识教育
新形态系列教材）. -- ISBN 978-7-115-65304-8

Ⅰ. G40-015

中国国家版本馆 CIP 数据核字第 2025HR6181 号

## 内 容 提 要

本书是为落实德智体美劳全面发展的教育方针，针对高等院校开设的劳动教育必修课而编写的教材。本书将理论与实践相结合，分别介绍了认识劳动、树立劳动观念、弘扬劳动精神、培育劳动品质、开展劳动实践、保障劳动安全及维护劳动权益等内容。

本书附有大学生劳动实践手册，手册中涉及的实践有家庭生活劳动实践、校园生活劳动实践、校园公益劳动实践、社会公益劳动实践和生产劳动实践，可以有效指导大学生进行相应的劳动实践。另外，本书在正文中穿插了大量的真实案例，以供大学生学习、参考，进而引导大学生树立正确的劳动观，培养高尚的劳动精神与优良的劳动品质。

本书适合作为高等院校劳动教育课程的教材，也可作为各行各业进行劳动教育的参考用书。

◆ 主　　编　朱根华　艾卫平
　　副 主 编　付　滢　张卫平　胡海生　乔信江
　　责任编辑　任书征
　　责任印制　陈　犇

◆ 人民邮电出版社出版发行　　北京市丰台区成寿寺路 11 号
　　邮编　100164　电子邮件　315@ptpress.com.cn
　　网址　https://www.ptpress.com.cn
　　三河市中晟雅豪印务有限公司印刷

◆ 开本：787×1092　1/16
　　印张：10　　　　　　　　　　　2025 年 6 月第 1 版
　　字数：264 千字　　　　　　　　2025 年 6 月河北第 1 次印刷

定价：49.80 元（附小册子）

读者服务热线：(010)81055256　印装质量热线：(010)81055316
反盗版热线：(010)81055315

# 编 委 会

劳动是成功的必经之路，劳动教育是助力大学生成长成才的关键。劳动教育强调劳动是一切财富和价值的源泉，倡导大学生通过诚实劳动创造美好生活、实现人生梦想，反对一切不劳而获、崇尚暴富和贪图享乐的错误思想。劳动教育植根中华优秀传统文化，承载着以劳动立德树人的理念，对于开展创新劳动和建设教育强国意义重大。

劳动教育是中国特色社会主义教育制度的重要内容。2020年，教育部印发的《大中小学劳动教育指导纲要（试行）》明确指出，劳动教育是新时代党对教育的新要求，是中国特色社会主义教育制度的重要内容，是全面发展教育体系的重要组成部分，是大中小学必须开展的教育活动。2022年，党的二十大报告指出，要"全面贯彻党的教育方针，落实立德树人根本任务，培养德智体美劳全面发展的社会主义建设者和接班人。坚持以人民为中心发展教育，加快建设高质量教育体系，发展素质教育，促进教育公平"。

本书紧扣教育部印发的《大中小学劳动教育指导纲要（试行）》的要求，结合大学生的身心特点编写而成。本书立足劳动教育的实效性，注重内容的可读性和实用性，用丰富的案例和劳动实践活动帮助大学生树立正确的劳动观念、培养必备的劳动能力、培育积极的劳动精神、养成良好的劳动习惯和品质。

## 一、本书内容

本书的内容安排如下。

- 第一章（认识劳动）：主要介绍劳动的内涵、分类和劳动过程的三要素，劳动与教育和新时代的劳动等内容。
- 第二章（树立劳动观念）：主要介绍马克思主义劳动观、中国特色社会主义劳动价值观及大学生择业、就业与创业观等内容。
- 第三章（弘扬劳动精神）：主要介绍劳动精神、工匠精神和劳模精神等内容。
- 第四章（培育劳动品质）：主要介绍勤俭节约、吃苦耐劳、创造性劳动及团结合作等内容。
- 第五章（开展劳动实践）：主要介绍日常生活劳动实践、生产劳动实践和服务性劳动实践等内容。
- 第六章（保障劳动安全）：主要介绍树立安全意识、掌握安全防范技能、掌握救护常识等内容。
- 第七章（维护劳动权益）：主要介绍合法劳动、劳动合同和劳动权益保护等内容。

# 前言

## 二、本书特色

本书全面梳理了与大学生劳动教育相关的内容，并从多个方面进行阐述，特点主要体现在以下 4 个方面。

（1）**重视劳动实践**。本书注重劳动教育的实用性，不仅介绍了理论知识和劳动实践的内容，还设计了大学生劳动实践手册，该手册包含家庭生活劳动实践、校园生活劳动实践、校园公益劳动实践、社会公益劳动实践和生产劳动实践 5 个模块，每个模块又分为几个具体的实践项目。其目的，一是让大学生通过实践活动更好地理解正文讲述的知识；二是让大学生身体力行地参与劳动，深刻体会劳动、感受劳动，在劳动中走向自立；三是通过劳动实践培养大学生的劳动精神，让大学生养成良好的劳动习惯。

（2）**引导学以致用**。本书不仅着重培养大学生的劳动精神和劳动品质，还希望能够引导或指导大学生进行各种实践活动，提高大学生解决生产、生活问题的能力。同时，本书还围绕大学生的求职就业问题，介绍了劳动权益保护等内容，旨在为大学生的求职就业提供帮助。

（3）**案例丰富**。本书附有大量案例，这些案例中的人物有劳动模范、大国工匠，也有普通人，具有很强的可读性和参考性。以他们为榜样，大学生可以更好地树立正确的劳动观，培养良好的劳动精神与劳动品质。

（4）**配套资源丰富**。本书提供了丰富的配套资源，包括 PPT、教学大纲、教学教案等，用书教师可以访问人邮教育社区（www.ryjiaoyu.com），搜索本书书名进行下载和使用。

## 三、致谢

本书的出版得到各方的关心与支持，在此表示衷心的感谢！在编写本书的过程中，编者参考和使用了一些参考资料，在此谨向这些参考资料的作者致以诚挚的谢意！

编者

2025 年 2 月

# 目录

# 目录

# 第一章
# 认识劳动

## 沉心科技创新，做新时代的一颗螺丝钉

张运文，1985 年出生，2008 年毕业于闽江学院物理学专业。2009 年，张运文加入三明市海斯福化工有限责任公司（以下简称"海斯福"），现任海斯福副总经理，入职 10 多年，先后荣获"三明市劳动模范""福建省劳动模范""全国劳动模范"等荣誉称号。

进入海斯福以来，张运文始终以高标准严格要求自己，全身心投入公司的科研工作。他负责研发的新产品批量投入生产后，不仅为公司创造了不菲的利润，还推动了公司的品牌建设。除了开发新产品，产品的技术改造也是张运文的一大工作重点。10 多年来，张运文带领团队完成了十几项非常重要的工业改造，有效降低了产品生产的单耗，提高了生产效益，也让生产安全得到保障、生产过程更加环保。

在闽江学院组织开展的"劳模工匠大讲坛"上，张运文以《劳动是一切幸福的源泉》为题，传授自己的学习经验及方法，激励同学们要勇于吃苦，不畏困难，敢于开拓创新，培育坚韧不拔、奋发图强的劳动品格，现在专注学业、将来爱岗敬业，用勤勉的劳动闯出属于自己的一片天地。

张运文负责研发新产品和进行产品的技术改造，在此过程中，他既实现了个人价值，也创造了社会效益，这是劳动的价值所在。从某种程度上来说，劳动不只关系个人的成败，还关乎民族的兴衰、国家的存亡、文明的进步和退化。大学生接受劳动教育，首先应对劳动有清晰的认识，以便树立正确的劳动价值观，培育劳动精神和劳动品质。

## 第一节　劳动概述

劳动自人类社会诞生起就存在，是人类文明的基石。随着社会的发展、文明的进步，人们对劳动有了更广泛和深入的认识，总结出诸多关于劳动的理论知识，这为当代大学生认识劳动提供了便利。下面一起来了解劳动的内涵、劳动的分类和劳动过程的三要素。

### 一、劳动的内涵

劳动在人类社会形成过程中起到决定性的作用，它不仅是人类基本的实践活动和存在

方式，也是人类生存和发展的基本条件。大学生可以从以下 3 个方面来了解劳动的内涵。

### 1. 劳动是人类活动，有别于普通生物活动

劳动作为人类活动的一种特殊形式，具有目的性与意识性、创造性与变革性、伦理性与价值性，以及制造和使用劳动工具等显著特征。这些特征使得劳动与普通生物活动有着本质的区别。

（1）目的性与意识性

劳动是人类有意识、有目的的活动。正如马克思所说："蜜蜂建筑蜂房的本领使人间的许多建筑师感到惭愧。但是，最蹩脚的建筑师从一开始就比最灵巧的蜜蜂高明的地方，是他在用蜂蜡建筑蜂房以前，已经在自己的头脑中把它建成了。"人类会根据自己的需求和目标来规划、组织和实施劳动。这种目的性和意识性是劳动与普通生物活动（如动物的觅食、筑巢等）的根本区别之一。相比之下，普通生物的活动往往出于生存的本能，缺乏明确的目的和意识。

（2）创造性与变革性

劳动不仅是人类生存和发展的手段，也是人类创造和变革世界的途径。通过劳动，人类能够不断创造新的物质财富和精神财富，推动社会的进步和发展。这种创造性和变革性是劳动的独特价值所在。而普通生物的活动则更多是在适应环境，无法创造出新事物。

（3）伦理性与价值性

在劳动过程中，人们形成了各种价值观念、道德规范和伦理观念，这些观念和规范是人类文化的重要组成部分。同时，劳动也是实现个人价值和社会价值的重要途径。这种伦理性和价值性是人类劳动所独有的，也是劳动区别于普通生物活动的重要特征。

（4）制造和使用劳动工具

人类劳动的一个显著特征是能够制造和使用劳动工具。通过制造和使用劳动工具，人类能够更好地适应环境，更有效地改造自然，满足自身的需求。相比之下，普通生物则主要依赖自身的身体结构和本能来适应环境，很少或无法制造和使用劳动工具。

### 2. 劳动是精神支配的人类活动，有别于非精神支配的人类活动

劳动是人类独有的生存活动，是一种精神支配的人类活动，但这并不表示人类的一切生存活动都是劳动。呼吸、眨眼等活动，便是非精神支配的人类活动，这种活动的存在说明人类仍然保留着某些与普通生物一致或类似的本能。这种非精神支配的、具有本能性质的人类活动，在本质上是区别于劳动的。以呼吸为例，人类为了获取氧气并排出二氧化碳会自发地产生呼吸行为，这种非精神支配的人类活动不属于劳动。但如果人类在生火时，为了使火焰变大而大口向火焰吹气，这种大口呼吸的活动便是在精神支配下产生的，因此属于劳动的范畴。

### 3. 劳动是人类创造物质、精神财富的活动，有别于休闲娱乐活动

《现代汉语词典》（第 7 版）将劳动定义为"人类创造物质财富或精神财富的活动"。其中，物质财富是指满足人类生产生活需要的物资；精神财富是指人们从事智力活动所取得的成就，主要是指在文化、科学、技术、教育、卫生、体育、军事等领域取得的成果，这些成果以知识形态存在，例如，诗歌、小说、散文等文学作品，画作、雕塑、音乐、舞

蹈等艺术作品，万有引力定律、相对论等科学发现，活字印刷术、电灯等技术发明，以及一些教育理念、体育精神、军事理论等。但要注意的是，打游戏、看电影、逛街购物及参加体育运动等属于休闲娱乐活动，这类活动虽然能够愉悦身心、丰富生活、促进人际交往，是人类不可或缺的活动，但不是劳动，原因在于休闲娱乐活动不以创造性地获得劳动成果为目的。

　　总的来说，劳动是人类创造物质、精神财富的活动，是人类为了达到一定的生活目的，在精神支配下进行的活动，这些是劳动的内在本质。正是这些内在本质，让劳动与普通生物的活动区别开来。

## 案例品读

### 在沙漠种出 7 万亩绿洲的"治沙女杰"殷玉珍

　　1966 年，殷玉珍出生在陕北一个农村家庭。后来，殷玉珍远嫁内蒙古自治区鄂尔多斯市乌审旗无定河镇萨拉乌苏村。夫家住在毛乌素沙漠深处，四周鲜有人家，没有树，也没有花草和菜地。在沙梁的坚硬处掘开一个地窖，一个人需猫着腰才能进去，里面铺上柴草和枯枝，两个人在里面都转不开身，这就是殷玉珍的新房。更可怕的是风沙对生存的威胁，铺天盖地的黄沙随时都有可能把小屋吞噬。风一停，一家人便赶快用铁锨把门口的沙一点一点挪开，这样的情景几乎天天出现。性格刚强好胜、隐忍开朗的殷玉珍做了一个大胆的决定：种树。在她看来，"宁肯种树累死，也不叫沙欺负死"。

　　那时殷玉珍家里最大的财产是一只羊羔和一只瘸腿的羊。1986 年春天，殷玉珍用家里的一只羊换回了 600 棵树苗，种在房子周围。冬去春来，经历了风霜和干旱后，虽然栽下的 600 棵树苗中存活的不足 10 棵，但这让殷玉珍看到了希望。从此，一场持久的"人沙战斗"开始了。

　　丈夫白万祥时常外出打工，因此多数时候是殷玉珍一个人在种树，而在保证一家人的用度后，白万祥把挣的钱都拿去买树苗了。尽管殷玉珍夫妇的生活条件艰苦，困难重重，但他们始终坚持不懈。

20 世纪 80 年代的毛乌素沙漠
（图片来源：人民网）

殷玉珍种树旧照
（图片来源：新华社）

　　就这样春去秋来，殷玉珍夫妇在沙漠中种树治沙 30 多年，成功摸索出一套层层设防、步步为营的方法。到 2024 年初，他们一起在沙漠中治理流动沙丘 7 万多亩，种植了上百万棵柳树、杨树、侧柏、云杉和樟子松等，建成了 4000 多米的防风带、6000 多米的输水渠道。此外，殷玉珍还养殖了牛、羊，种植了樱桃树、桃树、梨树等果树，打造了沙漠生态园。用汗水和心血浇灌出的沙漠绿洲，改善了当地环境，改良了土壤。声音比拖拉机还大的风没有了，埋人的沙尘也没有了。果园里硕果累累，农场里牛羊成群。殷玉珍不仅做到了在沙漠里活下来，还做到了在沙漠里富起来。她不仅把沙漠变成了青山，还正在把沙漠变成金山、银山。富起来的殷玉珍还带动周边农牧民植树造林，种树致富。

毛乌素沙漠深处绿意盎然，殷玉珍的生态园小有规模
（图片来源：人民网）

殷玉珍的事迹感动了许多人，她的故事被拍成纪录片、写成书在国内外传播，她成了国内外学习的典范。对推动环保事业和促进社会进步做出的重要贡献，使殷玉珍获得"全国劳动模范""中华环境奖""全国三八红旗手""贾思勰农业奖"杰出贡献奖，以及"诺贝尔和平奖"提名等诸多荣誉。尽管荣誉满身，殷玉珍仍旧不忘初心，活跃在治沙造林的道路上。

**点评：**殷玉珍在荒凉的沙漠中，通过坚持不懈地治沙造林，将不毛之地变成"绿色王国"，不仅改善了自身的生活环境，还为周边农牧民带来了福祉。大学生应该认识到，无论身处何种环境，只要肯劳动、勇于奋斗，就能创造出属于自己的美好生活。

## 二、劳动的分类

按照不同的分类方式，劳动可以划分为不同的类别，如分为体力劳动与脑力劳动、个人劳动与集体劳动、简单劳动与复杂劳动、生产劳动与非生产劳动、常规劳动与创造性劳动等。

### 1. 体力劳动与脑力劳动

按照主要消耗体力还是脑力，劳动可分为体力劳动和脑力劳动。

（1）体力劳动

体力劳动即以使用或消耗体力为主的劳动，主要涉及日常生活劳动、生产制造、农业种植等，如洗衣做饭、耕耘种植、房屋修建等。

（2）脑力劳动

脑力劳动即以使用或消耗脑力为主的劳动，主要涉及科学研究、设计、管理、教育等，如教师教书育人、设计师设计图稿等。

人类创造的劳动产品都是体力劳动和脑力劳动共同作用的结果，体力劳动是脑力劳动的基础，脑力劳动支配体力劳动，二者共同创造价值。出于习惯，人们将体力活动占优势的劳动称为体力劳动，将脑力活动占优势的劳动称为脑力劳动。也就是说，在活动中，体力劳动和脑力劳动是共存的，只是所占的比例不同。例如，木匠切割木材，虽然以体力劳动为主，但也离不开脑力劳动，需要木匠思考切割的位置、方向、力度等。又如，教师教书育人，向学生讲述专业知识，传递先进思想，启迪学生智慧，这一活动虽然以脑力劳动为主，但在黑板上书写教学内容、在学生作业本上做批注等则属于体力劳动。

木匠切割木材以体力劳动为主      教师教书育人以脑力劳动为主

### 2. 个人劳动与集体劳动

按照人数多寡和组织形式的不同，劳动可分为个人劳动和集体劳动。

（1）个人劳动

个人劳动主要指个人独立完成任务的劳动形式，一般是个人为了满足生活和工作的需要进行的各种劳动。例如，个人做家务活、个体户独立经营自己的便利店等。个人劳动强调个人的独立性、自主性和灵活性，个人对自己的劳动成果承担全部责任。

（2）集体劳动

集体劳动主要指多人共同完成任务的劳动形式。例如，在家庭劳动中，所有家庭成员明确分工，大家一起打扫房间卫生。又如，在现代工业生产中，生产线上的工人分别负责不同的工序，通过流水线作业共同完成产品的生产。在集体劳动中，各个劳动者之间相互配合、协作以实现集体的目标，这有助于提高劳动的效率。

写作是个人劳动      工人在车间进行集体劳动

### 3. 简单劳动与复杂劳动

按照复杂程度的不同，劳动可分为简单劳动和复杂劳动。

（1）简单劳动

简单劳动指不需要经过专门训练和培养，每个劳动者都能从事的劳动，如清洁工作、搬运工作等，对劳动者要求低。

（2）复杂劳动

复杂劳动指需要经过专门训练和培养，具有一定文化知识和技术特长的劳动者才能从事的劳动，如医生、律师的工作等，对劳动者要求高。

在同样的劳动时间内，简单劳动和复杂劳动所创造的价值是不同的，复杂劳动创造的价值往往高于简单劳动。例如，两位编织毛衣的工人，他们都用一小时完成毛衣编织。但其中一位工人通过复杂的技术和工艺，能够编织出带有精美花纹的毛衣，而另一位工人只能编织出普通毛衣。尽管两件毛衣的生产时间相同，但因为技术的差异，一般带有精美花纹的毛衣被认为更具价值，因此售价更高。

此外，随着科学技术的进步和文化教育水平的提高，过去的复杂劳动可以转变为现在的简单劳动。例如，随着人工智能（Artificial Intelligence，AI）工具的普及，绘画、图片设计、文案创作等复杂劳动，可以借助 AI 工具的文生图、图生图和创意文案等功能轻松完成，AI 工具使原本需要复杂创意和技能的工作变得简单和高效。

### 4. 生产劳动与非生产劳动

按照表现形式的不同，劳动可分为生产劳动与非生产劳动。

（1）生产劳动

生产劳动指创造物质财富的劳动，包括农业、林业、制造业、建筑业、交通运输业等生产部门中的劳动，以及流通领域中存在的与生产相关的那部分劳动，如产品的搬运、分类、加工、包装、保管等。从事生产劳动的劳动者并不一定都亲自动手或直接参加生产，只要其劳动属于生产劳动总体的一部分，如从事劳动管理、技术管理、人事管理、工艺流程设计等，就都属于生产劳动。

（2）非生产劳动

非生产劳动指直接或间接进行非物质资料生产的劳动，它不是人类社会一开始就有的，而是随着物质资料生产的发展，随着人们对精神生活、生活服务等各方面需求的不断增长而出现的。人们所进行的社会管理活动是非生产劳动，创造精神财富的基础科学研究、教育、艺术创作等也属于非生产劳动。

工人搬运产品属于生产劳动　　　　　　演员表演古筝弹奏属于非生产劳动

生产劳动与非生产劳动都是社会分工体系中不可缺少的部分。生产劳动为非生产劳动提供存在和发展的条件，而非生产劳动为生产劳动的发展提供精神动力和智力支持。例如，

作家创作启迪思想的文艺作品，以丰富读者的思想内涵，陶冶读者的思想情操，这是非生产劳动。若作家想将自己创作的文艺作品印刷成书，供读者阅读和欣赏，则需要将文艺作品交给工人印刷，印刷成书过程中的排版、校对、装订等活动，都是生产劳动。

### 5. 常规劳动与创造性劳动

按照性质的不同，劳动可分为常规劳动和创造性劳动。

（1）常规劳动

常规劳动也称重复性劳动，是指利用已有的知识、经验和技能，按照一定规律反复进行的劳动，如工厂的流水线作业、服务业的接待服务，以及日常生活劳动等。

（2）创造性劳动

创造性劳动也称创新劳动，是指突破惯常的思维方式、生产方式、组织方式，创造和运用全新的思维观念、知识技术、工艺流程等，从而提高劳动效率，或产出新知识、新方法、新技术、新成果的劳动，如产品研发、创意产品生产设计等。

常规劳动和创造性劳动既相互区别又联系紧密。其一，常规劳动是创造性劳动的基础。常规劳动经过人们的反复实践，为创造性劳动提供了必要的知识、技能和经验基础。创造性劳动则是在这些基础上进行的创新和突破。可以说，没有常规劳动的积累，创造性劳动无法产生。其二，创造性劳动是常规劳动的推动力。常规劳动无法满足劳动的多样性和复杂性需求时，会促使人们进行创造性劳动，而创造性劳动中所产生的技术成果也会应用到常规劳动中，以提高劳动效率和质量。可以说，没有创造性劳动的推动，常规劳动难以进步。此外，在一定条件下，常规劳动和创造性劳动可以相互转化。

---

### 案例品读

#### "人民教育家"于漪

于漪，1929年2月出生，长期躬耕于中学语文教学事业，坚持教书育人，主张教育思想和教学实践同步创新，撰写数百万字教育著述，许多重要观点被教育部门采纳，为推动全国基础教育改革发展做出突出贡献，获"全国先进工作者""全国三八红旗手""全国教书育人楷模""人民教育家"等荣誉称号。

于漪是一线课堂里生长的"人民教育家"，从1951年走上教师岗位，她便立志把个人的前途与祖国的命运紧密联系在一起。"热爱祖国，首先要积极投入祖国建设，热爱自己的专业，刻苦钻研，以身相许。"于漪是这么说的，更是这么做的。她把全部的才情和汗水都奉献给钟爱的教育事业，奉献给自己的学生。

听过于漪的课的人都会对她高超卓越的教学技巧叹服不已，但于漪却时常在上完课后觉得自己的教学方法仍存在不足。每次课后于漪都要从两个方面进行反思：一是学生的闪光点；二是自己的不足、缺陷，甚至错误。

于漪对自己的课有严苛的要求。她说："我们老师的课要教到学生心中，从课的质量到人的精神，努力做到每节课都有亮点，都有耐人咀嚼、耐人寻味的东西，经得起听，让不同水平的学生都能受益，都有满足感和上进心；每节课都让自己的信念、情操、学识在闪光。"

"真的要把教育做到骨头缝里，拿出心血，拿出智慧。"于漪在 1978 年提出的"教文育人"和 1996 年倡导的"弘扬人文"的主张，都在语文教育思想发展史上产生了重要影响。于漪说，教师的一个肩膀挑着学生的现在，一个肩膀挑着国家的未来。或许正是因为对教师责任的清醒认识，于漪在培养青年教师上投入了大量精力，只要健康状况允许，她就会到一线课堂听课，最终培养出了三代特级教师和一批全国知名的教学能手。

"坚守中国立场，拥有世界视野，以教育自信创建自信的教育，走自己的路，我们的定力将更强大，我们的前途会更宽广。"如今于漪仍然时刻关注着教育热点和话题，对中国教育充满深情和希冀。

"人民教育家"于漪
（图片来源：人民网）

**点评：** 于漪长期躬耕于语文教学事业，坚持教育思想和教学实践的同步创新。她将个人的前途与祖国的命运紧密联系在一起，把全部的才情和汗水都奉献给了钟爱的教育事业，用自己的一生诠释了劳动的伟大与崇高。她的故事将激励后来者在教育事业的道路上不断前行、不断奋斗。

## 三、劳动过程的三要素

劳动过程是指劳动者运用劳动资料对劳动对象进行加工，生产使用价值的过程。例如，建筑工使用抹泥板和砖刀等砌砖建筑房屋，这就是劳动过程；木匠用斧头、锯子等加工木材，生产桌、椅、床等，这也是劳动过程。马克思在《资本论》中指出，劳动过程的简单要素是有目的的活动或劳动本身、劳动对象和劳动资料。他还表示，如果整个过程从其结果的角度、从产品的角度加以考察，那么劳动资料和劳动对象表现为生产资料，劳动本身则表现为生产劳动。也就是说，劳动过程必须具备 3 个要素，即劳动本身、劳动对象和劳动资料，劳动对象和劳动资料的总和被称为生产资料。例如，在建筑工使用抹泥板和砖刀等砌砖建筑房屋的劳动中，建筑工建筑房屋是劳动本身，砖、水泥是劳动对象，抹泥板和砖刀是劳动资料；在木匠用斧头、锯子等对木材进行加工，从而生产出桌、椅、床等产品的劳动中，木匠加工木材是劳动本身，木材是劳动对象，斧头、锯子等是劳动资料。

### 1. 劳动本身

劳动本身即劳动者的劳动。劳动者的劳动强调有意识、有计划、有目的的活动，这与动物的本能活动不同。劳动者的劳动在劳动过程中起决定性作用，通过劳动者的劳动，物质资料被转化为满足人们需要的产品。

### 2. 劳动对象

劳动对象是劳动者把自己的劳动加在其上的一切物质资料。劳动对象是生产过程中必不可少的要素，有了劳动对象，劳动者才有可能使用劳动资料进行劳动。缺少劳动对象，劳动者就不能生产任何产品。劳动对象通常分为两类：一类是未经加工的自然环境中的物质，如矿藏、森林等；另一类是经过加工的原材料，如棉纱、木材、钢材等。

### 3. 劳动资料

劳动资料也称劳动手段，即劳动者用来影响或改变劳动对象的一切物质资料或物质条件。劳动资料中最主要的是劳动工具，劳动工具是其他物质资料得以成为劳动资料的前提。劳动工具的种类有很多，如机械工具、运输工具、测量工具、试验工具等。

劳动的 3 个要素相互联系。只有有了劳动对象，劳动者才能使用劳动资料进行劳动，创造出物质财富和精神财富。由于在劳动中的作用不同，劳动对象与劳动资料有时并不是完全分开的。例如，在家畜饲养中，家畜既是饲养者的劳动对象，又是制造肥料的劳动资料；在农业生产中，土地既是农业生产者的劳动对象，又是农业生产者栽种农作物的劳动资料；在工业生产中，货车在被制造时属于劳动对象，在运输货物时又属于劳动资料。在这 3 个要素中，劳动本身是最根本、最重要的。

在农业生产中，土地既是农业生产者的劳动对象，又是农业生产者栽种农作物的劳动资料

### 知识扩展

劳动工具也被称为生产工具，是人们在生产过程中用来直接对劳动对象进行加工的物件。劳动工具是技术的物化，是一个时代生产力发展水平的标志，对劳动的规模、劳动的效率都有直接的影响。作为主要的劳动资料，劳动工具在劳动者和劳动对象之间起传导劳动的作用。从原始社会的石斧、弓箭，到现代社会的各种各样的机器、智能设备等，这些劳动工具都起着传导劳动的作用。人类的聪明才智和劳动能力是在制造与使用劳动工具、熟悉劳动的过程中形成的。

# 第二节 劳动与教育

劳动与教育自古以来就有千丝万缕的联系，《孟子》中就有"后稷教民稼穑，树艺五谷；五谷熟而民人育"的记载。新时代，劳动教育是中国特色社会主义教育制度和国民教育体系的重要内容，是学生成长的必要途径。2020 年，《关于全面加强新时代大中小学劳动教育的意见》，对新时代劳动教育做了顶层设计和全面部署，强调劳动教育具有树德、增智、强体、育美的综合育人价值。

# 一、以劳树德

以劳树德是劳动教育的价值导向，强调通过劳动培养、塑造人的道德品质。对大学生来说，要懂得通过劳动实践培养个人的品德。

### 1. 懂得劳动的伟大意义，树立正确的劳动观念

了解劳动是人的本质，劳动创造世界、劳动创造历史、劳动创造价值、劳动创造人本身，劳动是促进人全面发展的重要途径；懂得"劳动最光荣、劳动最崇高、劳动最伟大、劳动最美丽"的道理；树立崇尚劳动、热爱劳动、诚实劳动的观念。

### 2. 培养热爱劳动和劳动人民的情感

养成热爱劳动的习惯，尊重劳动者和珍惜劳动成果。形成以劳动为荣，以懒惰为耻的品质。抵制好逸恶劳、贪图享受、不劳而获、奢侈浪费等恶习。

### 3. 增强诚实劳动意识

在劳动实践中强化诚实劳动意识，反对不劳而获、投机取巧的行为，懂得空谈误国、实干兴邦的深刻道理，以培养科学精神和提高创造性劳动能力。

### 4. 培养社会责任感和奉献精神

深刻理解自己的劳动成果对社会的价值和意义，从而增强社会责任感，意识到自己作为社会一员应该承担相应的社会责任。同时，体会服务社会的快乐和成就感，培养乐于助人、乐于奉献的精神。

---

## 案例品读

### 快乐的乡村教师袁辉

袁辉 2012 年从南京大学历史系毕业后，放弃导师推荐的工作机会，经过慎重考虑，决定开启他的"无限期支教"之路。经历多次辗转，袁辉于 2012 年 9 月来到湖北省恩施土家族苗族自治州巴东县清太坪镇姜家湾教学点从事志愿支教工作。

巴东县位于湖北西部的大山深处，当时，山里的生活很苦，教学点没有自来水，吃喝洗漱用水都没有保障，遇到枯水季节只能用农户家楼顶积存的雨水。

他的卧室里只有一张床、一张书桌、两条凳子和一个锅。面对困难，袁辉没有退缩。他专注于教学，主动融入乡村，走进孩子们的世界。"快乐学习"是袁辉给孩子们带来的最好礼物。课堂上，不管多么枯燥的内容，他总是用幽默的语言、别致的解说，让孩子们学在其中、乐在其中。下课后，他和孩子们一起踢球、聊天、做游戏，成为孩子们的好朋友。课余时间，袁辉经常被附近的学校请去授课，他还蹬着自行车在学生家之间来回穿梭，为学生辅导功课、讲故事……

为提高山里孩子们的生活和教育水平，袁辉发动身边的朋友，邀请他们到山里走

走看看，并联系南京大学红十字会、湖北省大学记忆支教助学服务中心等组织，为山里的孩子募集图书、衣物、文具、体育用品等。当地政府每个月为他提供的生活补助，除了满足日常的生活需要，剩余的他全用来给学生买辅导资料等。

如今，袁辉曾支教的白沙坪小学已经焕然一新。孩子们每周有免费水果吃、有牛奶喝。贫困家庭的孩子，冬天还会收到新棉袄……这些改变，与袁辉息息相关。

2020年，袁辉离开待了8年的巴东县，再次背起简单的行囊，来到恩施州建始县望坪初级中学继续支教。在建始县望坪初级中学，袁辉继续发光发热，还联系了更多的志愿者来到这里开展支教活动。

10多年来，从巴东县到建始县，袁辉教过的不少学生走出了大山，考上武汉大学、南开大学、中国人民大学等高等院校。到现在，袁辉已经获得了"中国好人""荆楚楷模""中国青年五四奖章""湖北省道德模范""最美志愿者""最美基层高校毕业生"等荣誉。

袁辉拿着学生送给他的画（图片来源：湖北日报）

**点评：** 袁辉是一位让人钦佩的乡村教师。"心之所向，素履以往"就是他青春的真实写照。在服务基层的过程中，袁辉一直坚守初心，将清贫单调的大山生活过得有滋有味，他把个人追求融入时代洪流，敢于追梦、努力奋斗、赤诚奉献，以教育之力助推乡村发展，为乡村振兴注入了人才"活水"。

## 二、以劳增智

以劳增智是指在劳动教育中，通过劳动实践促进人的智力发展，它强调在劳动过程中学习和应用知识与技能，培养思维能力。具体来说，以劳增智体现在增长知识、掌握劳动技能和发展思维这3个方面。

### 1. 增长知识

劳动是获取知识的一条重要途径。陶铸曾说："劳动是一切知识的源泉。"这是因为人们通过劳动能够积累宝贵的生活、生产知识，促进智力发展，并能够学以致用，成为具有真才实学的人才。我国的二十四节气就是先人在劳动中不断总结出来的知识。二十四节气将农耕生产与大自然的气候变化结合在一起，指导人们更好地开展农活，进而获得好收成。例如，"立夏不下，桑老麦罢"的意思是立夏之日如果没有下雨，这一年的收成可能成问题。又如，"清明前后，种瓜点豆"的意思是清明节一到，气温升高，雨量增多，正是春耕春种的大好时节。

虽然当今社会大学生获取知识的途径多种多样，如可以通过课本学习知识，也可以通过阅读课外书籍获取知识，还可以通过互联网学习知识，但"纸上得来终觉浅"，只有通过不同形式的劳动实践，包括做实验、参加技能比赛、参与科研项目，以及参加志愿者活动等，才能更好地理解和应用知识，获得新的感悟，实现知识的巩固与增长。

### 2. 掌握劳动技能

劳动实践是人们培养实际操作能力的有效途径。通过亲身参与劳动过程，人们可以直观地了解和掌握某项技能。例如，在农田里劳作，人们能够亲身体验到农作物的种植技术，了解农作物的生长周期，这种实践经验远比书本上的知识更为深刻和实用。同样，在工厂车间进行实操，可以让人快速掌握机器的操作要领，提高生产效率。

学生进行劳动实践，学习农业知识

在实践中掌握维修计算机主板的技能

### 3. 发展思维

瑞士心理学家让·皮亚杰通过研究得出结论：人的知识来源于动作，动作是感知的源泉和思维的基础。也就是说，思维的形成和发展需要劳动活动中各种因素的刺激。如果一个人从小就不参与劳动活动，那么他的思维发育会受到严重影响。当一个人长期缺乏劳动时，他的思维会变得越来越迟钝。因此，大学生应该在繁忙的工作或学习之余安排一点时间从事生活、生产劳动，使自己的身心更加放松、思维更加活跃、注意力更容易集中。

## 案例品读

### 宋应星著《天工开物》

宋应星是我国古代杰出的科学家，他自幼聪明机敏，有过目不忘之才，因涉猎广泛，族人称其"才大而学博"。

在历经6次会试仍榜上无名后，随着年龄和阅历的增长，宋应星开始转向实学研究，决心写出一本与科学技术和制造工艺密切相关的书。

宋应星曾六赴京师参加会试，每次路程耗时近半年，途经江西、湖北、安徽、江苏等地，途中，宋应星走访南方水田、北方旱地，实地考察生产现场，通过眼观、耳听、口问等方式了解生产现状，并将所见所闻记录下来。每次落第归来，他的行囊中都装满了笔记。而在奉新乡居的日子里，他更是走遍了田野和村镇，遍访打谷场和手工作坊的各类匠人和艺人，以及店铺、窑厂、工地等场所。他虽未能在官场获得显赫的身份和地位，却得到了充裕的时间去读书与实践。

宋应星在掌握和积累了大量的一手科技资料后，开始积极著书，经过反复誊抄修改终于完稿。完稿后，宋应星将此书命名为《天工开物》。"天工开物"的意思是人要利用自然、才智、技术开发出万事万物。人与自然相协调，人力与自然力相配合，这是天工开物的思想精髓，也是中国人自古传承的技术观。

《天工开物》被称为"中国第一部关于农业和手工业生产技术的百科全书"，书中梳理了 130 多种生产技术和工具，闪耀着劳动人民智慧的光辉。

宋应星雕像

**点评：** 撰写《天工开物》这样的百科全书，需要丰富的知识做支撑。为了完成这一壮举，宋应星通过实地考察、走访匠人和艺人、记录生产现状等方式，深入了解了农业和手工业生产技术的各个方面。这些劳动实践让他积累了大量的一手资料和理论知识，为他后来的著书立说奠定了坚实的基础。

## 三、以劳强体

以劳强体是指在劳动教育中，通过劳动实践增强人的身体素质。

近些年，随着科技的进步，大学生的眼界变得开阔，生活水平明显提高，但是大学生也越来越依赖科技产品。这导致大学生在生活中缺乏锻炼和劳动，健康问题日渐凸显，如近视、身体肥胖、四肢乏力等。然而，一个人全面发展需要"文明其精神"和"强健其体魄"，二者缺一不可。梁启超提出"少年强则国强"，少年要强，就要有强健的体魄、健康的身心、奋发向上的精神。蔡元培提出"完全人格，首在体育"的教育主张，其意思是健全人格，要将体育置于首位。如此种种，皆说明强体的重要性。

在强健体魄方面，大学生既要了解各种体育运动可发挥的巨大作用，也不可忽视劳动对身体的影响。在劳动中，身体需要不断地活动，适量的体力劳动不仅有助于消耗脂肪，增强肌肉和骨骼的强度和韧性，还能够促进身体的代谢，有助于保持身体健康。此外，劳动中的挑战与成就能够激发积极情绪，减轻压力，促进心理健康。

## 四、以劳育美

以劳育美是一种积极、健康的审美教育方式，是指在劳动教育中，通过劳动来培养人的审美观念和审美能力。劳动不仅是一种创造美的过程，也是一种感受美、欣赏美的过程。对于大学生而言，应当注重通过劳动形成审美观念、培养审美能力及提高精神境界。

### 1. 通过劳动形成审美观念

劳动实践是审美观念形成的基础，工人的熟练操作、农民的辛勤耕耘、艺术家的精湛技艺，都是美的表现。因此，大学生可以在劳动实践中形成对美的认知和判断标准，最终形成独有的审美观念。重要的是，这种基于劳动实践所形成的审美观念不仅能够让大学生感受到劳动的魅力和价值，还能够激发大学生对美好生活的向往和追求。

### 2. 通过劳动培养审美能力

审美能力是一种通过观察，品味和评价艺术作品、自然景观或其他美的事物的能力。在劳动中，大学生需要细心观察、精心制作，才能够创造出美的物品。通过参与劳动和创造，大学生不仅能够感受到劳动带来的快乐和成就感，还能够体会到美的创造和实现的过程，这有助于大学生更加深入地了解和体验美的多样性。因此，劳动是培养审美能力的重要途径。

在劳动过程中，大学生要学会观察和欣赏事物之美，如工具的设计美、劳动动作的流畅美等，从而体会劳动不仅是一种付出，也是一种创造美的过程；还可以发挥创造力，尝试用不同的方法完成任务，或者对劳动成果进行个性化的装饰和改进，培养审美能力和创新意识。

### 3. 通过劳动提高精神境界

大学生在劳动实践中，可以充分认识劳动成果中蕴含的"美"的元素，加强对美好事物的直观感受。同时，在劳动过程中，大学生可以形成对"好与坏""美与丑"的认识，进而提高精神境界。一个人的精神境界，体现为他内在的志趣、胸襟、胸怀等心理状态，体现为他外在的言谈举止和生活方式。北京大学教授叶朗认为，一个人的精神境界代表一个人的人生态度。具体来说，如功利境界与道德境界这两种精神境界，处在功利境界的人追求个人利益，其行为主要以占有为目的；处在道德境界的人追求社会利益，其行为主要以贡献为目的。

简单来说，对大学生而言，现阶段提高精神境界，就是要在劳动实践中体会劳动创造价值的要义，懂得劳动创造美好生活的道理，以更好的精神面貌和价值观念投入今后的学习和生活中，为社会发展做出贡献，并实现个人价值。

总之，将劳动与美学相结合，大学生不仅可以掌握实用的劳动技能，也可以培养自己的审美能力和创造能力，还可以提高文化素养和精神境界，促进个人的全面发展。

### 案例品读

#### 将艺术面包做得出神入化的"95后"小伙龚鑫

龚鑫中学毕业后只身前往深圳，在一家电子厂做流水线工作。两班倒的工作辛苦并且单调。为了改变命运，龚鑫决定换一份工作。在父母的建议下，他进入一家连锁面包店学做西点。在他当学徒的日子里，虽然生活简单、工作辛苦，但他却觉得有滋有味，并且学会了西点的基本制作技艺。

为了深入学习西点的制作技能及相关理论知识，龚鑫到西点烘焙培训机构深造，并在学习期满后成为烘焙培训机构的教练。他一边向学员传授自己的经验，一边继续提升自己。在此期间，龚鑫接触到了艺术面包，并多次以助手身份参加相关比赛。

这些参赛经历打开了他的视野，也让他迷上了艺术面包。艺术面包需要烘焙师有精确到分毫的技术把控能力与美学素养。为了使自己制作艺术面包的技艺更上一层楼，龚鑫在工作之余，常常独自练习制作艺术面包，直至出神入化。

2020 年，在法国巴黎举行的第十届烘焙世界杯上，龚鑫设计的作品"和平大使——音乐熊猫"帮助中国队获得了总决赛的冠军，此次夺冠也是烘焙世界杯创办以来中国队首次登上冠军领奖台。2023 年 10 月，罗明中、龚鑫、张佳辉组成的中国队，凭借出众的技艺和团结的精神一举问鼎第九届世界面包大赛，这是中国队首次夺得该项赛事的冠军。龚鑫又一次站上最高领奖台。

尼采说过："如果这世界上真有奇迹，那只是努力的另一个名字。"的确，登上职业生涯的巅峰，龚鑫并不觉得自己有多了不起，因为他知道自己付出了多少努力。龚鑫手上有很多伤痕，这些伤痕充分说明了龚鑫为了站上最高领奖台所做的努力，也说明了他对西点烘焙艺术的执着追求。

第九届世界面包大赛上，中国队以"游乐园"为主题创作的艺术面包

**点评：** 龚鑫的起点虽然不高，但他凭借对西点烘焙艺术的执着追求，持续精进自己制作艺术面包的技艺，终使自己多次站上最高领奖台，登上职业生涯的巅峰。龚鑫成功的秘诀是"努力"，这也应该是每个人寻求自身发展的基本要求。

# 第三节　新时代的劳动

经过长期努力，中国特色社会主义进入了新时代。在新时代，劳动形态多元化，社会的发展也对劳动者提出了更高的要求。

## 一、新时代的劳动形态

劳动形态与劳动工具密切相关。依据人类劳动所使用的工具的不同，可以将劳动形态划分为手工劳动、机器劳动和智能劳动。在当今社会，这 3 种劳动形态并存。

### 1. 手工劳动

手工劳动在人类早期文明的开创与发展中发挥了重要作用，它是劳动最初、最基础的表现形式之一。手工劳动是指使用简单工具，依靠手工进行生产活动的过程。

手工劳动的发展大致经历了两个主要的阶段。第一个阶段，人们主要依靠身体（如手、臂等部位），或利用自然界的天然工具，或利用由自然界现有的物品简单加工而成的工具（主要是石器、木器和骨器，如石斧、石铲、石镰、木耒、骨耜等）进行劳动。第二个阶段，伴随冶炼、锻造等技术的发展，人们主要利用自然物质（主要材料有铜、铁、木等）创造劳动工具。这一阶段的劳动工具逐渐变得复杂，铁器开始广泛应用。除人力外，畜力、水力等也开始被用作动力。而在手工劳动的过程中，劳动组织形式经历了从家庭手工业到工场手工业的演变。家庭手工业以家庭为生产单位，产品除满足家庭的需要外，多余的予以出售。工场手工业则采用资本家雇用劳动者的生产形式，手工工场将不同加工工序分配给具有专门技艺的劳动者，通过他们的分工协作，劳动生产率得到较大的提高，生产规模不断扩大。

当今社会，手工劳动日益表现出更加个性化的趋势。人们对待手工劳动，已不仅仅将其视为单一的谋生手段，还将其视为展示自我个性的生活状态或作为表达自我个性的载体。手工劳动以文化传承的形式继续存在并得到发展。例如，当代的手工艺强调传统与现代的融合，既保留传统手工艺的文化价值和艺术性，又通过技术创新和融入现代设计理念，使手工艺制品符合现代生活的需求和现代审美需求。另外，尽管社会生产力在不断发展，新型劳动工具不断涌现，但在现代社会，手工劳动仍有一席之地，并在一些领域与其他劳动形态互为补充。例如，机器可以生产各种部件，但部件的衔接则可以通过电焊工进行精细化的手工操作来完成。

## 案例品读

### "航空手艺人"胡双钱

一名技术人员做到"零差错"有多不容易？或许没有多少人体会过。但有一个人做到了30多年里加工的数十万个飞机零件无一次品，这个人就是人称"航空手艺人"的"全国劳动模范"胡双钱。

在飞机制造这个领域，匠人精神是不可或缺的。因为在制造飞机的过程中，许多零件非常精细，制造要求极高，是无法完全通过数控机床、电子设备来制造的，要靠手工完成，这就需要手工匠人发挥匠人精神，倾力打造。

成为不可替代的人，胡双钱靠的是多做多干，默默练习，攻坚克难，勇于创新。经过数十年的实操经验积累和沉淀，胡双钱形成并总结出自己的一套方法。在工作前，他一定会先看懂图纸，了解工艺要求和技术规范；而在接收零件时，他也会先按照图纸检查上道工序是否存在不当之处，再动手加工零件。他还摸索出一些原理简单却非常实用的"诀窍"，能够保证产品以高质量交付。例如，用在画线步骤中的"对比复查法"就是他的"诀窍"之一。在常规做法中，人们会先涂有防锈作用的淡金水，然后使用画线液勾出零件形状。而在胡双钱的操作中，涂淡金水就是初次画线。"这就好比在一张纸上先用毛笔写一个字，然后用钢笔在同一个地方写同一个字，多一道步骤，多一次复查机会，也就多了一道保障。"画线工序中的"反向验证法"也是胡双钱自创的。钳工通常采用万能角度尺画线。复查时如果选择同样的方法，往往有差错也很难找到。胡双钱复查时则会采用三角函数算出画线长度进行验证，结果一致，就继续下面的操作；结果不相符，就说明存在问题。多加一次验算虽然增加了工作量，却能保证加工质量。

为了培养更多的优秀人才，胡双钱言传身教，将这些工作经验无私传授给年轻人，让更多胸怀飞机梦的年轻人能够更好地追逐梦想。

**点评：** 30 多年如一日地坚守在看似平凡但无比伟大的工作岗位上，胡双钱的努力与执着让他有了今天的成就，他的不放弃与耐心铸就了他人生的辉煌。从胡双钱的事迹中也可以了解到，即使是在科技发展迅速的今天，手工劳动仍然在生产活动中具有不可替代的作用，这也越发凸显出工匠精神的重要性。当代大学生应当时刻践行工匠精神，在学习和工作中一丝不苟、精益求精，以掌握精细化处理的技术，积累宝贵的经验。

### 2. 机器劳动

机器劳动主要指的是在工业时代，以机器（如各种机床、纺织机、发电机、起重机等）为主要劳动工具进行的生产活动。机器是由各种金属和非金属部件组装成的装置，通过消耗能源进行运转、生产。在机器劳动中，劳动者不再是生产过程的主要作用者，而是在生产过程中为机器的运转提供必要支持的辅助者。在这种劳动形态下，劳动者的角色和职责发生了变化，他们负责"看管"机器并需要掌握操作机器的技能，以确保机器顺畅运转。

机器劳动的发展大致经历了两个主要的阶段，第一阶段是从 18 世纪 60 年代起，以蒸汽机的发明与使用为标志的第一次工业革命（该阶段被称为"蒸汽时代"）。在这一阶段，蒸汽机的使用极大地提高了生产效率，催生了以能源为动力的劳动工具的根本性变革，促进了机器化大生产的实现。科学技术的发展为生产提供了许多重要的发现和发明，为机器劳动的发展奠定了基础，由此拉开机器劳动取代手工劳动成为主要劳动形态的序幕。随着工业革命的深入，机器劳动的发展进入第二阶段。第二阶段是从 19 世纪 60 年代起，以电力的发现与应用为标志的第二次工业革命（该阶段被称为"电气时代"）。在这一阶段，劳动工具主要是以电力为动力的电动机与以石油等的化学能为动力的内燃机。电力的广泛应用、内燃机的创造和应用推动了机器化大生产的电气化，使得机器劳动进入电气化阶段，极大地提高了生产效率。

当前，机器劳动仍然是国家产业体系的重要组成部分。2024 年 9 月，中华人民共和国国家发展和改革委员会举行专题新闻发布会，会上指出机器设备是生产力的重要组成部分，是现代化产业体系的"骨架"。此外，机械制造这一典型的机器劳动的支撑者在国家工业体系中扮演着基础性角色，能够为国民经济提供技术装备，对经济发展和技术进步有深远的影响。

机器劳动中，劳动者负责"看管"机器进行生产活动

### 3. 智能劳动

计算机的出现与互联网的诞生将人类社会推进到信息时代。在信息时代，信息技术发

展迅速，推动了智能劳动的发展。

智能劳动是以信息技术为基础，随着劳动工具智能化而逐渐发展起来的新型劳动形态。具体来说，智能劳动就是运用物联网、大数据、云计算、AI等新一代信息技术和智能劳动工具，推动生产方式的智能化、管理的智能化和服务的智能化。智能劳动的出现表明机器劳动不仅能够替代人的体力劳动，还能够替代人的脑力劳动。

### 知识扩展

在智能劳动中，AI是至关重要的技术。AI是研究、开发用于模拟、延伸和扩展人的智能的理论、方法、技术及应用系统的一门新的技术科学。简单来讲，AI就是使计算机像人一样学习、思考和判断的技术。2022年11月30日，美国人工智能研究实验室OpenAI推出聊天机器人ChatGPT。ChatGPT是由AI驱动的自然语言处理工具，能够学习和理解人类语言，可与人聊天互动，还可以撰写文章、翻译语言、设计代码等。ChatGPT的出现引发了全世界关注、讨论和研发AI工具的热潮。我国市面上随后涌现出天工AI、文心一言、讯飞星火等AIGC（Artificial Intelligence Generated Content，人工智能生成内容）工具，AIGC的核心思想是利用AI生成具有一定创意和质量的内容，如自动撰写文章、绘画、制作音视频等。需要注意，虽然AI在内容生成方面已经取得很大的进展，但仍然存在一些限制和不足之处。因此，在使用AIGC工具时，需要用户保持审慎和批判的态度，凭借自己的知识、经验与其他可靠的信息源辨别生成结果的真伪与优劣，以确保信息真实可用。

具体来说，智能劳动在当今社会的表现形式有以下3种。

（1）创造物质财富的生产劳动

目前，智能劳动在创造物质财富的生产劳动中的应用已经相对广泛。例如，在工业生产中，利用工业机器人进行流水线生产，代替人类从事重复性的体力劳动，如搬运、焊接、喷涂、装配等；在农业生产中，用无人机完成农药喷洒等。

（2）服务性的劳动

服务性的劳动主要体现为通过智能机器人为人类提供服务。例如，使用接引机器人在银行、餐厅、酒店、政务大厅等场合进行迎宾、讲解等；将聊天机器人应用于客户服务领域，智能化的聊天机器人可以分担人工客服的工作压力，为客户提供全天候的无间断在线服务。在这种劳动形式下，理想的状态是利用AI使智能机器人具备和人类一样的智慧，能够自主思考，从而替代人类提供人性化、精确化的服务，或者进行复杂、危险的劳动任务，如水下作业、高空作业等。但目前，除了聊天机器人，其他类型的智能机器人的智能化水平并不高，其仍处于探索阶段。

（3）生产数字产品的数字劳动

数字劳动是当今社会典型的智能劳动形态。数字劳动指依托互联网、大数据、云计算、AI等信息技术，创造和生产数字产品的劳动。数字产品是虚拟产品的主要组成部分，这些产品以数字化的形式存在，如电子书、数字音乐、软件、视频等。与传统的实体产品不同，数字产品可以通过互联网进行传输，消费者可以直接在线购买和使用。同时，随着数字经济的发展，数字劳动的内涵和外延不断扩展，其中涉及的劳动者群体十分广泛，除了从事数字职业的劳动者，还包括外卖配送员、网约车司机、网络主播、网络小说作者等，他们通过不同的形式参与数字产品的生产和消费，推动了数字经济的发展。数字劳动的外延扩展了灵活就业的范围，使过去难以进入产业链的劳动者得以突破身体、职业、受教育水平、技能水平等条件限制，通过数字劳动实现自身价值。例如，因意外失去双臂、双腿的"90后"农村小伙孙亚辉找工作四处碰壁，在接触网络直播后，他通过直播带货赚钱养家，实现了个人价值。

### 知识扩展

随着移动互联网、大数据、云计算、AI 等信息技术的不断发展，数字经济蓬勃兴起，一种新型的职业形态——数字职业应运而生。所谓数字职业，是数字劳动的职业体现，可以将其简单理解为利用信息技术进行劳动的职业。中华人民共和国人力资源和社会保障部 2022 年 11 月发布的《中华人民共和国职业分类大典（2022 年版）》便首次标识了数字职业。人工智能工程技术人员、大数据工程技术人员、云计算工程技术人员、计算机网络工程技术人员、网络编辑、电子商务师、全媒体运营师、互联网营销师、信息安全测试员等都属于数字职业。除了数字职业，大学生还可以关注绿色职业。绿色职业指在农业、制造业、研发部门、管理和服务业领域有助于持续保护和恢复环境质量的职业，如工业废气治理工、工业废水处理工、碳排放管理员、节水工程技术人员、湿地保护修复工程技术人员、电池及电池系统维修保养师、太阳能利用工、微水电利用工、园林绿化工、野生植物保护员、农作物植保员、农业经理人等。新职业的不断出现，不仅扩大了大学生的择业范围，也为大学生的职业发展提供了新机遇。

总体来看，劳动形态的发展过程并非简单的新旧替换的过程，而是旧的劳动形态部分被淘汰或做适应性调整后，与新的劳动形态融合并存。手工劳动、机器劳动、智能劳动这3 种劳动形态融合共存就是新时代劳动形态的典型特征。

## 二、培育通用劳动能力

通用劳动能力是指个人在多种劳动场景中普遍适用、不局限于特定职业或岗位的基本能力。时代不断发展，各行各业对劳动者提出了更高的劳动要求，要求劳动者能够适应不同的劳动场景。通用劳动能力对于劳动者顺利完成各类劳动任务、提高劳动效率及适应不同的劳动环境都具有重要作用。因此，大学生应注重培养通用劳动能力，如自我管理能力、时间管理能力、人际沟通能力、社会适应能力等。

### 1. 自我管理能力

简单来说，自我管理就是自律，自我管理能力就是自我控制的能力。自我管理能力可以通过一个人的信念、意志、毅力、认知能力、接受能力等反映出来。自我管理能力的强弱决定道德情操的高低和行为习惯的好坏。一个人如果没有一定的自我管理能力，一切都靠他人监督管理，那么他很难养成好的道德素质。

缺乏自我管理能力的人做事易半途而废，容易养成不良习惯，如耽于享乐、不思进取、作息混乱、肆意挥霍金钱等。善于进行自我管理的人思维大多比较清晰，会为自己制定切实可行的奋斗目标，并制订详细、科学的奋斗计划，能够将有限的精力集中投入实现目标的行动中。

大学生应当及时、积极地培养自我管理能力，以助自己取得更高的成就。以下是培养自我管理能力的基本方法。

（1）认识自己

"知人者智，自知者明。"真正聪明的人，既善于认识他人，又能正确认识自己。正确认识自己，是有效地进行自我管理的基础。因为正确认识自己有利于发现自己的优缺点，知道自己能做什么、该怎么做，从而更好地适应自身、环境和社会的需要，科学地规划自己的发展目标。

（2）拒绝拖延

要培养自我管理能力，大学生就应该拒绝拖延，做到"当日事当日毕"。

（3）明确任务的优先顺序

要培养自我管理能力，大学生就应该明确不同阶段任务的重要性，把自己的时间、精力集中在最关键的任务上，避免分散注意力。着手完成下一项任务前，先彻底地完成手头的任务，这样才能有效地管理自己的时间和精力。

（4）进行自我激励

进行自我激励是培养自我管理能力较为常见的有效手段。个人的动力往往来源于对成功的渴望，进行自我激励可以让工作更有效率。

归根结底，人最大的对手是自己，自己想成为一个什么样的人，就要为之努力，学会自我管理，做到"每日三省"。

## 案例品读

### 温公警枕

司马光从小便勤奋好学，因担心自己的学识不如别人多，他总是加倍努力，把书背得滚瓜烂熟了才肯休息。成年后，司马光仍然坚持这种做法。

范祖禹在《司马温公布衾铭记》一文中记载了司马光"以圆木为警枕，小睡则枕转而觉，乃起读书"的故事。司马光的卧室内有一个圆木枕头，司马光称这个圆木枕头为"警枕"，因为枕头是圆的，睡觉时只要头一转，圆木枕头就会转动，从而把人从梦中惊醒。因此，司马光只要被枕头转动惊醒便会马上起床，点烛读书。

司马光死后被追封为温国公，世称"司马温公"；"温公警枕"也成为劝勉后人勤奋学习的典故。

**点评：**司马光不仅有超常的自我管理能力，还有很强的时间观念，读书可谓是争分夺秒。大学生应该学习古人的勤奋精神，把时间用来做有意义的事情，而不是"做有意义的事情没有时间，做没有意义的事情有的是时间"。

### 2. 时间管理能力

时间管理是指为提高时间的利用率和有效性而合理安排和利用时间的过程。时间管理不仅是帮助大学生克服"拖延症"的有力武器，还有助于大学生高效支配时间，可以帮助大学生做一个有计划的人。

（1）时间管理原则

时间虽然不能被创造，但可以被创造性地开发和利用。时间管理的对象其实是使用时间的人，因此时间管理的核心是自我管理。要想更有效率地安排时间，大学生需要遵循以下4个原则。

- **目标明确原则**。时间管理的目的在于让大学生在较短的时间内实现尽可能多的目标，因此，大学生需要设定明确的目标，罗列任务清单。在此过程中，大学生要适当分解目标，使目标具体并切实可行。例如，将年度目标分解为季度目标，再将季度目标一层层分解为每周及每天的目标等，这样能帮助大学生根据具体目标投入时间，在正确的时间做正确的事。

- **积极能动原则**。积极的信念对个体有激励作用。个体越相信自己的能力，越具有能取得某项特定成就的信念，其思维、行动等越会受到积极影响，这在时间管理上同样适用。因此，大学生要主动确立自己的人生理想，将精力投入其中，同时选择积极的生活方式，以更好地进行自我管理。

- **计划控制原则**。许多难题都是由未经认真思考的行动引起的。在制订有效计划的过程中多花费1小时，在实施计划的过程中就可能节省3小时，并得到较好的结果。而想要计划更加科学、完善，大学生就需要学会根据目标确定优先顺序，统筹安排活动并合理分配时间。

- **实践发展原则**。时间管理的实践发展原则是指大学生要根据自己角色的变化，根据社会、环境、科技的发展，不断学习新的时间管理方法，并加以运用和不断完善。

（2）时间管理方法

时间管理的方法有许多，如打卡表格法、计划清单表格法、ABCD时间管理法等。大学生可以根据自己的实际情况选择喜欢、适合自己实际情况的时间管理方法。

- **打卡表格法**。打卡表格法是一种简单、易上手的时间管理方法。大学生可参考表1-1制作打卡表格，确定自己需要完成的目标。例如，周一预习必修课，目标完成画"√"；未完成则保留空白或画"×"。若连续获得多个"√"，大学生可奖励自己，如吃美食、看电影等。这种时间管理方法可以对大学生起到正面的暗示作用，帮助其建立自信心。

表1-1 打卡表格

| 周一 | 周二 | 周三 | …… | 周日 |
| --- | --- | --- | --- | --- |
| 7点起床√ | | | | |
| 预习必修课√ | | | | |
| 自学《电子商务》第1章× | | | | |
| 打1小时羽毛球√ | | | | |
| 背30个新单词√ | | | | |

- **计划清单表格法。**计划清单表格法操作较简单。大学生需要提前规划一整天的事项，列出有价值和必须做的事项，这些事项应区分主次关系，大学生应优先将主要精力放在相对重要的事项上，不太重要、对自己帮助不大且更耗时间的事项可延后处理、交给别人处理或直接放弃。大学生可参考表1-2制作计划清单表。

表1-2　计划清单表

| 每日计划（　　年　　月　　日） | | | |
|---|---|---|---|
| 时间 | 待办事项 | 完成情况 | 备注 |
| 上午 | | | |
| | | | |
| | | | |
| | | | |
| 下午 | | | |
| | | | |
| | | | |
| 晚上 | | | |
| | | | |
| | | | |

- ABCD 时间管理法。ABCD 时间管理法也叫四象限时间管理法，是以事项的紧急程度和重要性为指标安排事项，从而提高时间利用率的方法。这种时间管理方法以事项重要与否和紧急与否设立坐标系，将所有的事项划入 A、B、C、D 4 个区域。A 区（第一象限）代表重要又紧急的事项，B 区（第二象限）代表重要但不紧急的事项，C 区（第三象限）代表紧急但不重要的事项，D 区（第四象限）代表不紧急也不重要的事项。每个象限大致的划分标准如下图所示，在这 4 个象限中，事项的重要程度排序是"A 区＞B 区＞C 区＞D 区"，大学生应该按照事项的重要程度来合理安排自己的学习和生活。

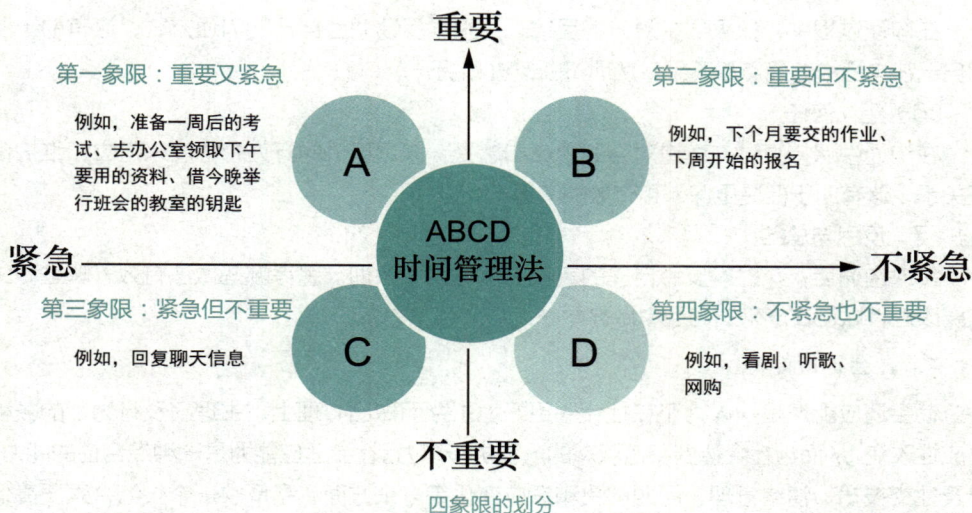

**重要**

第一象限：重要又紧急

例如，准备一周后的考试、去办公室领取下午要用的资料、借今晚举行班会的教室的钥匙

**A**

第二象限：重要但不紧急

例如，下个月要交的作业、下周开始的报名

**B**

**紧急** —— **ABCD 时间管理法** —— **不紧急**

第三象限：紧急但不重要

例如，回复聊天信息

**C**

第四象限：不紧急也不重要

例如，看剧、听歌、网购

**D**

**不重要**

四象限的划分

### 3. 人际沟通能力

人际沟通能力是指与他人有效地进行沟通的能力。人际沟通能力是人际交往中不可或缺的一部分，具备较强的人际沟通能力不仅有助于个人在各种劳动场合中更好地展示和发挥自己的才能，还有助于构建和谐的人际关系，增强团队的凝聚力，从而提高团队的劳动效率。因此，提高人际沟通能力至关重要。

提高人际沟通能力是一个持续的过程，涉及多个方面，以下是一些基本方法。

（1）善于倾听

倾听是沟通的基础，因此提高人际沟通能力首先要善于倾听。在交谈中，大学生要学会全神贯注地听对方说话，理解对方的观点、情感和需求，而不是急于表达自己的看法，同时要通过点头、微笑或简短的回应（如"我明白了"）来表示自己在认真倾听并理解对方的意思。

（2）清晰表达

练习用简洁明了的语言表达自己的想法和感受。注意语速、语调和词汇的选择，确保信息传达准确且易于理解。同时，避免使用模糊或可能引起误解的表述。除语言表达外，以肢体动作、面部表情等为主的非语言表达也是重要的表达方式，要合理运用非语言表达来增强沟通效果，如保持眼神接触、微笑、点头等。

（3）培养同理心

拥有同理心的人能够站在对方的角度思考问题，理解对方的感受和需求，这有助于建立更深厚的人际关系，并促进更有效的沟通。

（4）管理情绪

在沟通中保持冷静和理性，学会控制自己的情绪，一方面可以避免在沟通中因情绪失控而说出伤人的话；另一方面，即使在面对困难或冲突时也能有效沟通，清楚地表达自己的情感和需求。

（5）反馈与调整

在沟通过程中，积极寻求对方的反馈，并根据反馈调整自己的沟通方式，这有助于了解自己在沟通中的优点和不足，从而不断改进和提升。

（6）建立信任

在沟通中保持真诚，尊重对方的观点和感受，通过积极的行为和态度来建立和维护信任关系，这有助于促进更深入和有效的沟通。

（7）反思与总结

每次沟通后，花时间反思自己的表现并总结经验教训。思考哪些做法有效，哪些做法需要改进，以便在未来的沟通中做得更好。

### 4. 社会适应能力

社会适应能力是指人为了在社会中更好地生存而做出心理上、生理上及行为上的各种适应性改变，从而与社会达到和谐状态的一种执行能力。社会适应能力是一种综合性的能力，涉及社交技巧、情绪管理、问题解决和适应变化等多个方面，是反映一个人综合素质高低的重要指标。对于大学生来说，培养社会适应能力不仅有助于从校园生活成功过渡到社会生活，还能够提高挑战应对能力。因此，培养和提高社会适应能力非常重要。

大学生可以通过以下方法提高自己的社会适应能力。

（1）积极参加社会实践活动

参加学生社团活动、志愿者活动等社会实践活动是大学生提高社会适应能力的重要途径之一。大学生通过参与社会实践活动可以接触各种人群、了解社会、认识自我，还可以锻炼组织能力、沟通能力和合作能力。

（2）建立社交支持网络

建立良好的社交支持网络对于大学生社会适应能力的培养非常重要。大学生可以与朋友、家人、同学、老师建立良好的关系，向他们讲述自己的困惑，听取他们的建议和反馈，获取他们的支持和理解，从而更好地应对挑战和压力。

（3）培养自信心和积极心态

培养社会适应能力的重点不在于避免困难，而在于勇敢面对困难。因此，为了提高社会适应能力，大学生要提高心理素质，培养自信心和积极心态，以更好地适应社会的变化和挑战。培养自信心和积极心态，一方面要不断提高自己的专业素养和技能水平；另一方面要勇敢面对困难和挑战，相信自己能够解决问题和取得成功。

（4）学会与他人合作

与他人合作是提高社会适应能力的重要方法之一。合作需要大学生倾听他人的观点和理解他人的需求，同时也需要大学生主动提供帮助和支持。在合作中，大学生要善于沟通和协调，解决问题和处理冲突。通过与他人合作，大学生可以培养团队精神和合作能力，更好地适应社会环境。

（5）提高解决问题的能力

社会适应能力的强弱与解决问题能力的强弱有关。因此，提高解决问题的能力是大学生提升个人能力和应对未来挑战的关键。解决问题，首先要清晰定义问题，然后通过图书馆、互联网等途径广泛收集相关信息，也可以向同学、老师或行业专家请教，获取他们的建议和意见，接着将收集到的信息进行整理分析，最后基于分析结果，制定解决方案。

## 课后思考与练习

1. 如何定义劳动？
2. 体力劳动和脑力劳动有什么区别？
3. 简单劳动和复杂劳动有什么区别？
4. 劳动过程的三要素之间有何关联？
5. 如何理解劳动具有的树德、增智、强体、育美的综合育人价值？
6. 什么是数字劳动？
7. 数字劳动涉及的劳动者群体有哪些？
8. 自我管理指的是什么？如何培养和提高自我管理能力？
9. 时间管理指的是什么？如何有效进行时间管理？
10. 阅读下面的材料，回答相关问题。

李灵生于 1982 年，是一名标准的"80 后"。毕业后，她看到农村有大量留守儿童得不到良好的教育，于是毅然选择回到故乡创办希望小学。

2002 年 7 月，经当地教育委员会批准，在父母和亲朋好友的支持下，李灵在河南省今周口市东新区许湾乡办起了一所希望小学。这所希望小学说是学校，其实只有两间租来的房子。一开始学校招收了几十名留守儿童，李灵不仅要负责孩子们的学习，还要像妈妈一样在生活上呵护孩子们。放学后，李灵会把孩子们一个个护送回家。尽管很苦很累，但李灵认为这很值得。

第二年，招收的孩子多了，教室显得更小了。李灵准备扩建学校。为筹集资金，上完课后她经常去工地做搬砖和泥、修补院墙和厕所等体力活。为孩子们搭建一个阅览室是李灵的梦想。为此，她在暑期只身来到郑州，用向家里要来的 200 元买了一辆破旧三轮车，开始沿街收购旧的教学辅导用书和儿童读物。顶着炎炎烈日，李灵骑着破旧三轮车穿街过巷，拿着秤满头大汗地收集"精神食粮"。后来，李灵的事迹被人分享到网上，网友纷纷捐赠图书。之后，李灵的希望小学成立了爱心图书中转站，她把从城市收购来的图书和网友赠送的图书，通过中转站送到农村更多孩子的手中。在李灵的影响下，30多所乡村小学结盟成立了爱心图书室。

李灵十分关心留守儿童，鼓励他们多参加学校开展的各项活动。不仅如此，她还在学校开展"留守儿童结对帮扶"活动，让家庭条件好、学习成绩优秀、父母均在家的学生和留守儿童结对，或让教师与留守儿童结对，帮助留守儿童更好地学习和生活。

李灵创办的希望小学，以"德育为首，质量强校，全面育人，以人为本"为办学理念，积极创建特色校园、和谐校园，实现城乡教育一体化，努力让每一个农村孩子都能享受公平且高质量的教育。李灵为留守儿童打开了一扇通向成功的大门。

（1）李灵在创办希望小学的过程中，进行了哪些类型的劳动？

（2）请从"以劳育美"的角度谈一谈李灵的劳动事迹。

（3）李灵选择回到故乡创办希望小学的事迹，对你有何启发？

# 第二章
# 树立劳动观念

## 用科技革新改进生产力

秦世俊，航空工业哈尔滨飞机工业集团有限责任公司数控车间的数控铣工、高级技师，曾获"全国劳动模范"、"全国最美职工"、全国五一劳动奖章、2022年"大国工匠年度人物"等荣誉。

秦世俊自参加工作以来，爱学、肯钻研，仅用4年时间便成为公司最年轻的数控技术方向的高级技师。秦世俊专心于公司的科研生产，他在直升机升力系统和起落架系统零部件研制和批产工作中，勇于技术创新，自制工装、夹具，进行产品改革，为公司节约大量成本，并申报多项国家专利。他率领以他名字命名的"秦世俊高技能人才（劳模）创新工作室"团队，共申报国家专利20多项，解决了多项攻关课题，保障了亚丁湾护航、国庆阅兵、科考护航等重要项目。

秦世俊认为，与父辈们相比，现在的劳动环境大大改善，产品加工靠软件控制，操作智能，这使得加工精度和工作效率成倍提升。工作条件越来越好、工作效率越来越高，这样的变化说明国家在发展、社会在进步。但无论时代如何变化，劳动永远是推动经济社会发展的基础，脚踏实地、爱岗敬业的劳动观念不能丢，这样年轻一代的工人才能走好现代化工业之路。

在秦世俊的劳动观念中，劳动非常重要，脚踏实地、爱岗敬业的工作态度也非常重要。劳动观念是人们对劳动的理解和看法，从秦世俊的经历中可以发现，正确的劳动观念可以帮助劳动者更好地适应社会需求，提高自身竞争力并推动职业发展。要想树立正确的劳动观念，大学生需要了解马克思主义劳动观和中国特色社会主义劳动价值观，并以此为指导培养正确的择业观、就业观和创业观，以应对当今社会的机遇和挑战，实现职业理想。

## 第一节　马克思主义劳动观

马克思主义劳动观是基于对劳动在人类社会发展中的基础地位和重要作用的认识，通过深入的理论探索和实践分析，形成的具有指导意义的劳动理论体系。

马克思主义劳动观是马克思主义理论体系的重要组成部分。马克思、恩格斯曾从历史唯物主义、政治经济学、教育学原理等多个维度对劳动观做了重要的论述，这对当代大学生正确认识和理解劳动观具有重要的指导意义。

## 一、历史唯物主义视角下的劳动观

马克思的历史唯物主义是通过实践（也就是劳动）来认识和把握现实世界的发展的。在历史唯物主义视角下，马克思主义劳动观强调劳动创造世界、劳动创造历史和劳动创造人本身。

### 1. 劳动创造世界

马克思认为，劳动是构成人类赖以生存的现实世界的关键要素之一。当人类开始生产自己的生活资料时，也就开始间接地生产自己的物质生活本身。因此，人类的生产劳动，都是有意识、有目的的活动，最终使人类创造出可以满足生活需要的世界。

马克思历史唯物主义中的世界，是人类的现实生产劳动的结果，正是通过劳动，人类和外部世界的关系才发生了根本性转变：从依赖自然转变为改造自然；从被动适应环境转变为主动改造环境。人类社会形成越来越复杂的分工合作，劳动由单一的个体活动转变为群体活动。由此，自然世界逐渐被改造成了人类世界。

### 2. 劳动创造历史

劳动是马克思和恩格斯打开人类历史发展秘密之锁的钥匙。他们认为人们为了能够"创造历史"，必须能够生活。但是为了生活，首先就需要吃喝住穿及拥有其他一些东西。因此，第一个历史活动就是生产满足这些需要的资料，即生产物质生活本身，而且，这是人们从几千年前直到今天单是为了维持生活就必须每日每时从事的历史活动，是一切历史的基本条件。由此，在马克思历史唯物主义中，劳动被看作"人类的第一个历史活动"和"一切历史的基本条件"，其既是人类历史发展的事实起点，也是整个历史唯物主义建构的逻辑起点。

### 3. 劳动创造人本身

马克思在《资本论》中指出："劳动首先是人和自然之间的过程，是人以自身的活动来引起、调整和控制人和自然之间的物质交换的过程。"人类为了能够更有效地利用自然物质，需要更好地进行手脑配合，这样一来，当人类通过劳动作用于自然并改变自然时，也就同时改变了人类自身所处的环境。

恩格斯也在《劳动在从猿到人转变过程中的作用》一文中运用辩证唯物主义和历史唯物主义的基本观点，从生物进化和社会发展两个方面阐述了劳动在从猿到人的转变过程中的作用。《劳动在从猿到人转变过程中的作用》的开篇就指出了"劳动创造了人本身"的中心观点：其实劳动和自然界一起才是一切财富的源泉，自然界为劳动提供材料，劳动把材料变为财富。但是劳动的作用还远不止于此。劳动是整个人类生活的第一个基本条件，而且达到这样的程度，以致我们在某种意义上不得不说劳动创造了人本身。

从恩格斯的观点中可以看出，"劳动创造人本身"强调了劳动在人类与自然界的互动中的核心地位，以及劳动在从猿到人的转变过程中所起的决定性作用。例如，从猿到人的转变过程中，劳动让双手更灵活，使双手能够把石块磨制成石器；在劳动中，当简单的呼叫不能满足互相交流的需要时，语言便产生了。

## 二、政治经济学视角下的劳动观

　　马克思主义政治经济学主要是一种基于劳动创造商品价值这一观点的劳动政治经济学，劳动价值论是马克思主义政治经济学的基础理论。具体而言，在政治经济学视角下，马克思主义劳动观的基本主张包括劳动是商品价值的唯一源泉、劳动剥削是资本主义的基本特征和按劳分配是实现社会正义的重要原则。

### 1. 劳动是商品价值的唯一源泉

　　劳动价值论是马克思主义政治经济学的核心理论之一，它强调劳动是商品价值的唯一源泉。马克思在《资本论》中强调商品的价值是由劳动者创造的，他认为一切劳动，一方面是相同的或抽象的人类劳动，即人类劳动力（体力和脑力）在生理学意义上的耗费，形成商品价值；另一方面是具体的劳动，即人类劳动力在特殊的有一定目的的形式上的耗费，生产商品的使用价值。这就是马克思在《资本论》中提出的劳动二重性理论和商品二因素思想。劳动二重性理论将劳动划分为具体劳动和抽象劳动，认为商品的生产劳动具有具体劳动和抽象劳动二重属性。商品二因素则是指商品的价值和使用价值这两个因素。

　　要清楚理解劳动价值论，大学生需要了解劳动产品与商品、具体劳动与抽象劳动、价值与使用价值这几对概念。

　　（1）劳动产品与商品

　　劳动产品是指所有通过人类劳动创造出来的物品，而商品则特指那些为了交换而生产的劳动产品。劳动产品和商品的主要区别在于是否用于交换，劳动产品被用于交换而成为商品并因此具有价值。

　　（2）具体劳动与抽象劳动

　　具体劳动指的是生产不同使用价值的不同性质和形式的劳动，它是由生产的目的、操作方式、劳动对象、劳动资料和劳动结果等决定的。而抽象劳动不考虑劳动的具体形式，是无差别的人类劳动，即将具体劳动"抽象"为一般性质的人类劳动。例如，木匠制作家具，他的具体劳动是用斧子、锯、刨等加工木材等；工人生产螺丝钉，他的具体劳动是操作机器、调整设备参数等。而无论是木匠还是工人，他们所进行的劳动都被视为无差别的人类劳动，他们在劳动过程中的体力和脑力的消耗，就是抽象劳动的体现。

　　具体劳动直接涉及物质资料的生产过程，反映的是人与自然的关系，它是劳动的自然属性。抽象劳动是商品价值的创造者，通过商品交换体现了商品生产者之间的社会经济关系，它是劳动的社会属性。具体劳动和抽象劳动在商品生产过程中扮演不同的角色，它们是同一劳动的两个方面，而不是两次不同的劳动或两种不同的劳动。具体劳动和抽象劳动在时间和空间上是不可分割的，共同构成了商品生产的劳动过程。

　　（3）价值与使用价值

　　价值是指凝结在商品中的抽象劳动，但抽象劳动并不等同于价值本身，抽象劳动只有凝结到商品中才能形成价值。因此，价值是商品的特有属性，它体现了商品和非商品的本质区别。商品的使用价值是指商品能够满足人类某种需要的属性。使用价值是一切商品都具有的共同属性之一。任何物品要想成为商品都必须具有可供人类使用的价值；反之，毫无使用价值的物品是不会成为商品的。价值与使用价值共存于商品这一统一体中，互相依赖、不可分割。价值是商品的社会属性，使用价值是商品的自然属性。

综上所述，抽象劳动是商品价值的唯一源泉，因为价值（凝结在商品中的抽象劳动）不包含任何自然物质。具体劳动虽然是创造使用价值的劳动，但不是使用价值的唯一源泉，具体劳动和自然物质共同构成使用价值的源泉。虽然当今社会的劳动形态已经发生了巨大变化，但劳动是商品价值的唯一源泉这一观点在当今社会仍然适用。

### 2. 劳动剥削是资本主义的基本特征

马克思在《资本论》中提出劳动二重性理论和商品二因素思想，确定了劳动与价值的关系，并以此揭露资本主义社会剥削制度的劳动起源，指出资本家对雇佣工人剩余劳动的剥削是资本主义社会生产价值增殖的基础。

资本主义的生产过程具有两重性，一方面是物质资料的生产过程，另一方面是剩余价值的生产过程，即价值增殖过程。在资本主义生产过程中，资本家雇佣工人劳动，劳动成果或产品归资本家所有。资本家的投入包括购买生产资料和劳动力，其中生产资料的价值通过工人的具体劳动被转移到新产品中，但转移的价值量不会大于生产资料原有的价值量；而工人所创造的价值远高于资本家所预付的劳动报酬，从而形成了剩余价值，这使得一般价值形成过程转变为价值增殖过程。这种剩余价值是在资本主义的生产过程中生产出来的，由雇佣工人的剩余劳动创造。剩余劳动被资本家无偿占有，这体现了资本家对工人的剥削。

资本家获取剩余价值的基本方法主要包括绝对剩余价值生产和相对剩余价值生产。绝对剩余价值生产主要通过延长劳动时间、提高劳动强度等手段实现，资本家迫使工人在必要劳动时间之外提供剩余劳动，从而创造剩余价值。相对剩余价值生产则通过提高劳动生产率、缩短必要劳动时间，相应地延长剩余劳动时间来实现。这两种方法都是资本家剥削工人、实现财富快速积累的重要手段。

综上所述，资本主义社会生产过程中的价值增殖和资本财富的快速积累，主要是通过资本家对雇佣工人剩余劳动的剥削来实现的，这种剥削体现了资本主义的基本特征。

### 知识扩展

在经济学中，剩余劳动是相对于必要劳动而言的，它被定义为劳动者在必要劳动时间之外所进行的劳动，这部分劳动用于生产剩余产品。剩余产品是指代表剩余价值的那部分产品。由此可得出，剩余劳动是剩余价值的来源。劳动者为维持本人及其家属的生活、再生产劳动力（再生产劳动力指劳动者的劳动能力的恢复和更新，它不仅涉及劳动者现有劳动能力的维持和提升，还包括新的劳动能力的培育），需要一定量的社会产品，这部分产品被称为必要产品。生产必要产品所耗费的劳动被称为必要劳动。从事必要劳动的时间被称为必要劳动时间。

**3. 按劳分配是实现社会正义的重要原则**

按劳分配是指在社会主义公有制条件下，按照劳动者提供的劳动数量和质量进行个人消费品的分配，实行多劳多得、少劳少得、不劳不得的分配方式。在马克思的社会主义理论中，按劳分配是根本分配原则。按劳分配成为社会主义社会的根本分配原则的重要原因就在于它合乎正义。

按劳分配作为社会主义性质的分配制度，体现了劳动者共同劳动、平等分配的社会地位，同时也体现出对劳动者贡献的认可和对社会正义的追求。我国当前实行的以按劳分配为主体、多种分配方式并存的分配制度为实现社会公平、形成合理有序的国民收入分配格局提供了重要的制度保证。此外，按劳分配原则是对几千年来不劳而获剥削制度的根本否定，是消灭剥削和消除两极分化的重要条件。

> **知识扩展**
>
> 五一国际劳动节源于美国芝加哥19世纪的工人大罢工，当时的工人受到资本家的剥削和压迫，每天要工作十几个小时，工资却很低。工人们为了保障自己的权益，在1886年5月1日举行了大罢工和游行，要求实行8小时工作制。1889年7月，为纪念这次伟大的工人运动，由恩格斯组织召开的第二国际成立大会宣布将每年的5月1日定为国际劳动节。我国庆祝劳动节的活动可追溯至1918年。这一年，一些知识分子在上海、苏州等地向群众散发介绍五一国际劳动节的传单。1920年5月1日，北京、上海、广州等城市的工人群众走上街头举行了声势浩大的游行、集会，宣扬五一国际劳动节的观念。新中国成立后，政府在1949年12月将5月1日定为法定的劳动节。五一国际劳动节具有重要意义，它反映了劳动者顽强拼搏、英勇不屈的奋斗精神，是人类文明、民主历史性进步的体现。

## 三、教育学原理视角下的劳动观

在教育学原理视角下，马克思主义劳动观强调劳动形成人的本质、劳动是实现人的全面发展的重要途径，以及教育与生产劳动相结合是社会主义教育的重要原则，是一种将人类物质劳动作为出发点的劳动史观。

**1. 劳动形成人的本质**

马克思指出："人的本质不是单个人所固有的抽象物，在其现实性上，它是一切社会关系的总和。"教育的对象是人，因此，面向人的教育同时面向人身上所带有的社会关系。人的生产劳动是建构其社会关系的主要途径，即人通过生产劳动形成了现实的社会关系。基于此，马克思认为，生产劳动对于个人具有决定性的意义。因此，研究面向人的教育，一是研究人如何通过劳动生产自己所需的生活资料，二是研究人与人之间的劳动关系对人自身劳动生产的影响。对此，在马克思、恩格斯看来，劳动是人的本质，也是发生在人身上的教育。人在劳动过程中汲取教训、总结经验，从而不断提高个人能力。

### 2. 劳动是实现人全面发展的重要途径

马克思、恩格斯通过对人类社会发展的观察，提出现代教育的目标在于实现人的劳动能力的全面发展的结论。从他们所处的时代来看，当时社会分工的精细化已经导致人的劳动能力逐渐丧失了整体性，即体力劳动和脑力劳动逐渐被分离开来，二者各自发展，这在一定程度上限制和破坏了人类发展的全面性。因此，只有全面提高劳动能力，人才能适应这种变化。

也就是说，劳动作为人类实践活动最典型的表现，人的劳动能力的全面发展能够更好地适应劳动内容和形式的丰富性和可变动性，而劳动内容和形式的丰富性和可变动性也会促进人的劳动能力的全面发展。

### 3. 教育与生产劳动相结合是社会主义教育的重要原则

教育与生产劳动相结合是指教育过程和生产劳动过程不可分割地联系和有机结合在一起。"教育与生产劳动相结合"是马克思主义教育学理论的重要观点、社会主义教育的重要原则，也是我国教育方针制定的重要理论依据之一。

马克思在《资本论》中强调，未来教育对所有已满一定年龄的儿童来说，就是生产劳动同智育和体育相结合，它不仅是提高社会生产的一种方法，而且是造就全面发展的人的唯一方法。也就是说，教育与生产劳动相结合不仅是提高社会生产的方法，而且，其目的是造就全面发展的人。在马克思构想的社会主义社会中，剥削制度被消灭，这为教育和生产劳动的普遍结合提供了可能。而教育和生产劳动相结合既适应了现代社会劳动形式的变化，又使人尽可能获得多方面的发展。

恩格斯在《反杜林论》中指出，在社会主义社会中，劳动将和教育相结合，从而既使多方面的技术训练也使科学教育的实践基础得到保障。列宁认为没有年轻一代的教育和生产劳动的结合，未来社会的理想是不能想象的；无论是脱离生产劳动的教学和教育，或是没有同时进行教学和教育的生产劳动，都不能达到现代技术水平和科学知识现状所要求的高度。这些都充分说明了教育与生产劳动相结合对于推动社会发展和科技进步的重要意义。

# 第二节 中国特色社会主义劳动价值观

要想通过劳动创造更加美好的生活，必须牢固树立劳动最光荣、劳动最崇高、劳动最伟大、劳动最美丽的劳动价值观。

## 一、劳动最光荣

劳动最光荣以肯定劳动者的地位与作用为要义，强调劳动因创造价值与社会分工不同而有所差别，但没有高低贵贱之分。只要是合法劳动，所有劳动者都是光荣的。

### 1. 脑力劳动和体力劳动没有贵贱之分，只是创造的价值不同

在古代社会，"劳心劳力说"的影响颇大，"劳心劳力说"认为"劳心者治人，劳力

者治于人"，即脑力劳动者统治人，体力劳动者被人统治，被统治者养活别人，统治者靠人养活。这种陈旧的观点强调体力劳动者的地位低于脑力劳动者的地位。

随着历史的车轮滚滚向前，进入现代社会后，社会结构和人们的观念都发生了翻天覆地的变化。按照劳动价值论，不论什么劳动都能创造价值，都是社会劳动的一部分，都在为社会的发展做贡献。因此，体力劳动与脑力劳动作为人类劳动力的支出，没有高低贵贱之分，都是平等的。进一步说，虽然在同样的时间内创造出较多价值的劳动，其报酬较高，而创造出较少价值的劳动，其报酬较低；但这仅仅针对劳动创造的价值，并不针对劳动本身的地位。实际上，劳动虽然是价值的源泉，但它本身既没有价值，也没有价格。在现代社会的大框架下，无论是从事脑力劳动还是体力劳动的人，都是社会劳动的积极参与者，他们就像一台精密机器上的不同零件，虽然功能各异，但都不可或缺。脑力劳动者如同机器的控制系统，通过智慧和知识为社会发展指引方向；体力劳动者则像机器的动力系统，通过辛勤劳作将各种计划和设想变为现实。他们共同构成社会发展的强大动力，应该被平等对待，不存在所谓的尊卑贵贱之分。

**2. "蓝领"和"白领"没有高低之别，只是社会分工不同**

现代社会往往用"蓝领"来形容主要从事体力劳动的人群，用"白领"来形容主要从事脑力劳动人群。在人们眼中，"蓝领"从事的工作往往累、脏、苦，"白领"从事的工作则光鲜体面。似乎"蓝领"与"白领"有高低之别。实际上，"蓝领"和"白领"并无高低之分，只是社会分工不同。

社会分工是指由社会生产力的发展引起的单一生产群体分化为互相独立而又互相依赖的多个群体的现象。"蓝领"在制造业、建筑业、农业等行业扮演关键角色。在制造业中，他们负责操作机器、组装产品、检查质量等工作；在建筑业中，他们负责施工、搭建、维修等工作；在农业领域，他们负责种植、养殖等工作。此外，"蓝领"还涉及维护公共设施、驾驶特定车辆等工作。"白领"则在科技、金融、教育、医疗、广告等行业扮演关键角色，在科技行业，他们负责产品设计等工作；在金融行业，他们负责数据分析、风险管理、投资决策等工作；在教育行业，他们负责教学管理、课程设计、学生管理等工作；在医疗行业，他们负责医疗管理、市场营销等工作；在广告行业，他们负责广告设计、市场推广等工作。由此可见，"白领"与"蓝领"虽然在社会分工方面存在差异，但两者都是推动社会经济发展的重要动力。

总之，无论是从劳动创造价值的角度看待劳动，还是从劳动者社会分工不同的角度看待劳动，都印证了劳动或劳动者是没有高低贵贱之分的。社会要想向着更好的方向发展，就需要每个人在各自的岗位上尽职尽责、发光发热。

**3. 所有劳动者都是光荣的，值得尊重**

劳动者的付出，让整个社会有条不紊地运转，向

"劳动最光荣"宣传海报

着更好的方向前进。我国要想建成富强、民主、文明、和谐的社会主义现代化国家，需要依靠劳动和劳动者。毋庸置疑，只要是合法劳动，每一位劳动者都应当受到尊重。首先，每一位劳动者在法律和道德上都是平等的，没有高低贵贱之分。其次，相关部门应当切实维护和保障每一位劳动者在就业、医疗和养老等方面的合法权益，为劳动者营造公平、公正的劳动环境。

一个社会的正常状态是既尊重拔尖和高素质的精英，也不缺乏对普通人的承认和敬重。就大学生而言，对劳动者的尊重体现在日常行动中。例如，走在大街上，对辛劳的环卫工人多些尊重，不要乱扔垃圾；收到快递后，对风雨无阻的快递人员多些关心，由衷地表示感谢；外出就餐时，对服务员多些微笑与理解；等等。

## 案例品读

### 天安门广场的"美容师"：蔡凤辉

蔡凤辉是一名环卫工人。2012 年起，蔡凤辉带领天安门人工保洁班先后承担了纪念中国人民抗日战争暨世界反法西斯战争胜利 70 周年大会、庆祝中华人民共和国成立 70 周年大会、庆祝中国共产党成立 100 周年大会等重大环卫保障任务。

在工作中，蔡凤辉勤于钻研、善于创新，她从上百次重大环卫保障任务中提炼出"人机结合、网格管理、快速捡拾、定期冲刷、监督检查、专业高效"的 24 字工作方法，并设计和改装了便捷、高效、环保的电动保洁车用于天安门广场保洁，以减轻劳动强度，提高工作效率。

蔡凤辉和她的同事们被称为天安门广场的"美容师"，他们需要 24 小时值守，不间断作业，保证路面整洁、无垃圾废弃物。"天安门广场是国家的脸面，不能有一丁点儿的不干净。每天天不亮，我们把广场清洁得干干净净，可以让游客们放心地席地而坐。"这是蔡凤辉和同事们始终坚守的信念。

蔡凤辉清理天安门广场地面
（图片来源：光明网）

多年来，蔡凤辉充分发挥团队精神，凭着一股子干劲、闯劲、钻劲，带领大家在平凡工作中做出了不平凡业绩，获得了党和国家的充分肯定。

**点评：**在中国特色社会主义劳动价值观下，劳动仅仅有分工的不同，并没有高低贵贱的区别。实际上，还有很多像蔡凤辉一样的劳动者，他们用行动告诉人们：劳动者只要立足岗位和本职工作、兢兢业业、精益求精，就能为社会和国家做出贡献，同时也能实现自己的人生价值，受到社会的广泛认可。

## 二、劳动最崇高

劳动最崇高是对工匠精神和劳模精神的高度赞扬。新时代我国涌现出了一批又一批的

第二章　树立劳动观念

大国工匠和劳动模范，而且有的大国工匠自身也是劳动模范，他们用自身行为诠释了工匠精神和劳模精神。

### 1. 揭示习近平新时代中国特色社会主义的价值取向

长期以来，广大劳动模范和大国工匠以高度的主人翁责任感、卓越的劳动创造、忘我的拼搏奉献等，为建设中国特色社会主义事业贡献了巨大的力量，生动诠释了中国人民具有的伟大精神，揭示了习近平新时代中国特色社会主义的价值取向。

### 2. 激励新时代奋斗者

社会主义是干出来的，新时代是奋斗出来的。在全面建设社会主义现代化国家的新征程上，劳动模范和大国工匠是"干出新时代"的排头兵，是践行"实干兴邦"的楷模，激励着广大劳动者做新时代的奋斗者，在劳动过程中发扬爱岗敬业、争创一流、执着专注、精益求精等精神，为民族振兴、国家富强、人民幸福而拼搏奋斗。

### 3. 指引个人成长成才

工匠精神和劳模精神是敬业态度、担当精神、严谨作风与卓越品质等的综合表现，指引着广大劳动者提升个人职业素养、推动个人成长进步。实践证明，劳动者所具有的高尚职业操守同专业知识技能一样重要，是其立足职场的重要条件和未来在职业生涯中脱颖而出的重要法宝。

### 4. 为实现中华民族伟大复兴提供精神力量

工匠精神和劳模精神具有丰富的精神内涵，是众多优秀劳动者在劳动实践中形成的，顺应了社会发展的趋势，是新时代迫切需要的精神力量。它将继续激发广大劳动者的劳动热情，为广大劳动者实现中华民族伟大复兴提供精神力量。

## 案例品读

### "铁路小巨人" 巨晓林

巨晓林，1962 年出生，1987 年前往中国中铁电气化局集团有限公司一公司三段铁路工地打工，从此他便和铁路电气化建设结下了不解之缘。

刚工作那会儿，只是普通工人的巨晓林看着一张张施工图纸和一个个接触网零部件，脑子直发蒙。带他的师傅安慰他："只要下苦功，没有学不会的。"于是巨晓林凭着一股实干精神，白天学、晚上学，营地熄灯后还悄悄打着手电筒继续学习。他知道，只有努力学技术，才能成为懂行的人。

铁路接触网工是一个技术密集型工种，为了掌握铁路接触网的相关技术，巨晓林买了 30 多本专业书，抓紧一切时间学习。功夫不负有心人，有一次，巨晓林和工友们在北同蒲铁路工地进行接触网架线作业，当时每到一个悬挂点都要有人肩扛电线爬上爬下，不仅辛苦，效率也十分低。巨晓林用一个铁丝套挂住滑轮试了试，感觉一下子省了不少劲儿。大家按照他说的办法架线，效率瞬间提高了两倍。

学到的知识真正在施工中派上了用场，这让巨晓林学习更加努力了。他的工作服口袋里始终有一个小本子，在施工中一遇到问题，他就会马上记下来，等有空的时候琢磨。就这样，参加工作30多年，巨晓林记下了近300万字的笔记。

更难能可贵的是，巨晓林虽然只有高中学历，但他编撰出了《接触网施工经验和方法》一书，该书成为接触网工作者的必备工具书，是铁路施工一线的"宝典"。

巨晓林作业图（图片来源：新华网）

巨晓林先后参加过北同蒲线、鹰厦线、大秦线、京郑线、哈大线、京沪高铁等10多项国家铁路重点工程建设，从一名普通农民工成长为知识型企业职工的优秀代表、大国工匠。

**点评：** 巨晓林从一名普通的工人成长为大国工匠、劳动模范，主要靠他肯花气力、肯下功夫、肯去钻研，不断超越自己。他用拼搏和汗水谱写了人生的精彩华章，用实际行动诠释了中国特色社会主义劳动价值观。

## 三、劳动最伟大

劳动最伟大是从创造世界历史和人类本身的角度出发认识劳动的。

劳动创造世界、劳动创造历史、劳动创造人本身，劳动是人类社会存在和发展的基础，劳动创造物质财富和精神财富……大学生只有认清劳动的本质，明确劳动的价值，才能树立正确的劳动观。其实，人类的伟大就在于会劳动、能劳动和爱劳动。没有劳动的人生是毫无意义的，能够劳动的生活是充满希望的。

要想实现中华民族伟大复兴的中国梦，需要依靠辛勤劳动和不断创造。离开劳动，再伟大的梦想都不可能成真。由此来看，劳动是最伟大的，是一切梦想实现的根基。在建设中国特色社会主义事业的过程中，也只有依靠广大劳动人民脚踏实地的劳动，才能开创更加美好的未来。

### 案例品读

#### 为祖国奉献了所有的黄大年

黄大年是我国知名的地球物理学家。1977年，他以优异的成绩考入长春地质学院，就读于地球物理系。1992年，黄大年获得"中英友好奖学金项目"的全额资助，赴英国攻读博士学位，成为当时30名公派出国留学生中的一员。后来，他在剑桥ARKeX航空地球物理公司任高级研究员，曾担任研发部主任等重要职务。

2009年4月，接到吉林大学地球探测科学与技术学院院长刘财传来的国家"海外高层次人才引进计划"消息时，黄大年已经在剑桥ARKeX航空地球物理公司任高级研究员12年，是航空地球物理研究领域享誉世界的科学家，他主持研发的许多成果都处于世界领先地位。但他毅然决然地辞去了当时的重要职务，挥别了共事多年的科研伙伴，说服妻子卖掉了经营多年的两家诊所，留下了还在读书的女儿，回到母校，出任吉林大学地球探测科学与技术学院全职教授。

回国后，黄大年带领400多名科学家创造了多项"中国第一"，为我国"巡天探地潜海"领域填补了多项技术空白。

以他所负责的第九项目"深部探测关键仪器装备研制与实验"的结题为标志，我国"深部探测技术与实验研究"项目5年的成绩超过了过去50年，深部探测能力已达到国际一流水平，局部甚至处于国际领先地位。

"人的生命相对历史的长河不过是短暂的一现，随波逐流只能是枉自一生，若能做一朵小小的浪花奔腾，呼啸加入献身者的滚滚洪流中推动历史向前发展，我觉得这才是一生中最值得骄傲和自豪的事情。"这是黄大年在入党志愿书中写下的誓言。

毫无疑问，他做到了！

**点评：** 黄大年的人生是灿烂而伟大的！他毅然放弃国外的优厚待遇，回国后致力于推动我国地球物理学科的发展，并取得显著的成果。大学生要以黄大年为榜样，学习他心有大我、至诚报国的爱国情怀，学习他敢为人先的敬业精神，学习他淡泊名利、甘于奉献的高尚情操，为实现中华民族伟大复兴贡献智慧和力量。

## 四、劳动最美丽

劳动最美丽是从劳动创造美的角度认识劳动的。劳动之美是人们在劳动过程中形成和表现出来的美，它直接体现了人的自由、自觉的劳动活动以及才能、智慧、品格、意志、情感等本质力量。劳动者通过改变、改造劳动对象而产生的满足自身需要的获得感，以及对劳动过程和结果所形成的积极的自我感受、自我评价和愉悦心理，被社会所关注、接受、肯定和认同，赋予了劳动者积极的意义。人生因劳动而精彩，生命因劳动而美丽。劳动者正是通过辛勤劳动、诚实劳动和创造性劳动，创造了物质财富，更是在精神层面上实现了自我提升和对美的追求，使劳动与美实现了和谐统一与高度结合。

劳动最美丽是对所有劳动者根本的价值要求，也是对全社会的价值要求。全社会都要以辛勤劳动为荣、以好逸恶劳为耻，尊重知识、尊重人才、尊重创造，积极进行劳动实践，以在全社会营造尊重劳动的良好氛围，让诚实劳动、勤勉工作蔚然成风。

### 案例品读

#### 徐颖：科普"北斗"知识的教育科研工作者

徐颖，出生于1983年，中国科学院空天信息创新研究院研究员、中国科学院光电研究院博士生导师、北斗卫星导航系统科学家。

作为一名教育科研工作者，徐颖积极参与科学普及推广，积极地向公众传播科学知识，传递科学精神。她曾两度担任"科普中国"形象大使。因对促进科技发展进步和国家建设做出的贡献，徐颖在 2023 年荣获中国科学院青年科学家奖，于 2024 年荣获 2023 年度"全国三八红旗手"荣誉称号。

徐颖曾在演讲中说："当年第一次在西昌卫星发射中心看到北斗卫星升空时，那种激动的心情我至今都难以忘怀。作为青年科研工作者，我们遇上了祖国科技飞速发展的时代，能够真正创造一点对祖国有用且人民需要的东西，这样的工作所带来的满足感、自豪感和归属感，是难以描述和无与伦比的。"这是无数像徐颖这样的科研工作者的内心写照，他们因为祖国建设做了贡献而感到满足和自豪。

**点评：** 劳动的美丽不仅在于劳动者创造的劳动成果，也在于劳动过程给劳动者带来积极意义。正如徐颖所言，创造一点对祖国有用且人民需要的东西，这样的工作所带来的满足感、自豪感和归属感是难以描述和无与伦比的。不只科研工作者，即便是平凡岗位上的劳动者，只要辛勤劳动，以高度的主人翁责任感忘我拼搏和奉献，展现出的也是"劳动最美丽"的形象。

## 第三节 大学生择业、就业与创业观

大学生要树立正确的择业、就业和创业观，能够立足实践、正确认识世界和自我、积极探索真理，并不断完善自我，以便做出正确的择业、就业与创业选择。

### 一、择业观

择业观是人们对职业选择的基本看法，大学生树立正确的择业观，对于个人职业生涯的顺利起步和长远发展至关重要。具体而言，正确的择业观体现在以下 3 个方面。

#### 1. 找准自己的社会位置，保持积极的择业态度

大学生在择业前应该对自己有正确的认识和评价，能够根据自己的身体素质、兴趣爱好、性格特点及能力等方面的因素确定自己的社会位置，既不好高骛远，也不妄自菲薄。能够准确地定位自己的社会角色，有利于个人价值的实现。

确定了自己的社会位置，大学生还需要端正择业态度，克服"坐、等、靠"等不良的择业观念，以积极向上、乐观自信、勇于竞争的良好择业态度选择理想的职业，实现个人价值。

#### 2. 转变择业观念，重视各行各业、各地区的发展机会

时代在变，要实现高质量的就业，一味地选择热门职业、选择去大城市寻找发展机会等的择业观念也要跟着转变。

大学生应理性看待自我发展与社会需求的关系，在客观评价自我的基础上做出务实选择。然而现实中，一些大学生不顾个人兴趣、性格和能力与职业的匹配度，盲目地选择热门职业。这或许不是好的择业观念。以大学生为主的待就业群体是社会各行业发展壮大的重要人力资源，如果大学生能根据自身条件和社会需要重视各行各业的就业机会，不仅自

身能够获得更多的选择机会，有利于实现自己的人生抱负和理想，还有助于调整人力资源结构，促进社会的全面发展。

此外，有一些大学生在选择工作地域时，往往倾向于选择大中城市，认为这些地方工作环境好、机会多。大中城市在吸引人才方面固然有诸多优势，但小城市和乡镇生活成本较低，也有较好的发展空间。而且大学生也要看到，当前我国小城市和乡镇的生活环境已经得到较大改善，基础设施配套持续完善，这为广大毕业生提供了机遇。

某校园招聘会现场

### 3. 着眼社会需要，树立正确的择业价值取向

马克思曾说过："在选择职业时，我们应该遵循的主要指针是人类的幸福和我们自身的完善。"这里的"人类的幸福"和"自身的完善"分别代表社会价值的实现和个人价值的实现。

人类的幸福是社会发展的目标和需要。因此，大学生择业时务必考虑社会需要这个大前提，当个人利益与国家利益、集体利益发生矛盾时，应自觉地服从社会需要，到祖国最需要的地方去建功立业。这样才能更好地把实现个人价值和实现社会价值统一起来。

## 二、就业观

就业观是个人对就业的看法和态度。就业观和择业观紧密相关，它们对个人职业发展都具有重要意义。择业观是就业观的前提和基础，没有明确的择业观，个人在就业过程中就容易迷失方向，难以做出符合自身特点和需求的职业选择。就业观则是对择业观的进一步延伸和具体化，它指导个人在就业过程中行动和决策。

部分大学生没有正确的就业观，就业后，如果是高于预期的工作，有的大学生在感觉自己无法胜任时，往往会采取得过且过的心态，不会积极面对；如果是低于预期的工作，有的大学生则会自视过高，对待工作漫不经心，觉得自己大材小用。可见，没有正确的就业观不利于职业的发展，因此，大学生需要树立正确的就业观。

### 1. 就业应有大局观

国家鼓励高校毕业生到基层和艰苦地区工作，从事教育、卫生、公安、农技和其他社会公益事业。这不仅为大学生提供了更广阔的就业范围和发展空间，也有利于国家经济建设和社会发展。大学生应该积极响应，将个人价值与社会价值相统一。

### 2. 设定合理的就业期望值

过高的就业期望值（对薪资待遇、工作环境、工作地点等有过高的要求）可能导致大学生难以找到满意的工作。而合理的就业期望值有助于大学生更好地适应市场需求，拓宽就业范围，提高就业成功率。为了设定合理的就业期望值，大学生需了解当前的就业市场情况和行业发展趋势，详细了解自己感兴趣的行业的薪资水平、岗位需求，然后根据自身的专业技能、工作／实习经验、教育背景等实际情况调整就业期望值。切不可好高骛远，一味追求工作轻松、工资高、待遇好的用人单位和岗位。从基层就业开始，先积累工作经验也是很有必要的。

### 3. 不可过分强调专业对口

大学生想找一份专业对口的工作发挥才能，这无可厚非。专业学习的目的是获得一定的知识和技能，以便更好地适应未来的工作需求，但现实中，完全对口的工作机会并不多见。新时代的劳动教育强调人的全面发展，注重培养复合型的人才，就是为了让大学生在就业时能有更多的选择，从而顺利就业。一味追求专业对口是不切实际的，大学生应该更加关注自身的职业发展和个人成长，而不是局限于专业是否对口。

### 4. 增强就业竞争力

大学生需要积极提升自身素质，积累丰富的实践经验，以增强就业竞争力。一方面，大学生必须明白，机会永远是留给有准备的人的。在校期间，大学生就应积极参加各类社会实践活动，利用课余时间多接触社会，积累丰富的实践经验，加深对社会的认识。另一方面，大学生在明确职业目标后，要认清用人单位的需求，有针对性地做好适岗准备，如考取相关证书、参与职业培训等，同时注意培养求职技巧，从而为顺利就业做好充分准备。

## 三、创业观

创业有广义和狭义之分，广义的创业是指创业者的各项创业实践活动；狭义的创业则主要是指发现、创造和利用适当的机会，借助有效的商业模式组合生产要素，创立新的事业，以获得新的商业成功的过程或活动。大学生创业是一种以在校大学生和毕业生为创业主体的创业现象。随着我国经济实力不断提升及创业环境不断宽松，创业逐渐成为在校大学生和毕业生的一种职业选择。

然而，有的大学生空有满腔热情和远大抱负，眼高手低，盲目创业，导致创业失败。因此，对于大学生来说，创业并没有问题，但首先应该树立正确的创业观，为创业成功增添砝码。

### 1. 审时度势，与时俱进

现代社会进入信息时代，市场发展和变化都更快，在这样的背景下，大学生更应该用发展的眼光看待一切事物。就创业而言，要做好长远的规划和安排，掌握市场行情，分析发展趋势，随时调整战略和规划，始终走在正确的发展道路上。只有具备这种创业观念，才更可能在瞬息万变的市场上找到立足之地，为创业成功打下基础。

### 2. 脚踏实地，吃苦耐劳

社会发展到今天，每个人都有创业的机会，创业不再是触不可及的，但也要知道，创业不是轻而易举就能获得成功的，更不是在短期内就能取得可喜成绩的。在较为漫长的创业过程中，必须具备吃苦耐劳的创业精神，脚踏实地、积极进取，保持昂扬的姿态和精神，避免眼高手低，纸上谈兵。无论创业前还是创业中，都要做好充分的心理准备，具备投资意识和风险意识，一步一个脚印地为创业成功而奋斗。

### 3. 注重创新，锐意进取

创业切忌思维固化，更不能不思进取。要想创业成功，需要具备创新意识，无论是科技创新、产品创新、服务创新，还是经营方式和营销模式的创新，都是创业成功的强有力保证。从某种程度上看，创业与创新是密不可分的，创新意识不仅是正确的创业观念，更是市场上的一种生存法则。

## 案例品读

### 创新体质研究　助力健康中国

我国国医大师、中国工程院院士王琦提出了"体质学说"，他认为体质是疾病发生的"土壤"，医生通过体质辨识，可以快速精确地对体质类型进行判断，对易发疾病做出预警，并给予内服、外治、情志、运动等方面的调理建议。

北京中医药大学国家中医体质与治未病研究院王济教授是王琦院士的学术继承人，她主要从事中医体质分类与辨识方法研究、中医体质治未病与养生保健研究、中医体质与慢病防控研究，以及过敏性疾病的中医药防治研究。

王济说，预防是一个长远的过程，很难在短期内看到效果，古人讲上医治未病，就是指在人没有病的时候，就开始调理治疗，这样虽然不能马上看到效益，但它的影响是长远的。而且长期调理不仅可以减少疾病的发生率，还能从整体上为国家节约医疗资源。

多年来，王济主持了科技部、国家自然科学基金委等多项重点科研项目，在体质辨识调理、中医治未病、健康产业等方面取得了一系列成果。王济作为第一完成人负责的"中医体质辨识体系建立及应用"项目，形成了"体质辨识理论－辨识方法－应用模式"三位一体的完整体系，充分发挥了中医药在治未病、慢病防控中的独特优势，该研究成果获得了 2023 年度国家科技进步二等奖。

在该项目中，王济和团队系统构建了中医体质辨识理论体系，为中医治未病和慢病防控提供了理论指导；并自主研发了全生命周期体质辨识量表，从团体标准上升到国家标准立项。王济和团队首次建立了宏观与微观多模态体质辨识模型，并且研发了数字化、智能化中医体质辨识系列装备及产品，为中医治未病、慢病防控等提供了技术支撑和现代化服务手段，形成了"体病预警－调体干预－动态监测"应用模式；并构建了"个人－社区－医院－政府"四级体质健康监测网络，颁布了系列治未病干预标准。该项目的成果现已在多家医院推广应用，引领了全国中医体质和治未病学术发展及成果转化。

**点评：** 王济带领团队立足国家需求助力健康中国建设，团队在体质辨识调理、中医治未病、健康产业等方面取得了一系列成果，在国内外和行业领域产生了较大的影响，为我国推进健康中国建设做出了重大贡献。以上系列成果生动诠释了创新性劳动的价值，激励着大学生勇于在自己的专业领域开展从 0 到 1 的创新突破。

## 课后思考与练习

1. 历史唯物主义视角下，马克思主义劳动观有哪些基本主张？
2. 政治经济学视角下，马克思主义劳动观有哪些基本主张？
3. 教育学原理视角下，马克思主义劳动观有哪些基本主张？
4. 试分析马克思主义劳动观与中国特色社会主义劳动价值观有何关联？
5. 正确的择业观、就业观和创业观是怎样的？其对大学生的就业或创业活动有何影响？
6. 阅读下面的材料，回答相关问题。

哈尔滨理工大学"学生最喜爱教师"荣誉获得者王晓琮，被誉为哈尔滨理工大学的"扫地僧"，他朴实无华却备受学生尊敬。

王晓琮在教学一线工作40余年，主讲本科生基础课和专业外语课。他教学时几乎不带教案，其功力可见一斑。他忠于教育事业，热爱教师职业，以校为家，教书育人，恪尽职守，治学严谨，团结同事，以身作则，爱岗敬业。更难能可贵的是，王晓琮教学不图名、不重利，他关爱学生，以帮助学生发展为目的，一直是学生的良师益友，深受学生爱戴，是学生心中的好教师。

自2002年起，王晓琮组织并参加了美国大学生数学建模竞赛工作，承担竞赛英语写作培训及指导工作。20多年来，哈尔滨理工大学的学生参加该项竞赛累计获得国际一等奖、二等奖100余项。王晓琮为国家、为学校争得了许多荣誉，而他总是显得"云淡风轻"。

王晓琮到底有多热爱自己的工作呢？有学生亲眼见过，为了赶课，他基本很少去食堂吃饭，即使去食堂也是"狼吞虎咽"，几分钟解决"战斗"。更多的情况是，他拎着个塑料袋，里面放着煮好的玉米，一边吃一边赶场似的去上课。那种风风火火的形象，在许多学生心里留下了深刻的印象。这种"拼命三郎"式的精神，让大家备受感动和鼓舞。

（1）王晓琮身上体现了怎样的中国特色社会主义劳动价值观？
（2）通过上述案例，谈谈你对中国特色社会主义劳动价值观的理解。

# 第三章
# 弘扬劳动精神

## 张雪松：助力中国高铁勇攀技术高峰

张雪松，1973 年出生，中车唐山机车车辆有限公司（以下简称"中车唐山"）数控机床装调维修工、高级技师，曾获"全国优秀共产党员""全国劳动模范"等荣誉称号。

1992 年，从技校毕业后，张雪松走上工作岗位，成为一名钳工。张雪松不仅在学校苦练钳工基本功，在工作中也潜心学习，自学了铆工、焊工、电气、机械和计算机等方面的业务知识，让自己做到一专多能。

2004 年，中车唐山迎来高铁发展的新机遇，开始生产高速动车组。张雪松先是带领团队成员解决了铝合金车体的焊接和加工技术难题。之后，在公司从国外引进大量高端数控设备进行大规模生产后，张雪松又主动请缨从钳工转为数控机床装调维修工。经过刻苦钻研，他从一开始搞不清楚数控设备的机械结构，到摸索总结出"三分修七分养""周期定点养护"等设备维护模式，使设备故障率和加工件缺陷率降到 1% 以下，成了数控设备的专业保健"医生"。日复一日，年复一年。从第一辆铝合金车体试制开始，20 年里，张雪松和团队成员已经累计生产和谐号、复兴号等各种型号的高速动车组列车 5000 辆左右，并创下了车体制造质量零缺陷的纪录。

张雪松是在生产一线成长起来的知识型产业工人，他在参与高速动车组生产和技术革新的过程中，生动地诠释了劳动精神、工匠精神、劳模精神。劳动精神、工匠精神、劳模精神源远流长，是中国人民在长期的物质生产实践、社会政治实践、科学文化实践等劳动实践活动中培育形成的。这些精神是新时代中国特色社会主义劳动价值观的生动体现，在助力中华民族伟大复兴的征程中发挥着不可替代的作用。越是美好的未来，越需要人们大力弘扬劳动精神、劳模精神、工匠精神。

## 第一节　劳动精神

劳动精神是指崇尚劳动、热爱劳动、辛勤劳动、诚实劳动的精神。劳动精神是劳动者为创造美好生活在劳动过程中秉持的劳动观念、劳动态度及展现出来的精神风貌。无论是体力劳动还是脑力劳动，无论是简单劳动还是复杂劳动，劳动精神都是相通的。劳动精神为推动中华优秀传统文化的形成、促进中华文明的发展提供了不竭动力。

## 一、崇尚劳动

崇尚劳动就是推崇劳动、提倡劳动。中华民族是勤于劳动、善于创造的民族，崇尚劳动的观念牢牢根植在人们的心中。

崇尚劳动意味着对劳动的高度认可和尊重。劳动是人类生存和发展的基础，是创造社会财富和推动社会进步的重要方式。人们崇尚劳动，就是因为认识到了劳动在人类文明发展历程中不可替代的作用。从个人层面来看，崇尚劳动能够激发个人的积极性和创造力。当一个人真正崇尚劳动时，会把劳动作为实现自我价值、提升自身能力的重要途径。通过劳动，个人能够获得成就感、满足感，培养坚韧不拔的品质和解决问题的能力。从社会层面来看，崇尚劳动有助于营造良好的社会风尚。当整个社会都崇尚劳动时，会形成尊重劳动成果、尊重劳动者的氛围。这会激励更多的人积极投身于劳动，为社会的发展贡献力量。

对于经济发展而言，崇尚劳动能够促进生产力的提高。劳动者以崇尚劳动的精神投入工作，会更加专注、勤奋，从而提高生产效率，推动技术创新，促进经济的持续增长。对于文化传承而言，崇尚劳动是中华优秀传统文化的重要组成部分。从古至今，无数劳动者通过辛勤的付出创造了辉煌的文明成果。

---

### 案例品读

#### 从贫困户到致富带头人——"全国优秀农民工"杨美的逆袭路

杨美是"80后"，出生于贵州省凯里市凯棠镇凯哨村。凯哨村土地贫瘠，发展滞后，当地人主要靠外出打工谋生，杨美也是其中一员。她先是靠给别人擦皮鞋糊口，后到一家制笔厂工作。凭着好问好学的精神，她学到了新本领，也转到了管理岗位。

2016年，赶上易地扶贫搬迁的好政策，杨美从凯哨村搬到了凯里市上马石易地扶贫搬迁安置点。她和丈夫商量回家找工作，这样方便照顾老人和小孩。

参加社区及妇女联合会在小区举办的制衣就业培训后，杨美萌生了创办企业的念头。2018年，在当地相关部门的支持下，杨美创办了兴美宏杨制衣厂。经过努力，兴美宏杨制衣厂从最初的340平方米、十几台机子、几个员工发展到2022年的2000平方米的厂房、100余台机子、100余人的规模。看到制衣厂不仅改善了自己家的生活条件，还能帮助大家增收致富，杨美有一种前所未有的满足感。此外，杨美还带头成立凯里妹旺刺绣农民专业合作社，帮助低收入、年龄稍大的绣娘通过灵活计件计酬、居家加工的方式制作苗绣产品，增加收入。

由于杨美在行业内的突出表现和良好社会影响，她获得了"全国优秀农民工"、贵州省"最美劳动者"等荣誉称号。

**点评：**从贫困户到女厂长，再到"全国优秀农民工"，杨美一路逆袭，用劳动实现了自己的价值。杨美崇尚劳动，懂得幸福生活来源于劳动，因此通过自身的不懈努力描绘出自己人生的精彩篇章，创造出属于自己的幸福生活。

## 二、热爱劳动

热爱劳动是一种积极的劳动态度。只有热爱劳动，人们才会自觉自愿、积极主动劳动。劳动者要想实现个人价值，书写不平凡的人生，就必须热爱劳动。

### 1. 积极对待被安排的劳动任务

人在一生中，总是会遇到他人给自己安排劳动任务的情况。读书时，人们会接到父母、老师、同学安排的劳动任务，如洗衣做饭、打扫卫生、整理课桌、处理垃圾等。走上工作岗位后，人们会接到公司领导安排的劳动任务，如打印工作文件、收集商业信息、撰写合同文书、销售商品、进行商业谈判等。

面对他人安排的合理的劳动任务，大学生应欣然接受并积极主动地完成，这样能赢得他人的重视并使自己不断成长。

### 2. 正确对待"苦差事"和"分外事"

在劳动实践中，人们难免会面对一些"苦差事"和"分外事"。有的人面对对自己有益的工作时能乐意接受，面对那些难度大且回报低或辛苦烦琐的工作（即所谓的"苦差事"）时就避之不及。有的人面对自己职责范围内的事时能履行职责，面对那些自己职责范围外的事（即所谓的"分外事"）时就百般推脱。但有的人，不管是面对"苦差事"还是"分外事"，总是能积极灵活地应对。

面对"苦差事"，要积极调整心态，认识到每项工作都有其价值和意义，"苦差事"也可能是成长和学习的机会。为了完成"苦差事"，在遇到困难时，要主动寻求同事、朋友或家人的支持和帮助，并适当地休息和放松，避免过度劳累。面对"分外事"，既不"一刀切"地直接拒绝，也不无底线地照单全收。例如，对无理的职责范围外的工作要求表示拒绝；而在集体劳动中，为了达成共同目标，要具有大局意识，主动承担更多的"分外事"。

### 3. 善于发现潜在的劳动任务

在日常学习或工作中，大学生不能一味地等待他人来给自己安排劳动任务，应善于发现潜在的劳动任务，做到"眼里有活"。"眼里有活"源自积极主动的劳动态度。"眼里有活"的人知道自己要做什么，往往能做到未雨绸缪，在劳动过程中善于思考并发现自己身上可以改进的地方，从而更出色地完成劳动任务。"眼里有活"的人在职场中往往能得到更多的晋升机会和学习机会。

因此，不管在学习中，还是在实践活动中，大学生都不要像陀螺一样"抽一下，转一下"，而要充分发挥自己的主观能动性，即使在没有人要求和监督的情况下，也要自觉发现并出色地完成相关任务。

## 三、辛勤劳动

"天地生人，有一人应有一人之业；人生在世，生一日当尽一日之勤。"可见，辛勤劳动是人的本分。辛勤劳动要求劳动者充分遵循劳动的客观规律并达到一定的劳动强度，体力劳动要付出辛劳和汗水，脑力劳动也要付出智慧和心血。如果说热爱劳动是一种自觉自愿、积极主动的态度，那么辛勤劳动就是将这种态度落到实处的表现。

### 1. 及时实施劳动任务

将辛勤劳动落到实处，要求人们在接到劳动任务后及时地实施劳动任务。有的人在执行具体的劳动任务时具有"拖延症"，常常把当天的事拖到第二天、第三天处理。"明日复明日，明日何其多。我生待明日，万事成蹉跎。"《明日歌》告诉人们一个浅显的道理：如果把今天的事情放到明天来做，就会白白浪费很多时间，错过很多机会，虚度年华，导致很多事情成为幻想。能拖则拖、得过且过的心态会使人养成消极拖延的坏习惯。拖延行为会导致人们马马虎虎地实施劳动任务，甚至超出规定的劳动期限。这种会使人们陷入劳动效率不高、劳动成效不好的状态的行为最终会导致人们越来越抵触劳动。

孙敬头悬梁、苏秦锥刺股、祖逖闻鸡起舞，古人用自己的言论和行为激励后人及时奋发图强。因此，大学生要克服拖延心理，接到劳动任务后要进行自我管理，给自己设定任务完成期限和完成标准，及时付诸行动。此外，为了督促自己及时并高效地完成劳动任务，大学生可以给予自己积极暗示，即完成任务将获得益处和成就感。

### 2. 全身心地投入劳动

辛勤劳动不是敷衍了事，而是全身心地投入劳动，专注于工作本身，将自己的时间、精力和智慧奉献出来。劳动者要做到全身心地投入劳动，首先，要具备高度的责任心，对待劳动任务认真负责，无论是大事还是小事，都竭尽所能地去完成，以确保劳动的质量和效率。其次，要具备不畏艰难的勇气，无论是面对恶劣的工作环境，还是面对复杂棘手的工作任务，都不退缩，勇敢地迎接挑战，将困难视为成长的阶梯。例如，建筑工人在高温严寒中坚守岗位，为城市建设添砖加瓦；矿工在幽暗深邃的矿井中辛勤劳作，为维持能源供应默默付出。再次，要具备坚韧不拔的毅力，在长期的劳动过程中，始终做到专注和坚持，不因一时的挫折而放弃，始终全力以赴，并通过持续不断的努力克服重重困难，实现目标。例如，科研人员为了实现一项技术突破，进行成千上万次的实验；农民为了丰收，年复一年地精心耕种。最后，要具备不怕吃苦的品质，这意味着能够忍受劳动过程中的艰苦条件和巨大的压力，不怕脏、不怕累，勇于承担艰苦的工作任务，以实际行动诠释劳动的价值。

辛勤劳动的建筑工人

### 案例品读

## 从车间安装工到技术专家

谁说出身农村、没有学历、没有文凭的打工者就不能在大城市里有一番作为？刘军用他的奋斗经历告诉大家：能！刘军是农民工成长成才的优秀代表，参加工作以来，一直勤奋好学、刻苦钻研，最终从一名普通的车间安装工成长为工艺员、工程师。

1976年冬天，刘军出生在河北省张家口市张北县大河乡的一个小山村里。中学辍学后，刘军当过餐厅服务员，在老家县城摆过摊，从事过珠宝首饰的加工与设计，也跑过业务。但他知道，他的梦想不能止步于此。

2000年，刘军开启了他的"北漂"人生。他干过硬件拆卸工、墙体装修工，尽管生活艰难，但是刘军从未放弃过努力学习。下班后别的同事都去打牌、玩游戏，他就捧着书本苦读。当有人嘲笑他时，他就会告诉自己"机会是留给有准备的人的"。

来北京的几年间，他自学了CAD（Computer Aided Design，计算机辅助设计）和Solidworks 3D等制图软件的操作方法，并参加了成人高考，获得了大专学历、高级电气工程师职称。这些都为他日后的工作打下了坚实的基础。

皇天不负有心人，很快，刘军便迎来崭露头角的机会。2004年，刘军应聘到北京基业达电气有限公司工作。他的第一份工作并不是研发，而是制作公司的广告牌。虽然不是科班出身，但刘军在读书时担任过板报组组长，制作广告牌对他来说是轻车熟路的事。仅一周，他就完成了任务并获得了公司领导的认可。原本试用期是3个月，刘军只用一个月就转正了。因勤于动脑，做事麻利，创新想法多，刘军很快便投入公司的产品研发工作。

在钻研设计的日子里，刘军几乎很少在晚上12点以前睡觉。这样的习惯一直延续至今。刘军个人申请了好几项国家专利，他所在的团队更是有几十项专利。他说，这些成果的背后有太多屡败屡战的经历。刘军等研发三相铜母排配电箱技术时，前后历时两年，实验了40多次。"那个时候真的是很煎熬，我和我的几个搭档有时连续好几晚不睡觉。"刘军说，但他从来没有感到过灰心，没有想过放弃。

劳动创造幸福、创造美。刘军认为，要不停地学习、提高自己，并且踏踏实实地工作，以劳动托起中国梦。

**点评：** 从车间安装工到多项国家专利拥有者，刘军用劳动实现了个人价值。他并没有做过什么轰轰烈烈的大事，但作为一位平凡的劳动者，在平凡的岗位上，他靠辛勤劳动、刻苦钻研一步步走到今天。我们在日常生活中要立足岗位、扎实奋斗，用自己勤劳的双手，创造出属于自己的幸福生活。

## 四、诚实劳动

诚实是指言行一致、表里如一。诚实劳动要求劳动者遵守劳动规范，在劳动过程中脚踏实地、实事求是地做人做事。任何时代，要想获得财富和幸福，就要付出诚实劳动。诚实劳动是对劳动者品德的客观规定，是劳动者安身立命之本。

### 1. 遵守劳动规范

韩非子说："万物莫不有规矩。"这句话的意思是万事万物都有其准则法度。孟子说："不以规矩，不能成方圆。"这句话强调做事要遵循一定的法则。可见，遵守规范是人们生活的基本要求。劳动同样具有规范性，诚实劳动要求劳动者在劳动过程中遵守团队或组织制定的劳动规范，履行个人或岗位职责，合理合法地劳动。

劳动规范的制定通常是为了保障生产安全，提高劳动质量和劳动效率。遵守劳动规范主要体现在两个方面。

（1）在劳动过程中讲诚信

在劳动中，自己的事情自己做，杜绝偷工减料、投机取巧、欺骗、窃取劳动资料和他人的劳动成果等行为；遵守规章制度，严格按照规范的流程操作，按时按质地完成劳动任务。

（2）对劳动过程中涉及的他人和组织讲诚信

如对客户和同事讲诚信，真诚相待；对团队成员讲诚信，开诚布公，精诚合作；对上级领导讲诚信，信守承诺，说到做到。

## 2. 脚踏实地

人们常说"空谈误国，实干兴邦"，实干首先就要脚踏实地劳动。成功不是一朝一夕就能实现的，成功是一步一个脚印不断积累的结果。脚踏实地地劳动，才是智者的做法。

有的人面对工作时，总是怨天尤人，想取得一些成绩，却不能脚踏实地，最后只能眼睁睁地看着他人升职加薪。这类人的抱怨不但无济于事，而且还有可能使自己丧失斗志。反观脚踏实地的人，面对工作时，他们能埋头苦干，最终得到他人的赏识。一个人如果总想一步登天，不能脚踏实地，那么不管他做什么，不管他怎么做，终究不能取得出色的成绩。因此，为了实现梦想，大学生需要脚踏实地，不断提高自己的能力，坚信勤能补拙、付出终有收获。

## 3. 实事求是

孔子说："知之为知之，不知为不知，是知也。"荀子说："能之曰能之，不能曰不能，行之至也。"人们若想正确地做人做事，首先要做到实事求是。

不同的劳动，其环境和条件有所不同。即使是同样的劳动环境和劳动条件，由于人的不同，能力水平的不同，产生的劳动效果也会有所不同。但劳动者只要在劳动中遵纪守法，实事求是地劳动、实事求是地看待劳动成果，对自己的劳动行为、劳动成果有一是一、有二是二，不弄虚作假、不滥竽充数、不偷工减料、不投机取巧、不侵占他人的劳动成果、不损害集体的劳动利益，并且勇于担责，就问心无愧。

## 知识扩展

劳动精神的历史渊源悠久，它在不同的时代和社会背景下不断演变和发展，始终激励着人们为了更美好的生活和社会的进步而努力奋斗。在古代，尽管劳动分工相对简单，但劳动精神已经有所体现。例如，古代的农民辛勤耕耘，春种秋收，他们的坚韧和勤劳保障了粮食的生产，这便是一种朴素的劳动精神。随着工业革命的到来，大规模的工厂生产兴起。工人们在艰苦的工作环境中长时间劳作，他们的坚持和奋斗为社会的进步做出了巨大的贡献。在社会主义建设时期，劳动精神被赋予了更高的意义。劳动者们为了国家的建设和发展，无私奉献，拼搏奋斗。他们以建设美好家园为己任，充分展现了劳动精神的伟大力量。在当代，劳动精神进一步发展，其内涵更加丰富。从科学家的潜心研究到普通劳动者的日常工作，都闪耀着劳动精神的光辉。

## 第二节　工匠精神

我国自古就有尊崇和弘扬工匠精神的优良传统。《诗经》中的"如切如磋，如琢如磨"，反映的就是古代工匠在切割、打磨、雕刻各类器物时精益求精、反复琢磨的工作态度。新时代，工匠精神的内涵是"执着专注、精益求精、一丝不苟、追求卓越"，这些特质互为表里，相辅相成，集中体现了工匠对劳动的热爱。

在社会主义现代化建设的进程中，不论是传统制造业还是新兴产业，工匠始终是产业发展的重要力量，工匠精神始终是劳动者奋勇向前的强大精神动力。

### 一、执着专注

执着专注体现的是劳动者的精神状态，这是所有工匠具备的精神特质。执着意味着坚定不移地追求目标，不因外界的干扰和困难而动摇。具有执着精神的人，在面对挫折和失败时，不会轻易放弃，而是会不断总结经验教训，继续前行。他们坚信自己的选择，有强烈的内在动力实现自己的理想。专注则是将精力高度集中在一个特定的任务或领域，这要求个人摒弃杂念，全身心地投入工作或事业。专注的人能够深入研究问题，洞察细节，从而更好地完成任务。

执着专注体现在许多方面。例如，在制造业中，工匠们为了制作一件完美的产品，可能会花费数年甚至数十年的时间钻研技术、改进工艺。他们对每一个零部件、每一道工序都一丝不苟，力求做到极致。在科技领域，科研人员们专注于创新和突破，不断攻克难题，为推动科技进步贡献力量。在艺术创作中，艺术家们专注于表达自己的情感和想法，通过不断练习和尝试，设计出具有深刻内涵和独特魅力的作品。

实际上，得心应手的技能、巧夺天工的技术和出神入化的技艺，正是来源于执着专注。从千百年来的实践经验来看，工匠精神意味着几十年如一日的坚持与韧性。"术业有专攻"，个人一旦选定一项职业或事业，就要一门心思地钻研。

大学生正处于学习知识、增长才干的关键时期，无论是在日常学习还是在生产实践活动中都要专心致志、心无旁骛。只有怀着满腔的热忱，执着专注，才能更好地发挥自己的聪明才智，将不可能的事情变为可能，将平凡的事情变得不平凡。要想成为优秀的劳动者，不管从事何种工作，都应当始终践行执着专注的工匠精神，如果做事马马虎虎，敷衍了事，则很难长期坚持所从事的事业，更别提获得优异的成绩。

雕刻师专注于创作竹雕工艺品

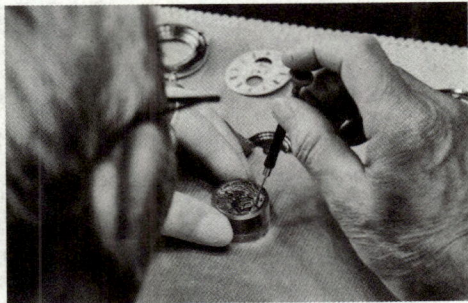

修表匠正在聚精会神地工作

## 案例品读

### "与台风竞速"的气象预报员许映龙

许映龙从南京气象学院（现为南京信息工程大学）毕业后即入职国家气象中心。入职30多年，许映龙始终坚守在台风预报服务业务一线，致力于台风监测预报预警服务工作、技术研究和流程规范改进，为我国台风监测预报达到国际先进水平做出了突出贡献。例如，他对2021年第6号台风"烟花"、2022年第12号台风"梅花"和2023年第5号台风"杜苏芮"的登陆和风雨影响都做出了准确预报，从而为国家防灾减灾赢得了主动，减轻了台风灾害造成的损失。

许映龙正在严密监测台风动态
（图片来源：人民网）

许映龙所在的工作空间中，分排叠放的计算机显示了全球卫星云图、地面观测图、数值模式预报图、雷达观测图像等，这些是他每日必看的图像。台风路线飘忽不定，从复杂的图像和大量的数据中尽快辨别台风、预测台风走向，提前判断台风在何时何地登陆，并给出预报结果，无疑是一项复杂且艰巨的挑战，而这正是许映龙的日常工作。

气象预报中，每一个微小的数据和变化，都可能影响最终结果。"人民至上、生命至上"是国家气象中心秉持的理念，这8个字道出了所有"气象人"的责任。在2023年"大国工匠年度人物"颁奖典礼上，许映龙用敬畏、专注、责任这3个词语诠释了自己眼中的专业匠心。

**点评：** 基于自身的职业，许映龙用"敬畏、专注、责任"诠释了自己理解的工匠精神。敬畏是对大自然的敬畏，责任是对人民、生命的责任，因为敬畏和责任，许映龙必须专注于台风监测预报预警和技术的研究与创新。而专注，正是各行各业的劳动者践行工匠精神的基础。

## 知识扩展

大国工匠是指那些具有高超技艺和精湛技能，在各自领域执着专注、精益求精、一丝不苟、追求卓越的工匠。为了弘扬工匠精神，中华全国总工会和中央广播电视总台从2018年起开始联合举办"大国工匠年度人物"发布活动，至2024年，发布活动已经连续举办5届。每届从众多候选者中评选出10位"大国工匠年度人物"，迄今已评选出几十位"大国工匠年度人物"。这些大国工匠来自国防军工、装备制造、建筑、通信、水利、电力、冶炼、文物保护、污水治理、人工智能等领域，他们都是所在行业的顶尖技术、技能人才，都是工匠精神的优秀传承者，体现了新时代大国工匠的多元化。

## 二、精益求精

精益求精体现的是劳动者的品质追求。在中国早就有"艺痴者技必良"的说法，如《庄子》中记载的庖丁，《核舟记》中记载的奇巧人王叔远等。只有将自己有限的精力集中于所从事的行业，干一行、爱一行、钻一行，日积月累，把简单的事情做到极致，才能提高自己的专业能力，达到炉火纯青的地步。

践行精益求精的工匠精神，不仅要求劳动者尽职尽责地完成劳动任务，还要求劳动者以更高的标准要求自己。简单来说，就是"已经做得很好了，还要求做得更好"。对大学生而言，要将精益求精的工匠精神融入实践活动，例如，大学生在做实验时，不仅要达到标准，完成任务，还要精益求精，如尽力缩小实验的误差，创造性地劳动以提高效率。一个人只要具备了精益求精的精神，即便起点低，其输出的结果也会不断优化，由不完美走向完美。

当然，在精益求精、追求卓越的过程中，大学生要勇于克服劳动中的困难。须知，无论是简单劳动还是复杂劳动，无论是体力劳动还是脑力劳动，因处事经验、个人能力不足，或工作环境的限制等，人们在劳动过程中难免会遇到各种各样的困难，这是客观事实。而勇于克服劳动中的困难，是每个人在成长中都要经历的"必修课"。具备勇于克服困难的心态并付诸实践，在克服困难的过程中，不但能锻炼意志和毅力，还能增强自身解决复杂事务的能力。许多同学的小发明、小创造，大多也是在劳动实践中历经千辛而产生的，随后大放异彩。此外，大学生在学习或劳动实践中遇到困难，不能只靠拼劲、韧劲克服困难，还要掌握一定的方法技巧：一是劳逸结合，遇到困难时，暂时放下手中的工作，适当放松身心，如到户外散步、打球；二是分解劳动任务，按计划分阶段实现目标；三是寻求帮助，通过合作解决问题。

### 案例品读

#### "金牌焊工"高凤林

1978 年，16 岁的高凤林以高分考入隶属于首都航天机械有限公司的技校，在那里学习焊接工艺与制造技术。实习时，高凤林扎实的基本功和吃苦耐劳的精神给焊工师傅留下了良好的印象，毕业以后他也成了一名焊工。高凤林在工作初期表现优异，很快就崭露头角并担任工作组组长。但大师的长成并非按部就班的，除了在工作上精进焊接技术，高凤林从 1988 年就开始报读大专、本科，自学研究生课程，力求理论和实践技艺一样不落后。

要成为一名优秀的焊工，必须刻苦钻研焊接技术。高凤林所焊接的火箭发动机被称为火箭的"心脏"，这意味着它对焊接质量要求非常高。高凤林的作业对象经常是只有

大国工匠高凤林（图片来源：人民网）

1～2厘米厚的材料或者指头大小的小部件，手略微抖一下或者眨一下眼都可能导致焊接失败。

技术水平可以通过反复练习来提升，高凤林在入行初期常常举着铁块、沙袋锻炼，以增强手腕和手臂的力量；吃饭时常用筷子练习送焊丝的动作，防止焊接时手抖；他甚至顶着高温观察铁水的流动规律。如果说常规的焊接操作通过多加练习就可以顺利完成，那么技术难关攻克对焊工而言就是一道坎，能够完成的人凤毛麟角，而高凤林便是其中之一。

科学家们提供理论上的火箭设计图纸，而高凤林就处于将这份设想转化为现实的过程中的关键环节上，因此，人们称他为"为火箭焊心的人"。

高凤林长期在艰苦的环境中工作，但正如他所说："岗位不同，作用不同，仅此而已。心中只要装着国家，什么岗位都光荣，有台前就有幕后。"高凤林一心为祖国的事业做贡献，甘于做祖国航天事业发展过程中一颗不起眼的螺丝钉，默默发挥自己的作用，是当之无愧的大国工匠。

**点评：** 有一颗精益求精的"匠心"，是对工作最好的尊重。高凤林在工作中始终严谨、认真地对待每一个工作环节，不放过任何一个细节，在日复一日的坚守中实现自己的人生价值，积极践行工匠精神。他用最朴实的行动诠释了"精益求精、追求卓越"的内涵。

## 三、一丝不苟

一丝不苟指的是做事认真细致，一点儿都不马虎。一丝不苟体现的是劳动者严谨敬业的职业态度。每一项具体技术的研究开发与应用扩散往往都有严格的规程和标准，容不得半点儿马虎或将就。不放过任何一个细节，不忽视任何一个细微之处，一丝不苟、倾注匠心，才能创造出巧夺天工的精品。

我国古代劳动者就非常注重细节，《礼记》中就记载有"物勒工名，以考其诚"的质量责任体系，就是将工匠的姓名刻在器物上，一旦器物质量出现问题，便可以反溯追查责任。孔子主张人在一生中始终要"事思敬""执事敬""修己以敬"，教导人们做事要心怀敬意，严肃认真、专心致志地做好自己的工作，并加强自身修养；老子也曾说"天下大事，必作于细"，告诉人们要想做成大事，就要从细小之处做起。因此，在当今时代，劳动者应该坚持"差之毫厘，谬以千里"的严谨态度，在自己的岗位上兢兢业业、耐心坚守。

### 案例品读

#### 吴顺清：用神奇药水"复活"千年文物

"用神奇药水'复活'千年文物"是吴顺清获评2023年"大国工匠年度人物"的评语。1973年，吴顺清从武汉大学化学系高分子专业毕业后，被分配到荆州博物馆从事文物保护工作。50多年来，吴顺清作为我国有机质文物考古现场及其文物本体保护研究领域的学术带头人，为祖国的文化遗产保护科学做出了重要贡献。

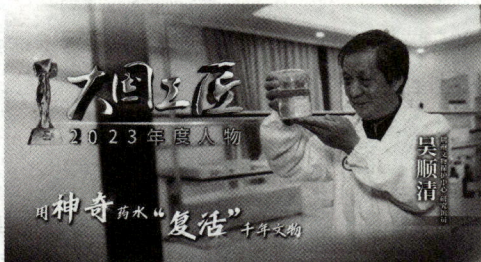

吴顺清（图片来源：央视新闻）

长沙马王堆出土的辛追夫人的脚盆，2007年吴顺清应邀前往修复，前后花费 3 年时间，让其重现光彩

　　20 世纪七八十年代，随着文物考古事业的开展，我国出土了数量和种类均较多的木漆器，这些木漆器由于深埋地下千百年，已经充分适应高含水量的环境，如果出土后贸然暴露在空气中，会严重受损。化学系毕业的吴顺清决心研究新技术、新方法，抢救珍贵文物。

　　为饱水木漆器脱水，一般需要大约 3 年才能看到效果，这需要吴顺清有十足的耐心，容不得一点马虎，一旦有一点失误就会前功尽弃。经过近 10 年的坚持，吴顺清终于摸索出一套成熟的木漆器类文物脱水保护方法。经过浸泡，药水渗进木漆器"体内"，置换内部水分，支撑起木胎结构，这如同给木漆器打了一针加固剂。在长沙马王堆汉墓、北京老山汉墓、南昌西汉海昏侯墓等出土的竹木漆器类文物的保护修复中，都有吴顺清技术团队的身影。

　　**点评：**吴顺清的工作性质使其在钻研文物保护技术和修复文物的过程中不能有一点马虎，必须用严谨的工作态度对待。严谨的工作态度在任何领域都是不可或缺的，尤其是当我们面对复杂和长期的任务时，需要有足够的耐心和毅力，持之以恒地专注于此，这样可以取得更显著的成绩。

## 四、追求卓越

　　追求卓越体现的是劳动者积极进取、超越自我、开拓创新等的理想信念。它包括以下 4 个方面的内涵。

### 1. 对品质的不懈追求

　　追求卓越首先体现在对品质的不懈追求上。劳动者不满足于"合格"或"达标"，而是力求将产品或服务做到无可挑剔。他们以高标准来衡量自己的劳动成果，哪怕是细微的瑕疵也不放过。每一个环节、每一道工序都经过精心打磨，力求达到完美的境界。

### 2. 对自我的不断超越

　　追求卓越意味着劳动者永远不满足现有的成就，始终保持进取的心态。劳动者不断挑战自己的能力极限，突破技术难关，探索新的领域和方法。每一次成功都成为下一次进步的起点，通过不断学习和实践，劳动者持续提升自己的能力，实现自我超越。

### 3. 持续创新的精神

为追求卓越，劳动者需要不断创新，敢于突破传统的思维模式和方法，引入新的理念、技术和材料。通过创新，劳动者能够创造出更具竞争力的产品，满足人们不断变化的需求。

### 4. 对社会的责任感

具有追求卓越精神的劳动者，还对社会怀有强烈的责任感。他们深知自己的劳动成果不仅关乎个人声誉，更影响社会的发展。因此，他们以高度的责任感来对待工作，努力为社会创造更大的价值。

追求卓越使劳动者不满足于现有水平，不停滞于当前状态，一直向更高、更好、更精的方向努力。古往今来，热衷于创新和发明的工匠们一直是科技进步的重要推动力量，如倪志福、郝建秀、王选、王传福等，他们都是工匠精神的优秀传承者，他们让中国创新影响了世界。

## 案例品读

### 许振超践行工匠精神，创造享誉全球的"振超效率"

许振超，1950 年 1 月出生。1974 年，只有初中文凭的他来到青岛港成为一名码头装卸工人。许振超勤奋好学，很快成为码头上人人知晓的"许大拿"。例如，为早日掌握"一条线"这项技术，每次作业完毕，别人休息了，许振超还留在车上，练习停钩、稳钩。四五个月后，他的门机钢丝绳走起来也一条线了，一钩矿石吊起，稳稳落下，不多不少，正好装满一车皮。这手"一钩准"的绝活，很快就被大家传开了。

后来，青岛港开始筹建专业集装箱公司，许振超当上了第一批桥吊司机。桥吊作业有一个减速区，减速早了装卸效率下降，减速太迟又影响货物安全。于是，许振超又开始钻研，他带上测试表反复测试，终于成功地将减速区调到最佳位置。

工作中的许振超
（图片来源：人民网）

后来，许振超当上桥吊队队长，他通过自学，用了整整 4 年的时间，逐步掌握了各类桥吊技术参数和设备性能，不仅能排除一般的机械故障，还能修复精密部件。他多年来一直坚持自学，家里与机械、电气有关的书籍、报刊等摆满了书橱，光高校教材就有 50 多本。他读过的各类书籍有 2000 多册，他还写了近 80 万字的读书笔记。功夫不负有心人，许振超学出了名堂，由一名普通工人成长为名副其实的桥吊专家。

青岛港启动前湾集装箱码头建设时，由于种种原因，桥吊安装没有大的进展。许振超临危受命，担任桥吊安装总指挥。经过 40 多天的奋战，重 1300 吨、长 150 米、高75 米的超大型桥吊终于矗立在前湾宽阔的码头上。

　　许振超常说："人总是要有一点精神的，在工作岗位上，干就干一流，争就争第一，拼命也要创出世界集装箱装卸名牌，为企业增效，为国家争光。"2003年4月27日晚，青岛港新码头灯火通明，许振超和他的工友们在"地中海法米娅"轮上开始向世界装卸纪录冲刺。许振超和工友们用6个多小时，把3400个集装箱全部装卸完毕，创下单船效率339自然箱的世界纪录。之后，他们又多次刷新这项纪录，"振超效率"享誉全球。

　　从一个普通的码头装卸工人到技术工人，再到技术能手、技术专家，许振超领导的多项技术改造填补了国际空白，他创造出的"振超工作法"更是为青岛港提速增效提供了宝贵经验。如今，这位曾荣获"全国道德模范"称号、全国五一劳动奖章等荣誉的匠人，仍在青岛港为他设立的"许振超大师工作室"里，和新一代码头装卸工人围绕自动化集装箱码头技术，展开以高效服务为目标的创新。

　　**点评：**虽然许振超只有初中文凭，但他以爱岗敬业、无私奉献的主人翁精神，艰苦奋斗、努力开拓的拼搏精神，与时俱进、争创一流的创新精神，团结协作、互相关爱的团队精神，干一行、爱一行、精一行，在平凡的岗位上做出了不平凡的业绩，从一名普通的码头装卸工人成长为学习型、知识型、创新型的当代产业工人的杰出代表。

## 第三节　劳模精神

　　劳模精神是指劳动模范身上所承载与彰显的精神。劳动模范是广大劳动者中杰出的代表，是广大劳动者学习的榜样。"爱岗敬业、争创一流、艰苦奋斗、勇于创新、淡泊名利、甘于奉献"，这24个字精准概括了劳模精神的丰富内涵，深刻体现了每一位劳动模范守本分、有追求、讲作风、担使命、有境界、有修为的精神风范，是每一位劳动者都应该有的精神追求。

### 一、爱岗敬业

　　爱岗敬业体现的是劳动模范的本色，是劳模精神的基础。爱岗指热爱自己的工作岗位、热爱本职工作，敬业指用严谨认真的态度对待自己的工作。爱岗敬业的真谛在于人们奋发向上的事业心、高度的社会责任感和对工作价值的不懈追求。

　　爱岗与敬业是相互联系的，爱岗是敬业的基础，敬业是爱岗的具体表现，不爱岗就很难做到敬业，不敬业也很难说是真正的爱岗。具体来说，爱岗敬业可以用乐业、勤业和精业加以概括。

#### 1. 乐业

　　乐业要求人们以正确的态度对待自己的职业，努力培养自己对所从事职业的幸福感、成就感、荣誉感。

## 2. 勤业

勤业要求人们有忠于职守的工作责任心、认真负责的工作态度和刻苦勤奋的工作精神。

## 3. 精业

精业要求人们在工作中精益求精、追求卓越，要求人们不断学习、不断创新。

无论是从事体力劳动还是脑力劳动，无论是从事条件好、待遇高、工作轻松的职业，还是从事环境艰苦、工作繁重的职业，劳动者既然选择了自己的职业和工作岗位，就理应践行爱岗敬业精神。劳动者只要立足本职工作，尽职尽责、兢兢业业，就可以做出不平凡的事业，就可以为社会和国家做贡献，同时实现自己的人生价值。

# 二、争创一流

争创一流强调的是肯学、肯干、肯钻研，练就一身真本领，掌握一手好技术，敢于做标兵、做榜样，力争做出一流贡献。争创一流要求劳动者"干一行，专一行"。"干一行，专一行"体现的不是学科意义上的"专业"，而是岗位职责对能力素质提出的专门要求。劳动者"干一行，专一行"靠的是立足岗位职责，持续学习，加快自身知识更新，加强实践锻炼，以此练就过硬本领，成为做好工作的行家里手，这样才能高质量、高标准、严要求地完成工作。

大学生培养争创一流的精神，应树立远大志向，将个人追求与国家前途、民族命运相结合，努力学习、勤奋钻研专业知识，积极参加社会实践，通过跨学科学习、参加学术讲座和研讨会等方式，不断丰富自己的知识，拓宽视野，提高综合素质。

---

**案例品读**

### 艾爱国："好焊工"的不老传说

艾爱国成年后进入湖南华菱湘潭钢铁集团有限公司（简称"湘钢"）当焊工学徒。扎根焊工岗位50多年，艾爱国靠一把焊枪，赢得无数"军功章"："全国劳动模范"、"全国技术能手"、全国五一劳动奖章、"七一勋章"、2021年"大国工匠年度人物"……

工作中的艾爱国
（图片来源：新华社）

从学徒到劳动模范、大国工匠，艾爱国攻克技术难题400多个，改进工艺100多项，在全国培养焊接技术人才600多名，创造直接经济效益8000多万元……被湘钢返聘为焊接顾问后，艾爱国在"艾爱国劳模创新工作室"上班，这里既是焊接技术攻关的场所，也是校企合作、培养高素质人才、进行教学创新和弘扬劳模精神的重要平台。艾爱国钻研焊接工艺和技术时使用的笔记本也被陈列在这里。一本本笔记本印证着他的口头禅"活到老，学到老，干到老"。

艾爱国很早就有"焊王"的美誉,他拿起焊枪和面罩,就会给人一种成竹在胸、稳如泰山的感觉。电光石火间,一道道焊缝如工艺品般呈现在人们眼前。"当工人就要当一个好工人",这是艾爱国的信念。以此为生,精于此道。艾爱国也实现了焊接技艺的"由技入道"。

艾爱国说:"学焊接没有捷径,唯一要做的就是多焊、多总结。"不断学习,才不会被淘汰。他对徒弟们的要求也是学习,并且要求徒弟们学精。徒弟们跟艾爱国学艺的第一天就被告知焊接要求:焊接完成后,物体表面平整、美观,内里无气泡、无裂纹。一开始也有人质疑:这个要求是不是太高了?毕竟焊工不是绣娘,何必把别人的优秀当及格?艾爱国也不过多解释。时间长了,徒弟们都明白了师傅的用心——"焊接就像裁缝做衣服。好裁缝做出来的衣服才好看,光想着缝上就完事,那衣服穿着也不会合身。"

**点评:** 艾爱国"干一行,爱一行,专一行",50多年如一日地坚守岗位,致力于"当一个好工人"。他在平凡的岗位上执着专注、拼搏进取、坚守奉献,用汗水和付出诠释了工匠精神、劳模精神,创造了非凡的业绩。

## 三、艰苦奋斗

艰苦奋斗是中华民族的优良传统,也是劳动模范的一贯作风,即在劳动实践中,拥有顽强不屈、锐意进取的意志,展现求真务实、脚踏实地的精神面貌,保持艰苦朴素、勤劳节俭的生产生活作风。

### 1. 顽强不屈、锐意进取

顽强不屈、锐意进取意味着,在工作中面对种种艰难险阻,始终保持坚定的信念和坚韧的毅力,毫不动摇,绝不屈服;同时,不满足于现状,不畏惧未知,坚定不移地追求进步和成功。顽强不屈与锐意进取的意志结合在一起,就形成了一种无坚不摧的力量。拥有顽强不屈、锐意进取意志的人,在人生的道路上,无论遇到多大的风浪,都能坚定地朝着目标前进。

### 2. 求真务实、脚踏实地

求真务实、脚踏实地意味着,在工作中要以实际效果为导向,充分发挥个人才能和团队精神,以切实解决问题,达到预期目标。同时,个人在实践中要始终保持沉着稳健、不骄不躁,考虑自己的实际情况,踏实肯干、勤奋努力,走好每一步。

### 3. 艰苦朴素、勤劳节俭

艰苦朴素、勤劳节俭是一种生活态度,也是一种优良品质。艰苦朴素、勤劳节俭意味着,在工作中勤劳刻苦、吃苦耐劳,在生活中勤俭节约、质朴纯粹,不盲目攀比、不铺张浪费。

大学生培养艰苦奋斗精神的核心是树立正确的价值观,认识到艰苦奋斗是一种积极向上的价值观念,强调通过自己的努力和奋斗来创造美好的生活。此外,大学生应该树立勤俭节约的意识，不盲目攀比和浪费，珍惜资源；同时，不断学习进取，保持乐观、积极向上的精神状态，使自己在面对挑战时能够坚持不懈，最终取得成功。

## 四、勇于创新

勇于创新指要有敢为人先的锐气，勇于与时俱进，敢于上下求索、开拓进取。党的二十大报告指出，"必须坚持科技是第一生产力、人才是第一资源、创新是第一动力"。国家繁荣、民族复兴、社会发展的动力来源于创新，勇于创新是劳动者的使命。近年来评选出的劳动模范中，高级技工、科研精兵的比重不断增加，知识型、创新型劳动者不断涌现。"多做一点点、创新一点点，日积月累，才能使'高原'成为'高峰'，才能推动中国制造向中国创造转变。""全国劳动模范"、中国电子科技集团公司第五十四研究所钳工夏立说。

具体来说，勇于创新，一是需要持续学习和提升自我，以不断更新知识和技能，跟上时代的步伐，了解最新的科技、文化和社会发展趋势，为创新提供坚实的基础。二是需要具有突破传统思维的勇气，在面对既定的规则、方法和观念时，不盲目遵循和接受，而是敢于质疑和挑战，开拓新的思路和途径。三是需要具备积极探索的精神，主动探索未知领域，尝试新的方法、技术，寻找新的可能性和解决方案。四是需要有坚持不懈的毅力，因为创新的过程可能充满困难、挑战和挫折，但勇于创新的人不能轻易放弃，而是要持之以恒地努力，直到实现创新的目标。

---

### 案例品读

#### 让机器人"活"起来的张明

张明，现任安川首钢机器人有限公司（简称"安川首钢"）工程部组装调试科长，曾获得全国五一劳动奖章、"全国劳动模范"等荣誉。

张明的工作就是把指令输入机器人系统，让机器人"活"起来。张明从事机器人应用系统的组装调试工作属于"半路出家"，2003年进入安川首钢后，他才开始接触工业机器人。从最初的技术"小白"变成如今身经百战的技术"大拿"，这是他20多年来潜心钻研和开拓创新的结果。在这20多年里，张明攻克了机器人手臂在焊接、激光切

张明在调试机器人（图片来源：人民网）

割、搬运等不同生产项目中的一道道技术难关。他带领团队通过在机器人涂胶系统中应用激光视觉系统技术，对机器人进行精度校准、修正，将机器人运动精度控制在了0.2毫米以内，实现了汽车零部件高品质、自动化安装，进一步提升了我国机器人应用的技术水平。在机器人铝材焊接方面，他带领团队填补了国内的技术空白，成功推动铝材焊接技术的发展和汽车轻量化的进程。

> 如今，张明所做的机器人手臂调试焊接工作已经走在世界前沿，但他依然保持勤奋、刻苦、低调的工作作风，带领不断壮大的机器人调试队伍一路前行，攀登一座又一座技术高峰，为公司、为机器人行业、为国家奉献自己的力量。
>
> **点评：** 张明在进入机器人行业前，并没有相关背景或经验，但他却在工作中不断取得技术上的突破，为公司和机器人行业的发展做出重要贡献。这离不开他潜心钻研、勇于创新和坚持不懈的精神。

## 五、淡泊名利

淡泊名利即轻视外在的名声与利益，不追求名利。"全国劳动模范"尉凤英将获得的科研奖金用来购买科研资料、建图书馆，一门心思搞革新；"全国劳动模范"王国华自参加邮政工作以来，视名利如鸿毛，一心一意为群众服务……不为名、不为利是劳动模范始终坚守的信条，体现了劳动模范的人生境界——超脱物质欲望、对虚名的看淡、对人生价值的独特见解。

### 1. 超脱物质欲望

劳动模范不被物质财富所迷惑和束缚，不为追求奢华的生活而耗费过多的精力和时间。超脱物质欲望不是对财富和地位的绝对否定，而是一种不刻意追求、不过分贪恋的态度。

### 2. 对虚名的看淡

劳动模范不热衷于追求表面的荣誉和头衔，不让他人的赞誉或批评过度影响自己的内心。真正的价值不在于外界赋予的名声，而在于自身的品质和所做事情的意义。

### 3. 对人生价值的独特见解

劳动模范坚守自己的价值观，认为人生的价值不在于拥有多少物质财富和外在的荣耀，而在于对他人、对社会的贡献，以及个人的成长，如追求知识、培养品德、发展艺术爱好等。

淡泊名利的态度是通过长期的自我反思和经历生活的磨砺后逐渐形成的，要求人们不断地克服欲望和虚荣心，培养出一种超脱和豁达的心境。当今社会，要做到淡泊名利，大学生要处理好"义"和"利"的关系，处理好经济效益与社会效益的关系，处理好个人利益与公众利益及社会利益的关系，即"先义后利""见利思义"。

## 六、甘于奉献

甘于奉献的内涵是心甘情愿、默默坚守、全身心地工作，不追求功名和私利。甘于奉献意味着个人愿意将自己的时间、精力、知识和技能毫无保留地投入工作，不图回报，只为实现更大的价值和更高目标。这种精神体现了劳动模范对国家、社会、职业的高度责任感和使命感。各个年代甘于奉献的劳动模范在实现个人价值的同时，也为社会的进步和发展做出了重要贡献。

甘于奉献的具体表现包括：在工作中不计个人得失，全心全意投入；在困难面前不退缩，勇于承担责任；在荣誉面前不争抢，保持谦逊；具有强烈的社会责任感，默默奉献汗水和智慧。

### 1. 在工作中不计个人得失，全心全意投入

无论身处哪个岗位，都能够深刻认识到自己工作的重要性，明白自己的工作是组织运转中不可或缺的一环，从而不计较个人得失，全心全意投入工作。

### 2. 在困难面前不退缩，勇于承担责任

不因为工作的烦琐、困难或辛苦而退缩，而是积极地迎接挑战，攻坚克难，为高质量、高标准完成任务贡献自己的力量。

### 3. 在荣誉面前不争抢，保持谦逊

在获得荣誉时不骄傲、不自满，客观地看待自己的成就，认识到成功背后除个人努力外，还有他人的帮助、时机的成熟等多种因素。同时，始终保持谦逊，不断探索，因为无论取得多大的成就，都有进步的空间，可以为社会的进步和发展做出更大的贡献。

### 4. 具有强烈的社会责任感，默默奉献汗水和智慧

甘于奉献的人具有强烈的社会责任感，他们深知自己的工作和付出对于社会的发展和进步有重要的意义。这种社会责任感驱使他们不断努力，为了党和国家的事业及人民的幸福生活默默奉献汗水和智慧。

## 案例品读

### 点亮乡村女孩梦想的人民教师张桂梅

2024年，以张桂梅为原型的电视剧《山花烂漫时》热播，广受好评。这部电视剧讲述了张桂梅创办丽江华坪女子高级中学的艰辛历程，展现了她坚韧不拔与无私奉献的精神，成功地塑造了一个既有崇高理想又有平凡情感的张桂梅形象，让大家对这位本就家喻户晓的人物有了更加形象化、立体化的认识。

张桂梅，扎根边疆教育一线40余年，获得无数荣誉："时代楷模"、"全国优秀教师"、"最美乡村教师"、"全国道德模范"、全国五一劳动奖、"全国先进工作者"、"七一勋章"等。但在"七一勋章"颁授仪式上，张桂梅的自我介绍却是如此朴素："我叫张桂梅，是一名普通的人民教师……"

1957年6月，张桂梅出生于黑龙江省牡丹江市的一个农村家庭。1974年10月，张桂梅跟随姐姐从家乡黑龙江来到云南，支援边疆建设。1983年，她被调到子弟学校当中学教师。1988年，她以优异的成绩考入丽江教育学院（今丽江师范高等专科学校）中文系。1990年毕业后，张桂梅随丈夫调到大理白族自治州喜洲一中任教。

1996年8月，一场家庭变故让张桂梅从大理来到丽江山区，在华坪县中心学校任教，从此她便在山区扎下了根。1997年9月，因教学工作出色，张桂梅被调到华坪县

民族中学（简称"民中"）。在这期间她忍受着病痛坚守在岗位上（1997年4月，张桂梅被查出患有子宫肌瘤）。1998年中考，她所教学生的语文、政治的综合成绩分列全县第四、全县第二。1999年中考，民中全体师生在她的带动和鼓舞下，经过顽强拼搏，使全校成绩又上一个新台阶，位列全县第一、全区第二。

2001年，张桂梅兼任新建的华坪县儿童福利院（华坪儿童之家）的院长。此后，她除了上课，还要照顾福利院的孩子们。

2002年春节，张桂梅的肺部也有了病灶。她一直带病坚持工作，将两次大的手术都安排在放假期间，没有因病耽误一节课。她的工资除了用于必要的生活开支，全部用来接济学生。她一边在民中教书，一边担任华坪儿童之家的院长，管理着几十名孤儿的衣食住行。2006年，张桂梅获得云南省"兴滇人才奖"，奖金30万元，她决定将奖金捐给政府，用于一所贫困山区学校的建设。

初到华坪任教的张桂梅就发现，在家务农、外出打工或早早嫁人是大多数区里女孩的共同命运。为了改变山区女孩的命运，张桂梅四处奔波筹措资金办学，推动创办了面向贫困山区女孩的免费女子高中——华坪女子高级中学。该校于2008年9月1日正式开学。2011年，华坪女子高级中学第一批96名学生迎来高考，这96名学生初入学时底子较差，但最终的高考成绩却让人惊喜：96名学生全部考入大学，其中有69人考入本科，一本上线率4.26%。此后，华坪女子高级中学的成绩一年比一年好。截至2024年高考结束，华坪女子高级中学已经有2000多名学生考入大学。这些学生大学毕业后，有的当了医生，有的参军入伍，还有的回到华坪女子高级中学当老师。

扎根边疆40余年，张桂梅用教育之光阻断贫困的代际传递，点亮乡村女孩的梦想，照亮了无数人的心。

张桂梅与学生在校园内谈心（图片来源：人民网）

**点评：**对于张桂梅，再多的褒奖都不为过。2020年，中国共产党中央委员会授予张桂梅"全国优秀共产党员"称号时，评价她把全部身心投入边疆民族地区教育事业和儿童福利事业。她坚持用红色文化引领教育，培养学生不畏艰辛、吃苦耐劳的品格，引导学生铭记党恩、回报社会。她以坚韧的拼搏精神和无私奉献的大爱，诠释了共产党员的初心使命。

## 课后思考与练习

1. 什么是劳动精神？它的精神内涵是什么？
2. 什么是工匠精神？它的精神内涵是什么？

3. 什么是劳模精神？它的精神内涵是什么？

4. 谈谈你对劳动精神、工匠精神和劳模精神之间的关系的理解。

5. 在劳动实践中，应该如何弘扬劳动精神、工匠精神、劳模精神？

6. 你身边有哪些人正在践行与弘扬劳动精神、工匠精神、劳模精神？他们身上的哪些闪光点给了你启发，成了你的精神动力？

7. 阅读下面的材料，回答相关问题。

李万君，1968年出生，1987年7月毕业于长春客车厂职业高中，而后进入客车厂焊接车间工作，被分配到最苦最累的水箱工段，成了一名焊工。那时候工作环境艰苦，很多人都无法坚持。"哪行都得有人干，干一行要爱一行。"李万君的父亲李世忠曾是中车长客的劳动模范，李万君本来想要调换车间，没想到父亲知道后给他找来很多练习焊接技术的焊条和模具，手把手教他焊接技巧。再三思量后，李万君立下志向：要像父亲一样，当一名像样的技术工人。在后来的工作中，李万君开始不停地向老师傅讨教焊接技艺，哪个师傅的活干得好，他就在哪个师傅旁边看，自己再起早贪黑地练习。1997年，首次代表公司参加长春市焊工大赛的李万君拿了第一名。这也成为他不断创新和创造的开始。

2007年，"和谐号"动车组在中车长客试制生产。转向架环口处的焊接是承载车体重量的关键。李万君反复研究摸索，总结出"环口焊接七步操作法"，成功突破国外技术封锁，保证了动车组转向架的批量生产。2017年，他带领团队成功攻克我国自主知识产权"复兴号"动车组转向架焊接的多项技术难题，助推中国高铁不断领先。2010年以来，他在企业内培训焊工超2万人次，考取各种国际国内焊工资质6000多项，满足中国高铁快速发展需求，培养带动出一批技能精湛、职业操守优良的技能人才，为打造"大国工匠"储备了坚实的新生力量。

（1）李万君是如何从一名普通焊工成长为中国高铁焊接专家的？

（2）李万君是如何诠释工匠精神和劳模精神的？

（3）李万君的工作经历对你有何启发？

# 第四章
# 培育劳动品质

### 马班邮路的忠诚信使王顺友

1985 年，年仅 19 岁的王顺友从父亲手中接过马缰绳，成了四川省凉山彝族自治州木里藏族自治县马班邮路的乡邮员。从此，王顺友一个人与马为伴，驮着邮包，默默地穿行在绵延数百公里的雪域高原上。这一路，他要翻越海拔从 1000 米到 5000 米不等的十几座高山。从高山峡谷到原始森林，从"一身雪"到"一身汗"，这样的行程，他每个月要完成 2 次，有半个月的时间在路上。这条一个人的"长征路"有着常人难以想象的苦。山上夏季多雨、冬季干燥容易引发火灾，于是，王顺友很少生火，随身带着干粮，饿了，就啃几口腊肉和糌粑面；渴了，就喝几口山泉水，甚至吃几口雪；累了，就在山洞里、草丛中休息片刻，甚至裹块塑料布睡在泥水里。最大的苦是长年与日月相伴的孤独。但他舍不得乡亲们，他说："父老乡亲离不开我，我也离不开他们。"

王顺友曾荣获全国五一劳动奖章，以及"全国劳动模范""全国优秀共产党员""全国敬业奉献模范""最美奋斗者"等荣誉称号。他一个人，牵着一匹马，坚守马班邮路几十年，在雪域高原跋涉了 26 万公里，投递准确率达到 100%。他成为当地老百姓心中最温暖的形象，被誉为"深山信使"。

王顺友与马相伴 30 多年，忍受孤独，和恶劣的天气做斗争，只为帮乡亲们及时传递信息、与外界联系。他做着平凡的工作，但他吃苦耐劳的品质感染、感动着身边的每个人。吃苦耐劳等劳动品质是中华民族几千年来形成的优良品质，凝聚着前人总结的经验和智慧，是一笔宝贵的精神财富，激励着人们去创造美好生活。当代大学生生活在思潮更加多元化，各种观念相互碰撞、相互影响的社会环境里，在这种情况下，大学生仍需继承和发扬优秀劳动品质，如勤俭节约、吃苦耐劳、创造性劳动、团结合作等。

## 第一节  勤俭节约

勤俭节约的意思是勤劳而节俭，形容工作勤劳，生活节俭。勤俭节约的优良品质是中华民族的传统美德。勤俭节约的思想在当今社会也有重要的时代价值，践行勤俭节约仍然具有重要意义。

## 一、勤俭节约的历史渊源

勤俭节约的思想有悠久的历史渊源。《尚书》中有"克勤于邦，克俭于家"的记录，《周易》中说"君子以俭德辟难，不可荣以禄"，老子在《道德经》中提到"俭"是"三宝"之一，这些思想都强调了勤俭节约的重要性。自古以来，勤俭节约不仅是关系到个人生活习惯和道德品行的小事，更是关乎社会风气和家国兴衰的大事。

春秋时期鲁国的正卿季文子，执掌鲁国朝政 30 多年。虽然身居要职，从政的时间长，但他却十分俭朴自律，以节俭为立身之本。他穿衣只求朴素整洁，乘坐的车马也很简朴。他还要求家人也过俭朴的生活，在当时的社会中起到了示范作用。

春秋后期，齐国名相晏婴辅佐齐灵公、庄公、景公三代国君共 50 余年，他廉洁奉公，时时处处主张节俭，吃穿住行皆十分节俭，并且他谦恭下士，受到齐国百姓的尊重和爱戴，名声显扬于各诸侯国。

西汉文景之治时期，汉文帝与汉景帝以身作则，提倡节俭，严禁浪费，如此一来便有充足的资金实行轻徭薄赋，大力发展农业、商业，最终促进了社会经济的发展。

在隋代，隋文帝杨坚曾告诫太子杨勇："历观前代帝王，未有奢华而得长久者。"杨勇被废与其生活奢靡不无关系。

唐太宗李世民总结前朝历史，认为杨广骄奢淫逸自取灭亡。他告诫太子李治："夫君者，俭以养德，静以修身。""圣世之君，存乎节俭。"唐代诗人李商隐在《咏史》中总结朝代兴衰的规律，认为"历览前贤国与家，成由勤俭破由奢"。无一例外，勤俭能使一个国家昌盛，而奢侈腐败会使一个国家灭亡。宋代诗人陆游也在《放翁家训》中说："天下之事，常成于困约，而败于奢靡。"宋代的王旦、范仲淹、司马光、朱熹等名人也都推崇勤俭节约，他们的榜样作用使宋代形成了一种崇尚节俭的社会风尚。

明太祖朱元璋在位期间厉行节俭，他自己生活俭朴，也要求所有的官员廉洁奉公、勤劳节俭，对当时的社会影响深远。明代中期名臣、文学家林瀚一生致力于学术研究，推崇勤俭节约，反对大兴土木，在国子监担任祭酒期间，他省下许多银子用来建立署舍，供全体师生居住。

生活节俭、克制私欲，是清初廉吏、书法家汤斌始终坚持的生活作风。他任江宁（今南京）巡抚时，坚守清正、安于清贫，一日三餐常以豆腐汤佐食，人称"三汤巡抚"。清代名臣朱轼治家节俭，积极提倡和推广节俭精神，在他的示范作用下，他的家人乃至仆人、下属"无敢曳纨绮"。

中国古代的勤俭节约思想并不是一味强调俭省、泯灭人欲，让人们去过苦行僧式的生活，而是在承认正当需求的基础上否定贪欲，用理智克服物质利益的诱惑，从而涵养内心。例如，诸葛亮在《诫子书》中说："夫君子之行，静以修身，俭以养德。"宋代倪思在读书札记《经锄堂杂志》中指出，"俭者君子之德"。

纵观古人的言论和事迹，不难看出，勤俭节约不只是古人品德操守的重要体现，也是中国古代治国理政方略的重要内容。

## 案例品读

### 司马光的节俭观

北宋元丰五年（公元 1082 年），宰相富弼退休后闲居洛阳，与好友文彦博仿唐代白居易"香山九老会"形式，置"洛阳耆英会"，组织一些年龄相仿、资历相当、性情相投、口碑良好的同僚，置酒相乐，定期聚餐。无规矩不成方圆，文彦博特请司马光撰写《洛阳耆英会序》，以记其事。司马光又撰《会约》，给聚会定规矩、做约束。《会约》一共 8 条，篇幅不长，大致意思如下。

（一）聚餐中只论年龄长幼，不论职务高低，没有官场俗套，大家都轻松。

（二）聚餐时，要求餐具简朴，不得使用金碗银筷、讲排场。

（三）主人请客时，每餐主菜不得超过 5 种，至于佐酒的果脯、肉酱之类的小碟，总共不得超过 20 碟。

（四）座次按年龄排，酒壶按顺序递，倒多倒少、饮多饮少自便，主人不得强行劝酒，宾客也无须勉强自己，量大尽兴，量少随意。

（五）酒尚未喝完，桌上菜肴已用尽时可补充一些菜汤。

（六）节约纸张，简化程序，轮到谁请客，主人只用一张通知单，上列诸客的字，如文彦博只写宽夫，司马光只写君实。派人逐家传递，客人是否出席，在字下签注即可。

（七）聚餐之日，客人要按时出席，不等不催。

（八）上述规定，若有违反，如迟到、答应来而不来、主菜超过 5 种等，无论主宾，违反一条，即罚酒一大杯。

这篇《会约》使聚会人员在轮流请客的过程中，能够按约定办理，减少了身不由己的铺张，杜绝了竞奢斗富的攀比，避免了浪费。主人没有压力和负担，客人也绝无轻视和鄙薄，优游自如。

《会约》体现了司马光的节俭美德，他不仅提倡节俭，也身体力行，知行合一。司马光虽然为官数十载，待遇丰厚，但在他编著《资治通鉴》时，他的住所却低矮破败，仅能遮风避雨。酷暑难当时，他就在房子下面挖一个地下室，"穴居"其中，埋头著作。

这实际上是司马光对北宋日益崇尚奢侈的世风的一种抵制。正如他在《训俭示康》中所说："众人皆以奢靡为荣，吾心独以俭素为美。"

**点评：**《会约》既表明了司马光推崇勤俭节约的思想，又体现出他身体力行，知行合一，通过以身作则，引导身边之人以俭为荣、以奢为耻。当代大学生要明白其中要义，在全社会弘扬勤俭节约的思想，倡导文明之风。

## 二、勤俭节约的时代价值和内涵

在现代社会，勤俭节约不仅是一种传统美德，还是一种重要的劳动品质，具有重要的时代价值。在个人层面，坚持勤俭节约，个人可以养成良好的生活习惯、提高自律能力和提升道德修养，能够更加珍惜劳动成果，明白财富的来之不易，摒弃虚荣和攀比心理，追求更加真实和有意义的生活。在家族层面，厉行勤俭节约，不仅能减轻家庭的经济负担，还能培养家庭成员的节约意识，促进家庭的和谐与稳定。在社会层面，倡导勤俭节约，可以统一社会群体的价值取向和价值选择，有助于抵制不良思想的影响，形成勤俭节约的良好社会风尚，减少浪费现象，提高社会整体的道德水平，增强社会凝聚力。

党的二十大报告提出："在全社会弘扬劳动精神、奋斗精神、奉献精神、创造精神、勤俭节约精神，培育时代新风新貌。"这是我国首次明确运用"勤俭节约精神"的说法，将勤俭节约这一传统美德、劳动品质上升至精神涵养的层面，使勤俭节约在新时代有了更加丰富的内涵。

### 1. 强调绿色理念

勤俭节约精神强调绿色理念，站在"人与自然和谐共生"的高度，提出推进美丽中国建设，倡导生态优先、节约集约、绿色低碳的发展模式。勤俭节约精神倡导合理、节用、适度的生活方式，鼓励人们在日常生活中避免购买高污染、高风险产品，代之以可降解、可回收的绿色产品，以及了解自己真实的需求，杜绝过度消费。

### 2. 以人民为中心

勤俭节约精神以营造更高质量的生活为价值目标，更加凸显了人民立场，强调了坚持以人民为中心的根本宗旨。

### 3. 传承传统文化

勤俭节约精神是对中华民族优秀传统文化的传承和发展，体现了对勤劳节俭价值观的高度赞扬。勤俭节约精神与个人修养、家庭和睦、国家兴衰紧密相连。勤俭节约不仅是个人修身之基、家庭和睦之要，也是治国、兴国、强国之道。勤俭节约精神不仅体现在日常生活中，还体现在社会生产和资源管理等方面，能够推动社会形成节约资源、绿色低碳的风尚。

总之，历史经验证明，一个没有勤俭节约精神做支撑的社会是难以繁荣昌盛、长治久安的。而一个崇尚勤俭节约的社会，必然是一个务实、进取的社会，能够有效避免物欲横流和道德沦丧的问题。

## 三、勤俭节约的践行

大学生践行勤俭节约不仅可以支撑个人的全面发展、可持续发展，以取得更加显著的成就，还有助于全社会形成崇尚勤俭节约的良好氛围。

### 1. 珍惜资源，厉行节约

珍惜资源，厉行节约，不仅是对自己负责，也是在为社会做贡献。大学生可以从日常小事做起。

（1）节约用水

水是生命之源。在日常生活中，许多人可能感觉不到缺水。但水并不是取之不尽、用之不竭的，所以大学生要珍惜每一滴水。例如，洗手、洗脸、擦洗餐具时，间断性放水冲洗，完成后及时关闭水龙头；洗手、洗脸或洗脚时用水盆接水，这样水用完后可以二次利用，如用来拖地、冲厕所；用洗衣机洗衣时，应根据衣物多少选择合适的水量和洗涤次数。

（2）节约用电

电是日常生活中必不可少的能源，节约用电可以减少能源的消耗。学校是人群聚集的地方，各方面的资源利用量都很大，尤其是用电量。因此，大学生应加强节约用电的意识。例如，按需使用寝室、教室、图书馆等场所的电灯、空调，手机、平板电脑、笔记本电脑、充电宝等设备充满电后即可拔掉插头。

（3）节约用纸

造纸过程中需要消耗大量的木材，生产 5000 张纸会消耗 1 棵 3 米高的大树，循环利用每一张纸，可以减少纸张的浪费，保护森林资源。例如，采用双面打印；将废弃的打印纸收集起来，用作草稿纸。

勤俭节约公益广告

（4）节约粮食

粮食生产与水、土地、空气、能源及劳动力等资源密切相关。节约粮食有利于资源持续利用。因此，应拒绝"舌尖上的浪费"，例如，适量点菜，不够再添；倡导"光盘行动"，珍惜粮食。

## 知识扩展

2020 年，一场号召人们珍惜粮食、对餐饮浪费行为说"不"的行动在全国开展起来，"光盘行动"一词再次流行开来。早在 2013 年，"光盘行动"就在我国陆续开展，呼吁大家珍惜粮食，吃光盘子中的食物，坚决抵制餐饮浪费，旨在倡导厉行节约，反对铺张浪费。这一行动得到了全社会的支持，展现了全民珍惜劳动成果的劳动品质，在全社会营造出"浪费可耻、节约为荣"的氛围。

（5）减少使用一次性物品

减少使用一次性物品，如纸杯、纸碗、一次性筷子、塑料袋等，可避免资源浪费和环境污染。

（6）绿色出行

倡导绿色低碳的生活方式，采用对环境影响较小的出行方式，少开私家车，多乘坐公共汽车、地铁等公共交通工具，在条件允许的情况下，短距离出行可以选择步行或骑自行车。

### 2. 树立正确的消费观，杜绝奢侈浪费的陋习

《左传》中的"俭，德之共也；侈，恶之大也"，意思是俭朴是一种美德，而奢侈是一种恶行。司马光在《训俭示康》中说"由俭入奢易，由奢入俭难"，强调一个人从节俭到奢侈容易，而一旦过上骄奢淫逸的生活，让他再过从前节俭的生活，就十分困难。

虽然时代一直在变，但倡导勤俭节约的思想从未缺席。对于当代大学生而言，继承发扬勤俭节约的美德，树立正确的消费观，杜绝奢侈浪费的陋习，这样不仅有助于个人财务管理，还能促进社会的可持续发展。

（1）量入为出，适度消费

"量入为出，适度消费"是指在个人的经济承受能力范围之内进行消费，既不主张一味节约吝惜，也不赞成毫无节制的超前消费。

（2）避免盲从，理性消费

"避免盲从，理性消费"意味着要避免盲目跟风、攀比斗富和情绪化消费。在购物时，应结合个人实际需要，避免只注重物质消费而忽视精神消费。理性对待广告等促销手段，保持清醒，根据实际需求和经济状况做出购买决策。

（3）保护环境，绿色消费

"保护环境，绿色消费"倡导在选购产品与服务时，优先考虑其环保属性，倾向于选择采用环保材料制造的产品，以减少对自然环境的不利影响。同时通过采取二手交易、循环利用等可持续做法，有效减少资源消耗与废弃物产生，积极践行保护自然的生态文明观念，共同营造一个绿色、可持续的生活环境。

## 案例品读

### 张桂梅的勤俭故事

张桂梅执着奋斗、无私奉献，将一生心血倾注于教育事业，她在吃、穿、用方面都很简朴，却把多年节省下来的工资、奖金和各界捐款（共计100多万元）都投入教育和儿童福利事业。再苦不能苦孩子，再穷不能穷教育，孩子们的成长就是张桂梅的财富。

2007年，张桂梅要到北京参加中国共产党第十七次全国代表大会，华坪县委、县政府的领导看到张桂梅衣着朴素，特意拨了几千元给张桂梅，让她去购置一套正装用于参会，并叮嘱她把剩下的钱带在身上，路上也方便些。看着华坪县儿童福利院简陋的办公环境，她用这笔钱给福利院买了一台电脑。

2021年2月17日，张桂梅被评为"感动中国2020年度人物"；几日后，她又荣获"全国脱贫攻坚楷模"荣誉称号。细心的人会注意到，在全国脱贫攻坚总结表彰大会上，张桂梅接受表彰时所穿的外套和几天前在"感动中国2020年度人物"颁奖盛典上穿的是同一件。

张桂梅反对浪费，她对华坪女子高级中学的学生要求严格，要求她们吃饭时吃多少打多少，不许浪费，用水也有固定的时间段。"质朴"二字更是写进了华坪女子高级中学的校训。她告诉孩子们"钱不是天上掉下来的，要知道赚钱的辛苦"，希望她们一直保持质朴的作风。

**点评：**勤俭节约是中国劳动人民一贯提倡的作风。张桂梅不只心怀大爱，为教育事业无私奉献，也厉行节俭，并教育学生节俭，令人肃然起敬。

# 第二节 吃苦耐劳

吃苦耐劳意指能够承受困苦和劳累。它常用来形容劳动者在达成自己目标的过程中不怕苦、不怕累，能够在艰苦的条件下坚持工作、生活和学习。吃苦耐劳既是中华民族的传统美德之一，也是一种重要的劳动品质。无论从事什么样的职业，都要能够吃苦耐劳，能够在工作中不惧艰辛、持之以恒，最终锻炼出过硬的本领。无论在什么年代，吃苦耐劳都是促使人们成为优秀劳动者的精神力量。

## 一、吃苦耐劳的思想内涵

吃苦耐劳是一种综合性的品质，具有丰富的思想内涵，具体体现为：积极的工作态度、良好的适应能力、坚持不懈的毅力和自强不息的精神风貌。

### 1. 积极的工作态度

具备吃苦耐劳品质的人，往往持有积极主动的工作态度。他们不会抱怨工作的辛苦和劳累，而是全身心地投入其中，把每一项任务都视为成长和锻炼的机会。无论是面对烦琐的日常事务还是具有挑战性的重要项目，他们都能以饱满的热情和高度的责任感去完成。

### 2. 良好的适应能力

吃苦耐劳意味着具备强大的逆境适应能力。在生活和工作中，难免会遇到各种不如意的情况，如经济困难、劳动强度大等，能够吃苦耐劳的人能够迅速调整心态，适应环境的变化，从逆境中寻找转机，将压力转化为前进的动力。

### 3. 坚持不懈的毅力

拥有坚持不懈的毅力是吃苦耐劳的重要体现。这意味着在面对困难和挫折时，不轻易放弃，而是坚持不懈地努力。无论是面对艰苦的工作环境，还是面对复杂的任务挑战，拥有坚持不懈的毅力的人都能保持坚定的信念，勇往直前，就像登山者在攀登高峰的过程中，即便路途崎岖、气候恶劣，依然凭借坚强的意志力、顽强的忍耐力一步步向上攀登。

### 4. 自强不息的精神风貌

吃苦耐劳也体现为有自强不息的精神风貌。拥有自强不息的精神风貌的人在艰苦的劳动环境中，能够保持乐观的心态，把困难视为成长的机遇，积极寻找解决问题的方法。同时，他们务实肯干，注重实际行动，不空谈理想，能够克制自己的欲望和冲动，不贪图享受，而是脚踏实地地把时间和精力投入有价值的事情，始终坚定地朝着既定的目标奋进。

## 二、吃苦耐劳的重要性

吃苦耐劳对个人成长及社会发展都具有重要意义。

### 1. 帮助劳动者适应劳动的艰苦

在现实生活中，有的人工作环境较好，工作内容轻松；有的人工作强度较大，比较苦和累。例如，建筑工人和铁路工人常年在户外作业，总会爬高下低，脏活累活多，不仅辛苦，也有一定危险性；石油工人持续工作的时间长，假期少，工作环境相对恶劣，也存在一定的危险性；城市清洁工起早贪黑，穿梭于城市的各个角落，打扫卫生、搬运垃圾。另外，快递配送员、搬运工、装修工、理货员等的工作也比较辛苦。当然，不只是这些以体力劳动为主的工作比较辛苦，一些乡村、山区的医生、护士、教育工作者、基层干部等的工作也是比较辛苦的。然而干一行，爱一行，每一个劳动者都应具备吃苦耐劳的品质，认真履行工作职责，完成劳动任务。

### 2. 使劳动者变得更加优秀

吃苦耐劳是一个人走向成功、成就事业的有效途径。清末民初的实业家张謇通过自己的亲身实践勉励年轻人：一个人要建功立业、有所成就，志存高远且能吃苦耐劳是至关重要的。不难理解，具备吃苦耐劳的品质，能够使劳动者在艰苦的环境中勤劳工作，锻炼出坚强的意志，从而获得成功。

### 3. 促进社会的和谐与稳定，推动社会的进步与发展

吃苦耐劳的品质对社会发展也具有积极的影响。它能够促进社会的和谐与稳定，推动社会的进步与发展。在社会中，那些具备吃苦耐劳品质的人往往能够承担起更多的责任，为社会做出更大的贡献。他们的努力和付出不仅能够激励他人，还能够带动整个社会的风气向更加积极的方向发展。

## 三、培养吃苦耐劳的品质

对于有的大学生来说，现在很少有机会真正体验十分艰苦的劳动。在这种情况下，培养吃苦耐劳的品质，就需要当代大学生正确认识暴富现象，懂得"一分耕耘，一分收获"，不贪图享乐、不拈轻怕重，积极参与劳动实践，并为自己设定奋斗目标。

### 1. 正确认识暴富现象

信息时代的到来，使"不出户，知天下"成为现实，各种关于暴富的新闻层出不穷：有人因为拆迁变得富有；有人中了大奖成为百万富翁；有人利用互联网，"动动嘴"便可获得不菲的收入。这使得有些人整天做着白日梦，幻想有朝一日"幸运之神"降临到自己头上；有些人开始自暴自弃，认为无论多么努力也无法获得别人因为一夜暴富而拥有的财富。这些想法让一些人的价值观变得扭曲，让他们不再坚持奋斗和努力。因

在繁华的都市背后，总有人默默付出，向世人展示吃苦耐劳的品质

此，要培养吃苦耐劳的品质，大学生必须正确认识暴富现象。

（1）物质财富不是衡量成功的唯一标准

一夜暴富的人固然幸运，但也只是幸运，幸运并不一定代表成功。因为每个人的人生价值不能仅以物质财富的多少来衡量。兢兢业业在工作岗位上奋斗的劳动人民，是成功的；在各自领域有所成就的人，是成功的；为家庭努力付出的人，也是成功的。物质财富虽然是社会经济发展的基础，但绝不是衡量成功的唯一标准。

（2）盲目崇尚暴富没有任何好处

诺贝尔文学奖获得者罗曼·罗兰说过："爱钱的人很难使自己不成为金钱的奴隶。多数人在有了钱之后，会时时刻刻为保存既有的和争取更多的钱而烦心。他的生意越大，得失心越重，他就越难以找回海阔天空的心境。"这句话充分说明金钱至上、崇尚暴富的思想不可取。年轻人胸怀大志，不甘于现状，想成为行业精英，这本身无可厚非，但盲目崇尚暴富，就容易出现急功近利的情况。

一夜暴富的人毕竟是少数，这是社会规律。大学生更应该看到，社会上绝大多数人都是通过踏实劳动致富的。如果大学生只看少数暴富的案例，听信一些人的鼓动而铤而走险，就会事与愿违。要想成功，就不能存有侥幸心理，要抛弃一夜暴富、一夜成名的思想，应该注重奋斗、贡献，树立脚踏实地、一步一个脚印才能成功的思想。此外，正确认识暴富现象也能够帮助大学生树立正确的价值观，深刻认识劳动是价值的源泉，幸福生活要通过劳动创造，而吃苦耐劳是劳动过程中不可或缺的品质。

**2. 懂得"一分耕耘，一分收获"**

常言道："一分耕耘，一分收获。"只有付出辛勤劳动，才会收获结果。成天想着如何不劳而获，而不去实实在在地付出努力，不仅毫无意义，更是虚度光阴。

雅典演说家德摩斯梯尼天生口吃，为了实现成为演说家的梦想，他通过把小石子含在嘴里说话来练习朗诵，通过在海边伴着风浪声说话来提高自己的音量。经过长期练习，德摩斯梯尼终于成了一位受人欢迎的演说家。

从一名普通的护林员到治沙造林的带头人，郭万刚和古浪县八步沙林场（腾格里沙漠南缘的林场）3代治沙人，战风沙，斗严寒，用汗水和心血谱写了一曲让沙漠披绿生金的时代壮歌，在不毛之地建起了一道绿色屏障，闯出了一条治理沙漠的成功之路。

这些事例充分说明，有一分耕耘就有一分收获，日积月累，从少到多，就可以创造奇迹。

**3. 不贪图享乐**

"好逸恶劳千金也能吃空，勤劳勇敢双手抵过千金。"这一谚语劝诫人们，要辛勤劳作，切勿贪图享乐、厌恶劳动，否则即使拥有千金也会吃空。事实上，贪图享乐不仅会对个人和家庭造成巨大的伤害，还会荼毒社会风气，破坏社会的繁荣稳定。大学生如果沾染上贪图享乐的风气，轻则学业不成，工作失败；重则思想迷茫，进而自甘堕落。

大学生要做到不贪图享乐，需要有一定的自我约束和规划能力。以下方法可以帮助大学生保持自律，避免过度追求享乐。

（1）明确学习目标

设定清晰、具体的学习目标，包括短期和长期目标。时刻提醒自己，大学是学习和成长的关键时期，不应将时间浪费在享乐上。

（2）制订合理的时间规划

根据学习任务和个人兴趣，制定详细的时间表。合理安排学习、休息和娱乐时间，确保学习任务的完成。

71

（3）培养自律意识

养成按时起床、按时学习的习惯。杜绝不良行为，如避免沉迷网络游戏、社交媒体等，以免耽误学业。

（4）积极参与校园活动

参加学术讲座、社团活动、志愿服务等，提升自己的综合素质。通过参与活动，结交志同道合的朋友，共同追求进步。

（5）保持健康的生活方式

合理安排饮食，避免暴饮暴食或过度节食。坚持适量运动，保持身体健康和精力充沛。

（6）学会自我反思

定期对自己的学习和生活进行反思，找出存在的问题。根据反思结果，调整自己的学习计划和行为方式。

（7）树立正确的价值观

认识到享乐主义对个人成长和发展的负面影响。树立正确的价值观，追求有意义的人生目标和价值。

通过以上方法，大学生可以更好地约束自己的行为，避免过度追求享乐，从而在大学期间取得更好的学习和成长成果。

**4. 不拈轻怕重**

那些在工作中总是挑轻松的任务来做，害怕承担重任的人，往往缺乏吃苦的精神。这种行为会导致他们在工作中无法得到真正的历练和提升。同时，如果每个人都只愿意做轻松的任务，而避开繁重的工作，这样不仅会降低工作效率，还会影响团队的合作。大学生要做到不拈轻怕重，在各种实践活动中，保持高度的执行力，反应迅速，根据工作任务，结合自己的工作量和时间，制订详细的计划，确保尽心尽力、按时按量完成任务。

**5. 积极参与劳动实践**

积极参与劳动实践是培养吃苦耐劳品质的重要途径。大学生应该将所学的理论知识与劳动实践相结合，通过参加校园内的义务劳动、志愿服务等活动，或者利用假期时间参与社会实践活动，体会劳动的价值和意义，加深对劳动的理解。这些劳动实践活动不仅能提升大学生的自我管理能力、动手能力和解决问题的能力，还有助于大学生培养吃苦耐劳品质。

**6. 设定奋斗目标**

大学生需要设定自己的奋斗目标。奋斗目标应该是具体、可衡量、可实现和有时限的。例如，在未来3年内获得某个专业领域的证书，或者在一年内完成一项具有挑战性的实践项目。在明确大目标后将其分解为若干小的阶段性目标，这样可以使自己更清晰地看到努力奋斗的方向，更有动力去完成每个小目标。每当完成一个小目标后获得的成就感和自豪感会激励大学生克服各种困难，继续前进。其实，坚定执着地追求目标的过程，就是培养吃苦耐劳品质的过程。

要成为一名优秀的劳动者，吃苦耐劳的品质是必不可少的。虽然吃苦耐劳品质的培养并非一朝一夕之功，但是只要在正确的劳动观念的引导下，以优秀劳动者的光荣事迹为榜样，日复一日地进行学习和实践，大学生终能培养出可贵的吃苦耐劳品质，成为优秀的劳动者。

# 第三节 创造性劳动

创造性劳动，即通过革新技术、知识和思维来提高劳动效率，创造更多价值的劳动。创造性劳动也就是有创新的劳动，讲究多思考，而不是一个劲地蛮干。随着技术创新、知识创新在经济发展中的作用越来越重要，创造性劳动在助推科技进步和经济发展方式转变方面越来越重要，不仅能够提高劳动效率，还能激发劳动者的创造潜能，提高劳动者的综合素质。

## 一、创造性劳动的特点

创造性劳动不拘泥于形式，具有普遍性、创新性、价值性、挑战性和风险性。

### 1. 普遍性

脑力劳动可以是创造性劳动，体力劳动也可以是创造性劳动；传统行业需要创造性劳动，新兴行业也需要创造性劳动。人类社会的发展史表明，创造性劳动不是少数人的专利，在各行各业中，每个劳动者都可以是创造性劳动的践行者。

### 2. 创新性

创新性是创造性劳动最突出的特点之一。判断一项劳动是否是创造性劳动，创新性是重要的衡量标准。创新性要求劳动者突破传统的思维模式，提出新颖独特的想法、观点或解决方案，创新可以是产品设计、服务方式方面的，也可以是工艺流程、管理模式等方面的。

### 3. 价值性

创造性劳动的价值性主要体现在可以提高劳动效率。具体来说，新的科学发现和技术发明能够提高生产效率，改善人们的生活质量。例如，蒸汽机的发明提高了生产效率，改变了人们的生活方式，极大地推动了社会发展。

### 4. 挑战性

创造性劳动不同于常规劳动，它要求劳动者认识和掌握未知或部分未知的事物，发现、发明和创造人类未有或部分未有的新成果。这种不可预测性使得创造性劳动充满挑战性。

### 5. 风险性

由于创造性劳动往往是在探索未知的领域或尝试新的方法，因此具有较高的风险，可能会面临失败、造成资源浪费等。但创造性劳动也可能带来较大的回报。例如，一些创业公司在研发新产品时，前期投入大量资金和精力，产品一开始可能并不被市场接受，但一旦成功打开销路，就可能获得巨大的市场份额和利润。

---

**案例品读**

## AI 赋能中医药传承　助力推进现代化发展

近年来，随着 AI、大数据等技术为传统医学注入新的活力，中医药行业正迎来高质量发展的新机遇。近日，"黄煌经方 AI 辅助诊疗系统"在南京正式发布，预示着中医药现代化迈入智能化、精准化新阶段。该系统由南京中医药大学国际经方学院黄煌教授经方传承工作室团队与国家高新技术企业脉景（杭州）健康管理有限公司共同研发，历经八年反复的研究与改进。该系统以"方－病－人"辨证模型为核心，通过整合结构化知识图谱与中医行业专家系统与机器学习双重驱动架构，为基层医疗赋能、名老中医 AI 数字化传承及中医药国际化开辟全新路径。

据介绍，该系统深度融合"规则驱动＋数据驱动"双引擎架构，构建起"三位一体"中医知识图谱。该系统不仅完整复刻黄煌教授"方病人"的诊疗体系，还基于数百万级真实医案形成动态演进的"集体智慧大脑"。

该系统还为经方传承提供了全新的模式与途径。对于中医初学者而言，该系统内置的学习培训模块犹如一位随时在线的"导师"，提供系统的经方知识讲解、经典医案解析、药物警戒提示等内容。通过丰富的案例学习与模拟诊疗训练，初学者能够快速掌握经方的基本理论与应用方法。在实际临床带教中，带教老师可以借助该系统的分析结果，与学生共同探讨诊疗思路，引导学生理解方证对应关系，培养学生独立思考与临床实践能力。该系统还可将名老中医的诊疗经验数字化，打破时间与空间限制，让更多基层医生能够学习借鉴，推动中医经方在基层的广泛应用。这一创新破解了中医传承不能经验标准化、知识迭代、普惠共享的三大痛点。

**点评：**该系统的构建实现了专家经验与机器学习的高效融合，这是中医药现代化的一次突破，更是中医药文化自信的生动体现。大学生应积极探索 AI 等技术在专业领域的应用，推动专业知识的创新转化。

---

## 二、创造性劳动的表现形式

实现劳动方式的创新，促进劳动效率的提升，这些都属于创造性劳动的范畴。创造性劳动的表现形式包括新知识、新技术、新工艺、新方法等的运用。

### 1. 新知识的运用

知识可以被定义为人类的认识成果，知识的初级形态是经验知识，高级形态是系统科学理论。但归根结底，知识都来源于社会实践。知识的价值判断标准在于知识的实用性，即知识能否让人类创造新物质、获得物质财富和精神财富。

无论是简单劳动还是复杂劳动，知识都是不可或缺的。例如，人们具备数学知识，就能利用秤来了解物品的质量；人们具备美术知识，就能在纸上创作出精彩的画作。社会的不断发展，使得知识成为生产力发展的主要和直接的推动力，新知识的涌现及应用可以有效地加速社会发展的进程。

**2. 新技术的运用**

技术是指人类在利用自然和改造自然的过程中积累起来并在生产劳动中所应用的经验和知识，它是一种具体化的知识。新技术是指在劳动实践中出现的全新技术，它的出现可以改变原有的劳动方式，提高劳动效率。例如，地质测绘一直是个比较重要的领域，在矿山勘探、地质灾害预警、城市规划等方面都有着广泛应用。随着时间的推移，地质测绘技术也在不断发展，新技术的应用不仅提高了测绘的精度和效率，也为探索和研究地质现象提供了更为详尽和准确的数据，这些新技术包括激光雷达技术、卫星定位技术、AI 技术等。可见，新技术是劳动创新的强效催化剂，有时还可能完全改变劳动原来的面貌。

**3. 新工艺的运用**

工艺是指劳动者利用各类生产工具对原材料或半成品进行加工或处理，最终使之成为成品的方法。例如，制作白茶的传统工艺是不揉不炒，而新工艺则是在制作白茶的过程中进行轻度揉捻，这样制作出来的白茶的香气会更浓郁，茶汤会更醇厚。随着新知识、新技术的不断出现，新工艺也在不断涌现。

**4. 新方法的运用**

方法的含义较广，一般是指劳动者在劳动时为达到某种目的而采取的手段与方式。在一些情况下，新方法等同于新技术和新工艺，可以看作它们的总称。无论是新技术、新工艺，还是新方法，都是创新性成果。

## 三、创造性劳动的基本条件

创造性劳动虽然具有普遍性，但是实施起来并非易事，越是具备相当的条件，就越容易取得成功。

**1. 知识与技能储备**

丰富的知识和扎实的技能是劳动者进行创造性劳动的基础。这包括对所在领域的深入理解，掌握相关的专业知识和技术。例如，一个从事科技创新相关工作的人，不仅需要掌握自己所研究领域的专业知识，如物理学、化学等，还需要了解数学、计算机科学等相关领域的知识，以便提供多元的创新思维角度和方法。

**2. 开放的思维与创新意识**

具有开放的思维对创造性劳动至关重要。它可以让劳动者不被传统观念和既有模式所束缚，勇于提出新的观点。而创新意识能够驱使劳动者不断探索未知，追求新的可能。例如，在设计领域，设计师需要打破传统的设计理念，以独特的视角和创新的手法创造出与众不同的作品。

### 3. 良好的观察力和洞察力

善于观察周围的事物，善于捕捉细微的变化和潜在的需求，有助于发现问题和机会。洞察力则能够帮助人们透过现象看到本质，深入分析问题的根源，为创造性劳动提供方向和灵感。例如，市场调研人员通过观察消费者的行为和市场趋势，洞察到潜在的市场需求，从而为企业的产品创新提供依据。

### 4. 实践与经验积累

大量的实践是提高创造性劳动能力的重要途径。通过不断实践，劳动者可以逐步提升创造力。经验的积累则可以让劳动者在面对新的问题和挑战时，能够迅速调动以往的经验，进行有效的创新。

### 5. 积极的心态和坚持不懈的精神

在创造性劳动过程中，劳动者往往会遇到各种困难和挫折。保持积极乐观的心态，能够让劳动者有足够的信心和动力走出困境。而坚持不懈的精神使得劳动者能够在面对多次失败时不放弃，持续探索和尝试，直到取得成功。

### 6. 良好的团队协作和交流环境

创造性劳动往往不是个人独立完成的，与他人合作和交流往往能够激发更多的创意和灵感。在团队中，成员之间可以相互学习、相互启发，共同攻克难题。一个开放、包容和鼓励交流的环境，有利于创造性成果的产生。

### 7. 充足的资源支持

充足的资源，包括物质资源（如资金、设备、材料等）和人力资源（如专业的合作伙伴和助手），能够为创造性劳动提供必要的保障和支持，使其得以顺利开展。

## 四、创造性劳动的实践策略

大学生要培养创造性劳动能力，需要充分利用校园资源和时间，通过多种途径提升自己的创新能力和实践水平。

### 1. 课程学习与创新实践相结合

认真对待专业课程，深入掌握专业知识和技能，为创造性劳动奠定坚实基础。积极参与课程中的研究课题、实践项目和实验，将理论知识应用于实际操作，培养解决问题的能力。

### 2. 参加创新创业竞赛活动

参加校内外的创新创业竞赛活动，锻炼自己的团队协作能力和创新思维。从竞赛的评委和其他参赛者身上汲取经验，不断完善自己的创意。

### 3. 加入创新社团和工作室

加入学校的各类创新社团，如机器人社团、设计社团等，与志同道合的同学交流合作。加入学校的创新工作室，参与实际的项目开发和制作。通过创新社团和工作室的活动，积累实践经验，提升创新能力。

**4. 跨学科学习与合作**

选修其他专业的课程，拓宽知识面，培养跨学科思维。与不同专业的同学合作完成项目，融合不同学科的观点和方法，创造出更具创新性的成果。

**5. 培养创新思维习惯**

在日常学习和生活中，养成多角度思考问题的习惯，突破常规思维模式。经常进行头脑风暴，鼓励自己提出大胆的设想。

# 第四节　团结合作

人们在生产生活中，为了达到共同的目的，或者为了使利益最大化，有时会选择合作劳动。例如，学生分小组完成化学实验，工人合作建造一幢高楼，科学家组建团队进行科研创新等等。特别是对于那些环节复杂或技术含量高的劳动，个人往往显得势单力薄，需要与他人团结合作，一起完成。

## 一、团结合作的意义

俗话说："一个和尚挑水喝，两个和尚抬水喝，三个和尚没水喝。""一只蚂蚁来搬米，搬来搬去搬不起；两只蚂蚁来搬米，身体晃来又晃去；三只蚂蚁来搬米，轻轻抬着进洞里。"上面两种相似的场景产生了截然不同的结果："三个和尚"之所以"没水喝"，是因为团队成员互相推诿、缺乏合作；"三只蚂蚁来搬米"之所以能"轻轻抬着进洞里"，是因为团队成员团结合作。

如今，科技高速发展，社会分工精细，而个人的能力总是有限的。为了共同的目的一起工作，已成为当下主要的工作模式。特别是对复杂劳动而言，团结合作是提高劳动效率、顺利完成劳动任务的必然选择。具体来说，团结合作具有以下 3 个方面的意义。

**1. 满足完成劳动任务的需求**

在日常生产生活中，有的劳动过程繁复或对劳动者的个人能力要求较高，这时个人很难完成劳动任务，就需要与他人团结合作，通过团队的力量来完成劳动任务。

**2. 满足人际交往的需求**

人是群居性的动物，有人际交往的需求。在合作劳动中，人与人之间必然发生社交联系，人们可以获得不同的情感体验。例如，与家人合作劳动，能够使人认识到自己的价值和责任，有利于促进家庭关系和谐；与同学合作劳动，能够增进彼此的感情，收获友谊；与朋友合作劳动，能够使友情更牢固，加深彼此之间的亲密程度。

**3. 满足自我发展的需求**

通常，在合作劳动开始之前，人们需要合理组织和充分沟通，并且要有详细的劳动计划，这就为人们相互学习、取长补短，以及锻炼个人能力提供了机会。同时，合作劳动也提供了充分展示个人能力的舞台。

## 二、树立合作意识

合作意识是指个人对共同行动及行为规则的认知与情感，是劳动者团结合作行为产生的基本前提和重要基础。在现代社会，人与人之间的沟通和合作越来越多，合作意识成为人们生存和发展必备的意识。当代大学生拥有良好的学习环境和教育条件，为迎接新时代的挑战，应积极树立合作意识，为个人长远发展奠定良好的基础。

### 1. 认识合作的价值

要树立合作意识，应深刻认识合作的价值。合作可以整合不同的资源、知识和技能，实现优势互补，从而提高劳动效率，创造出单个个体无法创造的成果。例如，在科研领域，不同专业背景的学者合作，能够从多个角度攻克难题，推动科学技术进步。大学生要真正理解合作的价值，需要多参加各类团队活动，如体育比赛、志愿活动、小组讨论等，在这些活动中感受团队合作的力量和乐趣。

### 2. 尊重团队成员

合作意识的要义是"团结"，团队成员相互尊重是保证大家团结一心、合作成功的基础。在团队中，每个人都有自己的优点和不足，以及独特的思维方式和行为习惯。要尊重这些差异，学会从不同的角度看待问题，充分发挥每个人的优势，实现优势互补。

### 3. 信任团队成员

树立合作意识，要学会信任他人。在合作中，给予团队成员充分的信任是至关重要的。先信任别人，别人才会信任你。如果团队成员之间能够形成和谐的信任关系，相处就会融洽，这样有助于形成相互尊重、相互理解的工作氛围和宽松的工作环境，从而激发团队成员的工作热情。

### 4. 充分发挥自己的聪明才智

树立合作意识，劳动者要有在团队中充分发挥自己的聪明才智的意识，更多地在团队中展示自己的才能，让大家了解自己的观点、思想和个性，为实现共同目标贡献自己的力量。

建筑工地测量员合作测量

### 5. 善于鼓励他人

在团队中，劳动者除了要提出自己的观点，还应该鼓励其他成员各抒己见，鼓励他们在团队中发挥自己的作用，让他们意识到自己的重要性。也就是说，劳动者不仅要自己积极参与团队活动，还应该鼓励团队中的其他人也积极参与进来。

### 6. 学会分享

树立合作意识，要学会分享，包括分享知识、经验和资源等。通过分享，团队成员不仅能够增进彼此之间的了解和信任，还能促进共同成长。

### 7. 接受批评与建议

树立合作意识，要以开放的心态接受团队成员的批评和建议，将其视为改进和成长的机会。不因为被指出不足而产生抵触情绪，而要积极反思并做出改变。

## 三、提升合作劳动能力

当今社会，需要合作劳动的场景越来越多，合作劳动能力也是许多企业非常重视的能力。因此，大学生应该通过各种途径积极提升自己的合作劳动能力。

### 1. 认识自我

大学生需要对自己的优势、劣势、性格特点、工作风格等有清晰的认识，这样，在合作劳动中，才清楚自己在团队中能够承担什么角色、创造什么样的价值，以及可以进一步改进和调整的地方。例如，如果自己的性格比较急躁，那么在合作中就要学会控制情绪，避免影响团队氛围。

### 2. 提高专业技能

拥有扎实的专业知识和技能是在合作中发挥作用的基础。大学生要不断学习，以提升自己的专业技能，使自己能够为合作项目做出贡献。例如，如果自己从事的是软件开发工作，就要不断学习新的编程语言和技术框架，提高编程能力。

### 3. 提高沟通协作能力

沟通协作能力是合作劳动中至关重要的一种能力。大学生要学会清晰、准确、及时地表达自己的想法和观点，同时也要善于倾听他人的意见和建议，掌握有效的沟通技巧。在协作方面，要学会分工合作，合理分配任务，确保团队工作高效进行。

### 4. 增强应变能力

合作过程中难免会遇到各种突发情况，大学生要培养应变能力，要能够迅速调整计划和策略，以适应新的情况。例如，在合作中，突然遇到技术难题，大学生要能够迅速寻找替代方案或者寻求外部帮助。

### 5. 不断总结经验教训

每次合作结束后，大学生需要及时对整个过程进行总结和反思，分析成功的原因和不足之处，以便在今后的合作中加以改进和提高。

### 6. 学习团队管理知识

大学生可以学习一些团队管理知识，了解团队的发展阶段、激励机制等内容，从而更好地在合作中发挥作用，推动团队的发展。

#### 课后思考与练习

1. 勤俭节约有何时代价值？如何践行勤俭节约？
2. 吃苦耐劳对个人成长有何重要意义？
3. 大学生在校园内可能很难有机会接触艰苦的劳动，是否就不需要培养吃苦耐劳的品质？为什么？

4. 创造性劳动有哪些特点和表现形式？

5. 如何树立合作意识？如何提升合作劳动能力？

6. 阅读下面的材料，回答相关问题。

王立春是国家玉米产业技术体系栽培岗位科学家，工作中的他敢于担当、勇于创新。1999 年调入吉林省农业科学院后，王立春通过创新管理机制，在几年时间内就从根本上扭转了所在研究所科研课题少、经费不足、开发工作连年亏损、人才流失严重的局面。他还带领全体职工在短短两三年的时间里，构建了以玉米为主、以其他作物为辅，搭配相关研究的学科体系。

最令人称道的还是王立春在玉米栽培方面的技术创新成果。

王立春致力于玉米丰产高效技术的研究，通过不懈努力，他最终发现了玉米的超高产生理机制，并由此创立了春玉米超高产栽培技术模式和春玉米丰产高效技术体系。凭借春玉米丰产高效技术体系，王立春团队栽培的春玉米连续多年刷新全国春玉米的产量纪录，他们不仅实现了玉米百亩连片全程机械化超吨粮田目标，而且将该技术体系进行广泛推广，既增加了经济效益，也实现了粮食增产目标。

（1）王立春进行了哪种创造性劳动？其表现形式是什么？

（2）王立春在玉米栽培方面创造的技术创新成果是他一个人的功劳吗？团队成员之间的团结合作发挥了什么样的作用？

# 第五章
## 开展劳动实践

### 22 岁成为"全国劳动模范"的曾俊钦

曾俊钦出生于1998年，在2018年荣获"全国技术能手"荣誉称号，在2020年荣获"全国劳动模范"荣誉称号，此时的他只有22岁。

因为从小就对汽车技术感兴趣，17岁时，曾俊钦选择就读汽车车身修复专业。为提高技艺，曾俊钦在学校勤学苦练，即使工作室的车间温度高，总是让人汗流浃背，并且时常会被焊花烫伤，也没有影响他的训练热情。遇到困难与挫折时，曾俊钦会不断揣摩、试验，回顾每个工艺环节，找寻解决方案，并享受这个过程。在不断的实践中，曾俊钦锻炼出了扎实的汽车车身修复基本功。19岁时，曾俊钦因在比赛中表现出色而成功进入第45届世界技能大赛车身修理项目国家集训队。2018年6月，曾俊钦以技术技能型人才身份加入广汽本田汽车有限公司（简称"广汽本田"），开启了新的追逐梦想的征程。

在广汽本田的工作实践中，作为焊装车间生产一线的工人，曾俊钦对经手的每一件产品都保持100%的专注，用心做到最好，绝不允许残次品、瑕疵品流出。曾俊钦在岗位上积极工作，勤于思考，还利用工作之余刻苦钻研，攻坚克难，创新发明了一款车架稳定输送装置。该装置适用11种车型，全年节约成本达65万元以上，并成功申请了国家级新型专利。

曾俊钦在22岁时被评选为"全国劳动模范"，获此殊荣，离不开他热爱劳动的态度，也与他积极进行劳动实践，勤于思考、善于动手，讲究手脑并用息息相关。因此，对大学生而言，如果想更好地了解社会、融入社会，参与劳动实践就是一种行之有效的方法。不管是生产劳动，还是日常生活劳动、服务性劳动，大学生都要积极参与，这不仅能帮助大学生提高劳动能力，还能使大学生更加深入地了解新时代的劳动价值观。

## 第一节　日常生活劳动实践

日常生活劳动是满足每个人衣、食、住、行等基本需求的基础性劳动。要想把生活的各个方面安排得井井有条，人们需要养成良好的劳动习惯，付出相应的劳动。大学生进行日常生活劳动，能够从中体验持家之道，提高个人生活自理能力，强化劳动自立意识。

## 一、日常生活劳动概述

日常生活劳动是大学生最容易接触到的，但部分大学生不仅没有进行日常生活劳动的习惯，有的甚至还对这种劳动嗤之以鼻。虽然日常生活劳动看似平凡、不起眼，但参与这种劳动，不仅有利于改善大学生的生活与学习环境，培养大学生独立生活的能力和动手能力，还有助于改变大学生的不良习惯，使之成为一个真正热爱劳动的劳动者。

完成日常生活劳动，需要大学生掌握一些基本的生活技能，如清洁、烹饪等。因此，大学生不仅要重视文化课程、专业技能的学习，也要重视自身生活劳动能力的培养，不做好吃懒做、拈轻怕重、贪图享乐的懒惰人，要做热爱劳动的勤快人，树立为集体、为他人服务的思想，通过日常生活劳动增强自立意识和责任意识。

对大学生而言，日常生活劳动主要是围绕家庭生活、校园生活这两方面进行的常规劳动。该劳动实践强调以体力劳动为主，脑力劳动为辅，注重手脑并用。

## 二、大学生家庭生活劳动

家庭生活劳动是指家庭成员在日常的家庭生活中从事的无报酬劳动，基本形式包括卫生清洁、衣物护理、烹饪、照顾老弱幼小、制订家庭出游计划等。每个大学生都是自己家中的一分子，在家中参与一些力所能及的劳动，虽然平常，但却非常有意义。

### 1. 卫生清洁

卫生清洁是家庭生活中非常重要的一项工作，它关乎家庭成员的健康和生活品质，也是一个人生存、生活必须具备的技能。定期进行卫生清洁，可以有效预防细菌滋生，减少疾病传播，营造舒适、整洁的生活环境。大学生应当做到以下事项：能够擦拭家具、清扫地面、整理书桌，清洁窗户、餐具、灶台和灶具、洗浴设备等；能够更换床单、被套、枕套，定期晾晒被褥，保持床上用品干净卫生；能够对垃圾进行正确分类和清理，养成良好的垃圾处理习惯，保持家庭环境的干净整洁。

### 2. 衣物护理

大学生具备衣物护理能力对于保持个人形象、延长衣物使用寿命及维护家庭卫生都非常重要。大学生应当做到以下事项：掌握正确的衣物洗涤方法，能够根据不同衣物的材质采取不同的洗涤方法，清洗掉衣物上的各种污渍；能够熨烫衣物，保持衣物整洁、平整；能够正确晾晒不同类别的衣物；能够根据衣物类别选择合适的折叠方法；掌握基本的缝补技能，能够修补衣物上的轻微破损之处，延长衣物的使用寿命。

清洁窗户

### 3. 烹饪

具备一定的烹饪能力可以帮助大学生保持健康饮食、节约开支，并且培养独立生活的能力。通过学习烹饪技能，并多加练习，大学生可以更好地独立生活，享受健康美味的家庭饮食。大学生应当做到以下事项：掌握简单的烹饪技巧，能够独立完成一些简单菜肴的制作；了解常见食材的选择方法和储存技巧；了解膳食营养搭配的基本原则，能够合理搭配各种食材；学会根据需求采购食材，合理规划饮食预算；了解烹饪过程中的安全隐患，确保自身和他人的安全。

**4. 家具家电维护**

大学生掌握一定的家具家电维护技能，可以延长家具和家电的使用寿命，也能够提高生活的便利性。大学生应当做到以下事项：能够使用合适的清洁剂、软布或刷子清洁家具家电；对于一些小故障，如家具五金件损坏、灯泡损坏等，能够使用适当的工具、正确的方法进行简单处理。

**5. 照顾老弱幼小**

照顾老弱幼小主要是指"照看"他们，陪在他们身边，避免他们感到孤单，帮助他们做一些事情，不让他们受伤，观察他们的身体状况，协助他们完成日常生活起居。例如，帮助老弱幼小清洁口腔，整理衣服、被褥、鞋子等个人物品，以及修剪指甲、洗头、洗澡等；鼓励和协助他们进行适量的运动或参加文娱活动；协助他们正确使用保护器具；预防他们走失、摔伤、烫伤、互伤、噎食、触电等。

**6. 制订家庭出游计划**

随着社会经济的快速发展，外出旅游已经成为人们休闲娱乐的主要方式。部分大学生也会在假期和家人一同旅游。为了提高旅游质量，大学生在旅行前可制订一份家庭出游计划。制订家庭出游计划，需要大学生具备一定的规划能力，在与家庭成员协商后，确定旅游的目的地、出行方式、时间、准备事项及旅游中的注意事项等。

## 三、大学生校园生活劳动

校园生活劳动是指在校内开展的日常生活劳动。大学生作为校园的主人翁，除了应当做好自我服务，还应该做好宿舍卫生清洁和校园环境保护工作。

**1. 自我服务**

自我服务是指照料自己的生活。自我服务是大学生校园生活劳动中最基础的劳动形式，包括独立刷碗筷、擦桌椅、整理衣物、整理床铺、整理个人用品等。

自我服务有助于培养大学生的自我生存能力。宋代理学家朱熹主张在蒙学阶段培养儿童的洒扫、清洁等生活习惯。现代教育普遍重视培养学生的生活自理能力。大学生接受过良好的教育，更应该热爱劳动，自己的事自己干，不依赖他人。

**2. 宿舍卫生清洁**

除上课学习外，多数大学生大部分的时间是在宿舍里度过的。创建一个文明健康、舒适整洁的宿舍环境，对大学生的身心健康起到积极的作用。因此，进行宿舍卫生清洁是每一个大学生的责任和义务。首先，大学生应增强主人公意识，认识到宿舍卫生清洁是自己大学生活中不可忽视的一部分，与自己生活环境的好坏息息相关。其次，大学生应该明确，要想长期保持良好的宿舍环境，不能只靠少数人，需要全宿舍的人都参与进来。最后，为了达到这个目标，大学生可以通过编制劳动计划表来平均分配每个人的劳动任务。这样，不仅可以让大家齐心协力完成劳动任务，还可以加深与室友之间的感情，并增强大家的团队合作意识。

### 3. 校园环境保护

洁净、舒适、安全的校园环境不仅是大学生生活和学习的需要，而且是大学生陶冶情操的需要，营造优良的校园环境是每个大学生的职责。为了保护校园环境，大学生应该做到以下事项。

- 以爱护校园环境为己任，自觉维护校园的清洁卫生。
- 做到垃圾入桶，并制止乱扔垃圾的行为。垃圾要分类回收，如矿泉水瓶、碎玻璃等属于可回收物，碎玻璃应包装好后放到可回收垃圾桶里。
- 提倡"弯腰精神"，随时拾起地面上的零星垃圾，扔进垃圾桶里，确保地面干净。
- 爱护花草树木。
- 养成勤俭节约的美德，树立节约意识，减少纸的用量，做到"人走灯灭""人走水断"，节约粮食，杜绝浪费。
- 保护好学校的公共设施，不乱涂、乱画、乱印，主动清理地面和墙壁上的污垢，养成良好的卫生习惯。

环境保护是全世界共同关注的热点话题，从绿色出行、垃圾分类，到海洋污染保护等，都与民生息息相关。大学生应当树立环境保护意识，积极参与环境保护行动，例如，可以通过开展环境保护活动（如开展全校性的"清洁校园大行动"公益劳动，对公共场所进行全面清理），或在校园中进行环境保护宣传，倡议全体同学共同行动。

清理校园垃圾

# 第二节　生产劳动实践

生产劳动是创造物质财富的过程。对大学生而言，进行生产劳动，掌握相关知识和技能，不仅能够增强生存、生活的本领，还能磨炼意志、开阔眼界，培养良好的劳动品质和形成正确的劳动价值观。

## 一、生产劳动概述

生产劳动指创造物质财富的劳动，常见的生产劳动类型有农业生产劳动、工业生产劳动、建筑业生产劳动等。农业生产劳动包括种植农作物、养殖家畜家禽等，其目的主要是为人们提供粮食、蔬菜、肉类等生活必需品。工业生产劳动涵盖制造业、加工业等众多领域，如汽车制造、电子产品组装、钢铁生产等，主要是为了制造出各种工业产品满足社会的需求。

建筑业生产劳动的主要内容为建造房屋、桥梁、道路等基础设施，它是城市化和社会发展的重要支撑。此外，在农业生产、工业生产、建筑业生产劳动中所进行的软件开发、产品包装、运输、保管，以及人事管理等劳动也属于生产劳动。

大学生完成生产劳动，需要具备一般性劳动能力和职业性劳动能力。

### 1. 一般性劳动能力

一般性劳动能力是指人们在常规劳动中所具备的基本能力。这种能力通常不要求劳动者具备特定的技能或专业知识，适用于各种常见的非专业工作。一般性劳动能力涵盖以下3个方面。

（1）一定的体力

一般性劳动能力要求劳动者具备一定的体力，能够完成日常生活和工作中的一般体力劳动，如搬运、清洁、站立、行走等。

（2）基本的认知能力

劳动者需要具备基本的认知能力，包括理解简单指令、进行基本的计算、遵守工作纪律等。这些能力是从事一般性劳动所必需的。

（3）基本的操作技能

劳动者需要掌握一些基本的操作技能，如使用一些简单的工具、机械设备或进行一些常规的操作工作。这些技能通常可以通过简单的培训获得，适用于广泛的非专业工作领域。

在现代社会中，一般性劳动能力在各行各业中都有所体现，它是劳动者从事各种基本的生产和服务性劳动的基础。

### 2. 职业性劳动能力

职业性劳动能力是指人们在特定职业领域或行业中所需具备的技能和知识。它要求劳动者通过接受相关的培训和完成专业学习来获得特定的职业技能，并能够应用这些技能完成特定的工作任务。进行生产劳动，通常需要具备特定的职业性劳动能力。职业性劳动能力涵盖以下2个方面。

（1）专业技能

职业性劳动能力要求劳动者具备某个特定职业领域所需要的专业技能，这可能涉及特定的操作技能、工艺技能、技术知识等。例如，焊接工需要具备焊接技能，软件开发人员需要具备计算机操作能力和编程技能等等。

（2）行业知识

职业性劳动能力还要求劳动者了解所从事行业的相关知识，包括行业标准、操作流程、安全规范等。这些知识可以帮助劳动者更好地适应并胜任特定行业的工作。

## 二、大学生实训实习

实训实习是为了让大学生在毕业后可以更快地融入社会、更快地适应各种岗位而设计的一种学习与实践相结合的课程，对提升大学生的劳动能力具有重要意义。

### 1. 实训

实训是职业技能实际训练的简称，是指学校按照人才培养规律与目标，对学生进行职业技术应用能力训练的教学过程。学校在校园内装配机床，并根据企业对人才的需求，自主开发针对大学生的课程，引入拥有企业从业背景和丰富实践经验的实训教师，运用企业的真实项目实施案例教学，就属于实训。

实训强调锻炼大学生的劳动技能和岗位技能，最终目的是全面提高大学生的职业素质。为切实提高劳动技能和岗位技能，大学生在实训中应做到以下 5 点。

（1）在心理上认同自己置身于真实的职业环境中

学校在布置实训场所时，会尽量模拟真实的职业环境，在设备、工具的选择上，也会使其尽可能地贴近真实的工作情况。对此，大学生需要在心理上认同自己置身于真实的职业环境中，以认真的职业态度对待实训，提升实训的效果。

（2）培养创新实训思维

大学生在实训中不能仅注重动作技能的训练，应把技术创新思维训练与技能学习结合起来；把职业技能训练与职业技能应用结合起来，在完成工作任务和解决工作难题的过程中，培养分析和解决问题的能力及交流与合作的能力。这有利于提升实训的效果，促进大学生手脑并用、均衡发展。

（3）遵守规范

在实训中，大学生应该按行业规范进行操作。例如，多层民宅的通道照明线路、抢答器的线路、机床控制箱某一部位的线路设计或调试等，都应该按相应的规范进行操作。这样有利于大学生在毕业后尽快达到岗位要求。

（4）加强技能训练

大学生应该加强技能训练，练好基本功，达到独立操作和熟练运用主要技能的水平。这样有利于大学生在应对各种问题时更加得心应手。

（5）增强职业认同感

职业认同感是人们努力做好本职工作的心理基础，指对所从事的职业活动的性质、内容、社会价值和其对个人的意义的认可。在实训中，大学生应尽可能增强职业认同感，这不仅有助于树立正确的劳动价值观，还可以避免以后在工作中出现职业倦怠心理，为实现自己的职业规划提供心理保障。

家具模型制作实训

2. **实习**

实习就是未毕业的大学生到企业相对独立地参与实际工作的活动。大学生可听从学校安排到与其合作的企业参加实习，也可以自主选择企业参加实习。实习是一个十分重要的过渡和锻炼机会，不仅能巩固大学生在学校中学到的知识，还能为大学生未来的职业发展和就业做好铺垫、提供参考。

（1）实习前的心理准备

在和竞争对手条件相当的情况下，心理准备充足的人往往会取得成功。

- **正确地评价自己。**实习往往是为就业做准备的。因此在参与实习前，大学生应结合个人的兴趣、性格、价值观和能力等有针对性地选择实习岗位。正确地评价自己十分重要，它能帮助大学生了解自身的特点，缩小职业选择范围并确定未来可行的职业发展方向。需要强调的是，能够选择与个人未来职业发展方向相近的岗位进行实习固然好，但大学生也不要对此过于执着。在实习岗位上积累经验，发现自己的不足并加以弥补，为将来的就业奠定基础才是值得大学生重视的。

- **对自己充满信心。**"自信是成功的第一秘诀。"许多大学生在实习前会产生畏惧心理，觉得自己从未接触过职场，什么都不懂，生怕自己出错。其实，在职场上出错是在所难免的。大学生在遇到困难时，不要想着退缩，要树立信心克服困难；犯错误后，要总结经验，吸取教训，争取不在同一个地方摔倒两次。大学生要相信自己在学校里已经掌握了丰富的基础理论知识，只要踏实、努力，就能胜任实习工作。
- **做好角色转变的准备。**参加实习后，很多大学生会因不适应高强度、快节奏的职场生活而产生逃避、悲观甚至放弃的消极念头。因此，大学生在校园里就应该主动培养独立自主、吃苦耐劳的精神，形成遇到困难不逃避、不依赖，勇于面对挫折的独立人格，为之后能够快速融入职场生活做好准备。

（2）端正实习态度

为达成实习目标，大学生要端正实习态度，一旦正式进入实习阶段，大学生要保证以良好的状态投入其中。

- **积极劳作。**即使面对油污、烟尘较多的实习环境，大学生也不应怕脏怕累，应该调整好心态，树立正确的劳动价值观，敢于挑战自我，积极劳作。
- **勇于尝试。**面对全新的环境、全新的机器设备、全新的操作技能，大学生不要畏首畏尾、不敢尝试，更不能只是站在一旁观看。实习讲究的是在实践中学习，大学生如果不参与实践，就无法真正掌握实习所需的技能。实际上，在相关人员的指导下，大学生只要严格遵守操作流程和相关规定，就可以完成实习要求的劳动任务。

## 三、大学生创新创业

随着科技的迅速发展，创业机会比以往更多了。同时，国家出台了很多鼓励、扶持大学生创新创业的政策，有关单位和高校也积极开展创新创业活动，这大大激发了大学生进行创新创业的激情。

### 1. 创业要素

简单地讲，创业要素就是创业活动应具有的组成部分。创业的过程即是对一系列要素进行科学组合的过程，创业者可以通过调整优化要素组合来提高创业成功的可能性。对于创业来说，最重要的要素就是创业机会、创业资源和创业团队，它们贯穿创业的始末。创业并非易事，大学生由于缺乏创业经验，很容易盲目跟风导致创业失败。因此，大学生要为创业做好充分准备。

（1）创业机会

每一个成功的创业活动都是一个或多个创业机会的具体实现。创业机会主要是指具有较强吸引力的、有利于创业的商业机会，创业者可以据此为消费者提供有价值的产品或服务，同时使自己获利。创业者要善于把握每一个稍纵即逝的创业机会，因为抓住创业机会就等于离创业成功更近了一步。

- **在变化中识别创业机会。** 被誉为"现代管理学之父"的彼得·德鲁克（Peter Drucker）将创业者定义为"能寻找变化，并积极反应，把它当作机会充分利用起来的人"。古往今来，每一次创业热潮大多依赖社会环境和市场环境的变化。这就为识别创业机会带来了契机，创业者能通过这些变化发现新的创业机会。这些变化包括人口结构的变化、产业结构的变化、需求的变化、科技水平的变化、政策的变化、价值观和生活观念的变化等。例如，随着收入水平提高，人们的娱乐活动变得丰富多样；快文化（追求速度和效率的一种文化）兴起，移动电商应运而生、蓬勃发展，同时带动了物流、在线支付等的发展；私家车不断增加，为汽车销售、维修、清洁及二手车交易等行业带来了诸多创业机会。
- **从消费者需求中识别创业机会。** 创业者销售的产品或服务最终面对的是消费者，创业者通过分析调研消费者需求，可识别出创业机会。由于不同消费者的需求不同，创业者应将消费者分类，研究各类人群的需求特点。例如，搬家费时费力，搬家公司不断涌现；双职工家庭没有时间照顾小孩，于是有了家庭托儿所；上班路途遥远，人们难得吃一顿可口的早餐，焖烧杯就能解决这个问题。这些都是从消费者需求中寻找创业机会的例子。

## 案例品读

### 识别创业机会，出奇制胜

饿了么的创始人张旭豪在上海交通大学读研究生时，发现当时的外卖服务非常零散且不方便。餐馆大多依靠发传单来宣传，用户需要打电话订餐，但这种方式可能存在电话打不通、人工记录错误、送餐延迟等问题，用户体验较差。这让他意识到外卖市场的痛点并看到了其中的商机。

为了解决这些问题，张旭豪决定创办一个更高效的外卖服务平台。他首先创立了一个名为"饭急送"的组织，帮助餐馆快速送餐。然而，由于送外卖工作强度大且存在安全问题，张旭豪决定转型，推出了饿了么平台，并专注于在线订餐和接单。

在创业过程中，张旭豪和他的团队面临许多挑战，包括技术开发、商家合作、配送等方面的问题。他们通过不断测试和改进平台功能、耐心与商家洽谈合作、组建自己的配送团队等方式，逐步解决了这些问题，最终使饿了么在市场上站稳了脚跟。

**点评：** 张旭豪通过敏锐地观察市场识别出创业机会，并果断采取行动，展现出出色的解决问题的能力和创新精神，最终成功地创办了饿了么这一知名外卖服务平台。大学生创业者由于知识经验和创业资金有限，难以迅速取得成功，最好的办法是识别创业机会，出奇制胜。张旭豪的案例告诉我们，识别创业机会需要敏锐的市场洞察力。

（2）创业资源

创业资源是新创企业创立和运营的必要条件，它是指新创企业在创造价值的过程中所需要的特定资产。创业资源一般可分为以下六大类。

- **人力资源。** 人力资源是一定时期内企业中的人拥有的能够被企业所用的，且对价值创造起贡献作用的技能、经验和体力等的总称，是获取、利用和转化其他资源的基础。招贤纳士是新创企业持续成长的关键，特别是对于高科技新创企业而言，专业人才非常重要。

- **财力资源。** "巧妇难为无米之炊"，想创业，资金是保障。创业资金一般可以通过以下5种方式获得：①依靠亲朋好友筹集资金，双方形成债权债务关系；②争取政府的资金支持；③申请贷款；④所有权融资，包括吸引新的创业同盟加入创业团队，吸引其他企业以股东身份投资、参与创业活动等；⑤获取创业基金和风险投资基金的支持。

- **物质资源。** 物质资源包括企业所拥有的各种有形资源，如房屋、设备、原材料等，也包括企业所拥有的自然资源，如矿山、林地等。

- **技术资源。** 技术资源是指企业在产品的生产加工、储存和运输过程中持有的关键技术与工艺流程等。技术资源是企业的核心资源，决定着新创企业的市场竞争力和盈利能力。获取技术资源的途径如下：①自主研发；②吸引技术持有者加入创业团队；③购买他人的成熟技术；④购买他人的前景型技术，再通过后续的完善开发，使之达到商业化要求。

- **社会资源。** 社会资源主要指人际关系资源。虽然社会资源不会直接作用于产品的开发、生产、运输和销售等环节，却能够帮助企业获取和利用其他资源，间接作用于企业的方方面面。创业者应当充分挖掘人际关系资源，赢得尽可能多的支持。

- **管理资源。** 管理是对企业资源进行有效整合以达到既定目标的动态创造性活动，是企业众多资源的整合剂。其他资源的运用需要依靠管理，管理将直接影响乃至决定企业资源整体效力的发挥。管理资源包括企业的组织结构、管理制度和管理策略等。

（3）创业团队

相比个人创业，团队创业由于团队模式具有资源整合作用，其创业活动更容易被推进，但前提是创业团队足够优秀。为取得良好的创业成果，创业团队的组建需要遵循以下原则。

- **目标明确合理原则。** 建立高效创业团队的首要任务就是确立明确合理的目标，明确合理的目标是团队存在的理由，也是团队运作的核心动力，是团队决策的前提。创业是一个动态的过程，创业者需要随时进行决策。没有目标的创业团队只能走一步看一步，处于投机和侥幸的不确定状态，风险极大，其就像汪洋中的一只船，不仅会迷失方向，也难免触礁。

- **互补原则。** 创业者之所以寻求团队合作，其目的就在于弥补自身能力与创业目标之间的差距。只有团队成员在知识、技能、经验、资金等方面实现互补时，才有可能通过相互协作发挥出"1+1>2"的协同效应。

- **共同原则。** 团队是企业凝聚力的基础，创业是一份事业，相比个人单打独斗，组建一个团结、高效的团队，吸纳志趣相投的合伙人加入更容易实现资源的整合配置，促进创业活动全面展开。而团队成员能够走到一起，是因为他们具有某些共同点。总的来说，创业团队成员应具有共同愿景、共同目标，同时能够共担风险、共享回报。

- **精简高效原则。** 为降低创业期的运作成本，使团队成员最大限度地共享成果，创业团队成员的构成应在保证团队高效运作的前提下尽量精简，使决策层能腾出更多的时间和精力去制定正确的经营发展战略，寻找有价值的市场机会，使整个创业团队成为协同作战的"联合舰队"，使团队产出的劳动成果明显大于个体产出的劳动成果的总和。

- **动态开放原则。** 创业过程是一个充满不确定性的过程，团队可能因为能力、观念、利益分配等多种因素不断有人离开，同时也有新的人加入。因此，在组建创业团队时，大学生创业者应注意保持团队的动态性和开放性，使真正匹配的人员能被吸纳到创业团队中来。

---

## 案例品读

### 优势互补创业

张毅和李海波在大学毕业后合伙创办了一家电源设备生产公司。

张毅在大学所学的专业是电器设备生产，公司创立后，他负责技术工作，带领技术创新团队进行产品研发。李海波负责日常管理，虽然他并没有行政管理等方面的专业知识背景，但在大学社团活动中他表现出的出色管理能力让张毅很佩服。就这样，两个人分工合作，开始为这家公司的发展共同努力。

经过几年的努力，张毅研发的产品每年带来的销售额少则几百万元，多则上千万元。而李海波也在实践中不断学习，逐渐提升了自己的管理能力，虽然他不苟言笑，但却能够以独到的管理方式把公司管理得井井有条。

**点评：** 对于大学生创业者来说，团队创业的形式非常常见。事实上，创业事业不断发展的过程就是创业团队不断成熟的过程，只有团队中的每一个人都秉持相同的信念和目标，分工合作，各展其长，团队才能不断壮大，创业事业才能更好地发展。

---

### 2. 大学生创新创业的途径

大学生精力充沛、敢于冒险，敢于尝试新事物，具有较高的文化水平，自主学习能力较强，思维较为活跃。同时，政府为鼓励大学生创业，提供了一系列优惠政策。这些都是大学生创新创业所具有的优势。但大学生社会经验、创业经验不足，经济条件有限，人际关系欠缺。这些劣势成为掣肘大学生创新创业的重要因素。为提高创新创业的成功率，大学生需要选择合适的创新创业途径。大学生创新创业的途径包括大赛创业、网络创业、代理创业等。

（1）大赛创业

近年来，创新创业大赛蓬勃发展，对激发大学生的创新精神，增强大学生的创造意识和创业能力，深化创业实践具有重要的推动作用。借助创新创业大赛开展创业活动也成为大学生创新创业的重要方式。通过参加创新创业大赛，大学生可以获得宝贵的经验，结识志同道合的人，并且通过展示创业理念和创业项目，大学生可能获得投资。

大学生要想进行大赛创业，就需要关注自己可以参加的相关赛事。近年来，各级、各类创新创业大赛如雨后春笋般涌现。从中央到地方，从科技到教育，从社会到高校，每年举办的各级、各类创新创业大赛不胜枚举，其中在高等院校中普遍被认可并获得高度重视的创新创业大赛包括中国国际大学生创新大赛和"挑战杯"系列竞赛。

- **中国国际大学生创新大赛。**中国国际大学生创新大赛（原中国国际"互联网+"大学生创新创业大赛）由中华人民共和国教育部、中央网络安全和信息化委员会办公室等部门及承办高校所在地省（区、市）人民政府主办。为贯彻落实《国务院办公厅关于深化高等学校创新创业教育改革的实施意见》的相关要求，中华人民共和国教育部等于2015年5—10月举办了首届中国国际"互联网+"大学生创新创业大赛。至第九届时，中国国际"互联网+"大学生创新创业大赛更名为中国国际大学生创新大赛，即"中国国际大学生创新大赛（2023）"。2024年4月29日，中华人民共和国教育部发布了《教育部关于举办中国国际大学生创新大赛（2024）的通知》（简称《通知》），明确了赛事相关事项。据《通知》，中国国际大学生创新大赛（2024）的主体赛事包括高教主赛道、"青年红色筑梦之旅"赛道、职教赛道、产业命题赛道和萌芽赛道。通常，大学生参赛者可通过登录全国大学生创业服务网官方网站，或全国大学生创业服务网、中国国际大学生创新大赛微信公众号查看中国国际大学生创新大赛的赛事详情，进行赛事咨询。

- **"挑战杯"系列竞赛。**"挑战杯"是由中国共青团中央、中国科学技术协会、中华人民共和国教育部、中国社会科学院、中华全国学生联合会和地方人民政府共同主办，国内知名大学承办、新闻媒体联合发起的一项具有导向性、示范性和群众性的全国竞赛活动，也是国内目前最受大学生关注的热门全国性竞赛之一。"挑战杯"竞赛有两个并列项目，分别是"挑战杯"全国大学生课外学术科技作品竞赛（简称"大挑"）、"挑战杯"中国大学生创业计划竞赛（简称"小挑"）。这两个项目交叉轮流开展，每个项目每两年举办一届。

除此之外，还有"中国创翼"创业创新大赛、全国大学生电子商务"创新、创意及创业"挑战赛、中国创新创业大赛等国家级大学生创新创业赛事，各省（区、市）及学校往往也会开展规模不等的大学生创新创业赛事。

（2）网络创业

网络创业就是通过网络来创业，网上开店是目前较流行的一种网络创业方式。随着互联网技术的发展，网络创业门槛大大降低，越来越多的人选择以网上开店的方式进行创业。前期投入少、创业成本低，这是大部分人选择网络创业的原因。进行网络创业需要注意以下5个方面。

- **产品的选择。**对于网店中的产品，消费者只能通过网络平台浏览，会存在许多顾虑。大学生创业者应调查分析适合在网上销售的产品，选择具有销售潜力的创新产品。这样可以增强网店的竞争力，使自己从众多网络创业者中脱颖而出。

- **货源的选择。**网上开店的目的是赢利，而寻找物美价廉的货源能帮助大学生创业者节约成本。大学生创业者一般可以在所在地的批发市场或大的批发网站寻找货源，这两个地方的货源充足，品种也丰富，可以让大学生创业者有较大的选择余地。

- **服务的质量。** 不管是对于实体店还是网店，服务质量都是十分重要的。与实体店不同的是，大学生创业者开网店不能和消费者面对面交流，因此要特别注意网上沟通与接待的技巧，不能让消费者感到不耐烦或被怠慢，以免造成客源流失。

- **物流的选择。** 货物运输是网上开店面临的重要环节，大学生创业者要保证消费者在较短的时间内收到货且货物完好无损。这要求大学生创业者与一家信誉良好、价格合适的物流公司合作。

- **宣传和推广。** 网店之间的竞争比实体店之间的竞争更加激烈，因为消费者可以通过网络搜索到销售相同产品的不同网店，且不受地域和时间的限制。大学生创业者应做好网店的宣传和推广工作，提高网店的知名度和客流量。所以，大学生创业者有必要学习一些网络营销知识，以通过营销创新提升品牌曝光度和影响力。

（3）代理创业

代理创业是一种很常见的创业模式，就是自己打造一个单独的平台来销售其他公司产品的创业模式。这种创业模式适合初次创业者，可以帮助大学生创业者积累更多的专业知识和创业经验。现在很多厂商并不直接面向消费者销售产品，而是选择由各级代理商进行销售。因此，大学生创业者要想加入某厂商的市场体系，或是代理销售某品牌厂商的产品，就要首先找到合适的厂商。

代理创业也具有一定的创新空间，例如，大学生创业者可以根据市场需求，选择具有市场竞争力的产品或服务，通过创新包装设计、营销策略等，满足消费者的不同需求。

# 第三节　服务性劳动实践

服务性劳动，不仅是一个为自己服务的过程，也是一个利用自己掌握的知识、技能等为他人和社会提供服务的过程。大学生通过服务性劳动实践，既能培养良好的社会公德，也能提升自己为他人、为社会服务的能力。

## 一、服务性劳动概述

服务性劳动以提供非实物的、不能储存的劳动成果而区别于生产劳动。例如，保洁员的清洁服务、教师的教育服务、银行的金融服务、专家的咨询服务等，这些服务的劳动成果都是非实物的。服务性劳动是非生产劳动的一种表现形式。服务是从物质生产中派生出来的，服务性劳动的存在为生产、交换、分配、消费等活动提供了便利，从而提高了生产效率和生活便利程度，有利于社会经济的发展。

在现代市场经济中，除饮食、旅游、影视、文娱、医疗等生活、休闲服务外，还存在通信、运输、仓储和技术设计等生产性服务，以及金融服务和商业服务。

大学生进行服务性劳动的途径包括参与城市志愿服务活动和乡村志愿服务活动。在实践过程中，大学生需要与人打交道。为更好地完成服务性劳动，更好地为他人提供各种服务，大学生应当具备较强的沟通与协调能力、客户服务能力、团队合作能力、忍耐力与应变能力。

### 1. 沟通与协调能力

大学生应具备良好的沟通能力，做到与他人有效地交流、准确表达自己的观点和理解他人的需求，良好的沟通能力可以帮助大学生更好地与他人进行互动，了解他们的需求并做出适当的回应。同时，大学生还应具备协调能力，能够有效地与他人合作，解决劳动过程中出现的问题和冲突。

### 2. 客户服务能力

大学生在服务性劳动中可能需要接待客户、提供咨询、解答客户的问题和满足其需求，因此应当具备良好的客户服务态度和技巧，包括耐心倾听、善于沟通、理解客户需求并给予恰当的回应。在服务过程中，大学生需要关注细节、主动提供帮助和积极解决问题，以提供优质的客户服务。

### 3. 团队合作能力

大学生应具备良好的团队合作能力，能够在团队中积极付出、有效地与他人协作，共同完成服务性劳动。

### 4. 忍耐力与应变能力

在服务性劳动中可能会面临一些复杂、困难或紧急的情况，大学生应具备一定的忍耐力和应变能力，能够在压力下保持冷静、灵活应对，在面对困难时不轻言放弃并努力找到解决问题的方法。

进行生产劳动和服务性劳动所需的能力往往相互交叉，例如，进行一些生产劳动需要具备较强的沟通与协调能力、客户服务能力、团队合作能力等；进行一些服务性劳动需要具备特定的职业性劳动能力，如从事计算机维修服务需要掌握计算机操作和维修技巧等，从事金融服务需要掌握金融专业知识和财务软件操作技能等。

## 二、城市志愿服务活动

城市志愿服务活动的场景丰富，形式多样。大学生参与城市志愿服务活动，既可以为创建和谐社会、发展社会福利事业做出自己的贡献，又可以锻炼和提高社会适应能力。城市志愿服务活动主要包括以下几种实践形式。

### 1. 社区服务

社区服务是以社区为基本单元，以公共服务、志愿服务、便民利民服务为主要内容的社会公益活动。雷锋曾说过："人的生命是有限的，可是，为人民服务是无限的，我要把有限的生命，投入无限的为人民服务中去。"当代大学生同样需要发扬无私奉献的精神。

通常，学校开展社区服务活动，是由教师、学生、社区机构相关人士共同拟定活动方案，方案内容包括活动主题、活动目标、活动时间、活动地点及服务对象、执行步骤、分工情况、经费预算，以及相关人员的责任规定和注意事项等。如有必要，学校还需编制书面活动指南。社区服务活动的形式包括宣传国家政策、公共道德、公共法规、社会文化、时代观念、优秀传统、专业科学等公益宣传活动，以及帮助社区打扫卫生、参加社区的安全巡逻、改善社区居民生活环境、为孤寡老人提供生活帮助、为留守儿童提供教育辅导、为残疾人群提供服务等等。

**2. 赛事服务**

赛事服务是指为各类赛事提供服务工作，具体而言，就是协助赛事主办方为观众、参赛者和相关工作人员等提供各项服务，使管理和服务工作最大限度地满足广大参赛者和观众等的赛事体验需求，从而确保赛事顺利开展。

赛事的规模和参与对象不同，志愿者岗位设置和赛事服务内容也不同。以大型体育赛事为例，赛事服务内容包括语言服务、礼宾接待服务、竞赛运行服务、场馆运行服务、物资管理与物流服务、媒体运行与转播服务、新闻宣传服务等，大学生可根据自身条件报名参加。

（1）语言服务

志愿者主要负责为组织委员会和各参赛代表团的日常工作提供口译（如新闻发布会现场口译）、笔译服务（如赛事相关的指南、出版物、网站、信函等的笔译）等。

（2）礼宾接待服务

志愿者主要负责各类贵宾的迎送、陪同、引导等接待工作，以及为他们提供证件、交通、住宿等方面的后勤保障工作。

（3）竞赛运行服务

志愿者主要为所有训练、竞赛的准备与运行提供支持与服务，如训练与竞赛场地的清洁维护、体育器材及设施的准备与整理回收、运动员热身区与休息区服务等。

（4）场馆运行服务

志愿者主要负责场馆设施运行与维护服务、场馆运行中心和通讯中心服务、赛事指挥协调服务（如比赛成绩录入、校对、统计与打印分发）、场馆引导标识管理服务等。

2022 年北京冬奥会上的志愿者

（5）物资管理与物流服务

志愿者主要负责物资审核、接收、入库、登记、分发、回收等，以及各运动队行李的打包和运送等。

（6）媒体运行与转播服务

志愿者主要负责为报道比赛的媒体提供相应的服务，包括在主新闻中心、各竞赛场馆媒体中心、广播电视转播中心等处的接待、咨询服务，以及为媒体人员提供住宿、交通、餐饮等方面的服务等。

（7）新闻宣传服务

志愿者负责协助组织委员会的新闻发布和对外宣传工作，包括日常新闻发布，媒体记者接待工作，宣传文案的策划、撰写，宣传物料的准备、张贴等，官方网站内容管理监督等等。

（8）文化活动服务

志愿者主要负责体育展示、颁奖仪式等方面的服务工作，还要协助进行文书档案整理、扫描等工作。

（9）医疗卫生服务

志愿者主要负责为运动员、观众、媒体人员及其他工作人员提供即时的医疗服务，协助相关机构进行卫生防疫、兴奋剂检测等工作。

通常，大型赛事活动由于周期长、比赛场地较大、赛事安排复杂、参赛人员众多及赛事备受社会关注等，需要较大规模的具有较高专业水平的志愿者。这类赛事活动不仅要求志愿者能够熟练地提供一般服务，还要求志愿者具备一定的专业知识、技能与经验，能提供专业化服务。从这一点来看，参加这类赛事活动能够很好地锻炼个人能力、提高个人综合素质。大学生应积极参加此类赛事活动。

> **知识扩展**
>
> 大学生可通过中国志愿服务网官方网站或者"中国志愿服务网"微信公众号注册成为志愿者。中国志愿服务网是面向社会公众、广大志愿者、志愿服务组织和志愿服务管理部门的综合性网站。志愿者一般是指自愿贡献个人的时间和精力，在不计物质报酬的前提下为推动社会进步和发展社会福利事业而提供服务的人员。注册成为志愿者可以让大学生在一个组织中的志愿者身份得到确认，接受系统的志愿服务培训，更方便地获取志愿服务信息，更方便地与其他志愿者交流，维护自己的权益。大学生成功注册志愿者后，可通过中国志愿服务网查找相关的志愿服务活动，结合自身情况选择活动项目。

## 三、乡村志愿服务活动

大学生应响应党和国家的号召，积极参与与乡村建设有关的实践活动，如"三下乡"活动、"三支一扶"计划、西部计划等，以提高政治觉悟和实践水平，用自己的知识和能力服务基层、建设美丽乡村。

### 1. "三下乡"活动

"三下乡"活动的全称是全国大中专学生志愿者暑期文化科技卫生"三下乡"社会实践活动，是各大高校在暑期开展的一项"文化下乡、科技下乡、卫生下乡"社会实践活动。大学生通过参加"三下乡"活动，不仅可以将自己所学的知识运用于实践，还可以丰富自己的人生阅历、提高自身的综合素质。

"三下乡"活动需要组团参加，并要求学校安排指导老师随队指导学生实践。"三下乡"活动的实践内容每年可能不同。

> **知识扩展**
>
> "返家乡"活动是由中国共青团中央发起的组织在校大学生利用假期返回家乡参与社会实践的活动。"返家乡"活动以学生家乡为纽带，引导大学生通过返乡实践更好地了解国情、感知社会、热爱家乡、服务群众，成为社会需要的青年人才。

### 2. "三支一扶"计划

"三支一扶"计划是一项毕业生基层落实政策，是指招募选拔高校毕业生到基层从事"三支一扶"服务工作。"三支一扶"计划在加强基层人才队伍建设、助力乡村振兴等方面发挥了积极作用，也有效缓解了高校毕业生的就业压力。

按照《中共中央组织部 人力资源社会保障部等十部门关于实施第四轮高校毕业生"三支一扶"计划的通知》，相关部门决定于2021—2025年实施第四轮高校毕业生"三支一扶"（支教、支农、支医和帮扶乡村振兴）计划，部分有关事项如下。每年选派3.2万名左右高校毕业生，累计选派16万名，并结合就业形势和"三支一扶"事业发展需要，适时合理调整"三支一扶"计划补助名额。优先招募脱贫户、零就业家庭毕业生，免收报名费和体检费；优先招募已参加住院医师规范化培训的医学类毕业生。对招人难、留人难的艰苦边远地区，可适当放宽专业要求，降低开考比例，提高招募本地户籍毕业生比例。"三支一扶"人员的岗位涉及教育、卫生、农业、社会保障等领域，工作时间一般为两年，工作期间享受一定的生活补贴。在艰苦边远地区服务的，享受艰苦边远地区津补贴。中央财政补助标准为西部地区每人每年3万元（其中新疆南疆四地州、西藏自治区每人每年4万元），中部地区每人每年2.4万元，东部地区每人每年1.2万元。"三支一扶"计划人员服务期满后，可继续扎根基层，也可自主择业，并享受一定的政策支持。例如，各省（区、市）每年应拿出公务员考录计划的10%左右，面向"三支一扶"计划等服务基层项目人员定向考录；各省（区、市）县乡基层事业单位公开招聘时，应根据本地区实际拿出一定数量或比例的岗位，对"三支一扶"服务期满考核合格的人员进行专项招聘，并增加工作实绩在考察中的权重，聘用后可以不再约定试用期；省市事业单位公开招聘时，对"三支一扶"服务期满考核合格的人员同等条件下优先聘用；各地要依托公共就业和人才服务机构，为自主就业的服务期满人员提供有针对性的就业服务；参加"三支一扶"计划前无工作经历的人员期满且考核合格的，两年内在参加机关和企事业单位考录（招聘）、自主创业、落户、升学等方面可同等享受应届毕业生相关政策。

"三支一扶"计划的招募工作，由省级人力资源社会保障部门统一组织，多渠道公开发布招募公告。一般采取考试或考核的方式进行招募选拔。"三支一扶"人选经审核、体检确定后，会进行上岗前的集中培训，培训内容主要涉及党和国家有关基层工作的方针政策，特别是农业、教育、卫生方面的方针政策。培训后随即到服务单位报到。

> **知识扩展**
>
> 每年的"三支一扶"计划实施工作可能会根据实际情况，按照相关部门下发的通知，在大的政策方针的指引下做出细微调整，如2024年的"三支一扶"计划拓展了农技推广、水利基础设施建设与运行管理、林草生态保护修复、医疗卫生等服务岗位。大学生需要留意当地省级人力资源社会保障部门发布的"三支一扶"计划招募公告，或者关注学校发布的相关信息。

### 3. 西部计划

大学生志愿服务西部计划（简称"西部计划"）是由中国共青团中央、中华人民共和国教育部、中华人民共和国财政部、中华人民共和国人力资源和社会保障部共同组织，每年招募一定数量的志愿者在西部地区从事为期 1～3 年的教育、卫生、农技及青年中心建设和管理等方面的志愿服务工作。

西部计划设有若干项目，战略部署不同，项目内容会有所调整。例如，2024—2025年度西部计划包括乡村教育、服务乡村建设、健康乡村、基层青年工作、乡村社会治理、卫国戍边、服务新疆、服务西藏 8 个专项。

西部计划的招募政策涉及招募指标的确定、宣传动员、选拔标准、报名时间和报名方式、选拔方式和流程等内容。其中，选拔对象为普通高等学校应届毕业生或在读研究生，有志愿服务经历的优先录取。选拔方式包括笔试、面试和心理测试等。志愿者服务期满后，可继续扎根基层，也可自主择业，并享受以下政策支持。

- 服务 2 年以上且考核合格的，服务期满后 3 年内报考硕士研究生，初试总分加 10 分，同等条件下优先录取。
- 参加西部计划项目前无工作经历的，服务期满且考核合格后 2 年内（研究生支教团志愿者自研究生毕业时开始计算），在参加机关事业单位考录（招聘）、各类企业吸纳就业、自主创业、落户、升学等方面同等享受应届高校毕业生的相关政策。
- 按规定符合相应条件的，可享受相应的学费补偿和助学贷款代偿政策。
- 服务期满考核合格的，依实际服务年限计算服务期及工龄（参加工作时间按其到基层报到之日起算），并在服务证书和服务鉴定表中体现。
- 服务期满 1 年且考核合格后，可按规定参加职称评定。
- 出省服务的和在本省服务的志愿者享受同等优惠政策。

总体而言，西部计划是一项于大学生、于主办单位都有利的计划。一方面，大学生参加西部计划，既能为西部地区的经济社会发展做出实实在在的贡献，又能增加工作经验，丰富人生阅历；另一方面，主办单位可以建立和丰富人才库，发挥人才的最大作用，将其安排到祖国最需要的地方。

西部计划官方网站

## 课后思考与练习

1. 校园生活劳动的形式有哪些？
2. 什么是实训？什么是实习？二者对大学生未来的职业发展有什么影响？
3. 大学生进行创新创业的途径有哪些？
4. 大学生参加创新创业大赛有何意义？
5. "三下乡"活动、"三支一扶"计划和西部计划各是什么活动？
6. 阅读下面的材料，回答相关问题。

2023 年 7 月，张燕琪大学毕业后报名参加了西部计划，幸运地回到家乡内蒙古自治区赤峰市巴林右旗做志愿者。

巴林右旗耕地以旱地为主，全旗土壤肥力的总体状况是缺磷少氮、有机质含量低、保水保肥能力较弱，这在一定程度上限制了当地农牧业的发展。张燕琪要做的是改良土壤，提高农作物产量。

张燕琪经常下乡，到分布在巴林右旗的各个试验田里采集土样、检测土肥情况。有时候路程比较远，一走就是一个多小时，乡间小路崎岖不平，导致汽车颠簸、摇晃得厉害。遇到刮风天，她经常满身是土。冬季，她需要面对寒冷的天气；夏季雨后，她的鞋上常沾满了稀泥。

"也许我的力量很小，但是我希望能在我的青春里写下与家乡的故事。"张燕琪在她的工作日志里这样写道。

"小张虽然很年轻，但是想得很全面，也肯吃苦，很能干。"提起张燕琪，巴林右旗农牧技术推广中心副主任姚志不禁夸奖起来。

当志愿者的一年时间里，张燕琪奔走在田间、村里，她蹲在田垄上采集土壤，开展测产工作，并协助农收技术推广中心做好土肥试验及试验田和监测点的管理工作。在农闲的时候，张燕琪就到嘎查村动员农牧民参加农技学习班，发放宣传单，让乡亲们了解新的农业技术手段。她还走进农户家教农牧民使用手机上网查找农作物种植管理方法、如何给牲畜用药治病等知识。

一年志愿服务期满后，张燕琪续签了西部计划志愿者服务合同，她选择继续留在家乡，续写属于自己的青春故事。

（1）张燕琪在参加西部计划的过程中，为当地做出了哪些服务贡献？

（2）张燕琪参加西部计划对其自身有何意义？

# 第六章
# 保障劳动安全

## 保障生产安全是头等大事

柴健是贵州省的劳动模范，是贵州超宇水泥有限责任公司窑系统巡检大班长。他曾先后在浙江江山水泥厂（现江山南方水泥有限公司）、江西岩鹰水泥有限公司、浙江常山水泥有限公司（现常山南方水泥有限公司）等从事巡检工作，担任中控窑操作员、中控班长。

自参加工作以来，柴健真正做到了干一行爱一行。为了使工作更出色，他在工作之余积极学习理论知识，在单位图书馆阅读相关书籍、在网上查找解决问题的方法、与同事讨论工作中常遇到的难题及解决方法。他参加过新型干法生产操作技术培训、中级钳工培训，获得过机电一体化专业证书、维修电工资格证书、中控操作资格证书等。经过积极学习理论知识与参加实践，柴健对水泥厂的烧成系统了如指掌。

在其他人眼里，可能轰轰烈烈的才叫大事，而在柴健的眼里，做好每一件小事，关注每一个细节，排除每一个安全隐患，保障每人每天安全生产、平安回家，就是在做大事。在巡检当中，柴健一发现事故隐患的苗头就马上处理，并且以身作则，哪里有故障哪里就有他的身影，他在处理好故障的同时积极预防同样故障的再次发生。"出事情不可怕，可怕的是同样的事情再次发生。"柴健时刻提醒自己。

劳动安全无小事。在劳动过程中，一旦发生事故，轻则影响正常劳动，重则造成财产损失和人员伤亡。在生产的第一线，作为巡检员，柴健对劳动安全的认识十分深刻，他要做的事情就是防患于未然。"先其未然谓之防，发而止之谓之救，行而责之谓之戒。防为上，救次之，戒为下。"优秀的劳动者不仅注重培养劳动精神、提升劳动技能，还懂得做好安全防护，确保自己和他人的健康和安全。

## 第一节　树立安全意识

劳动者树立安全意识，就是形成"安全第一、预防为主"的观念，就是将"要我安全"的被动观念转变为"我要安全"的主动观念。树立安全意识是预防劳动者做出不安全行为、预防安全事故发生的根本措施。大学生可以从以下方面增强自身的安全意识。

## 一、认识劳动安全的重要性

劳动安全对于保护劳动者的生命安全和身体健康、提高工作效率和生产力、减少经济损失、维护社会稳定和促进可持续发展等方面都具有重要意义。确保劳动者的劳动安全和社会的持续稳定发展，需要社会各界与劳动者共同关注和推动劳动安全工作的落实。

### 1. 保护劳动者生命安全和身体健康

劳动安全最基本的目标是保障劳动者的生命安全和身体健康。预防事故伤害和职业病的发生，提供安全的工作环境和条件，这可以有效地保护劳动者免受伤害，确保劳动者能够安全、健康地从事工作。

### 2. 提高工作效率和生产力

良好的劳动安全措施和环境可以提高劳动者的工作效率和生产力。当劳动者在安全、舒适的环境中工作时，能够更加专注，从而提高工作效率和质量。

劳动安全无小事，安全第一

### 3. 减少事故伤害和职业病带来的经济损失

事故伤害和职业病不仅对劳动者本人造成伤害，也给企业和社会带来经济损失。事故伤害会影响劳动者的身体健康和工作能力，增加企业的医疗和人力资源成本；而职业病的发生会引发劳动纠纷和法律诉讼，对企业声誉造成负面影响。加强劳动安全，可以减少事故伤害和职业病的发生，从而降低相关的经济损失。

### 4. 维护社会稳定和促进可持续发展

劳动安全是维护社会稳定和促进可持续发展的重要保障。保障劳动者的合法权益和安全健康是社会公平正义的体现，有利于促进社会和谐、提高社会信任度。此外，良好的劳动安全措施也符合可持续发展的理念，有助于推动绿色、可持续的经济发展，减少资源浪费和环境污染。

---

> **知识扩展**
>
> 世界安全生产与健康日是国际劳工组织设立的一个国际性纪念日，旨在引起人们对劳动安全和职业健康的关注，促进全球范围内的安全生产和健康保障。每年的 4 月 28 日被确定为世界安全生产与健康日，当日，世界各地都会举办一系列的活动，以提高人们对劳动安全和职业健康的认识。该日的主题通常与劳动安全和职业健康相关，如事故预防、职业病防控、心理健康等。

## 二、遵守安全规章制度

在校园中，各种安全规章制度随处可见，如宿舍安全规章制度、实验室安全规章制度、网络安全规章制度、消防安全规章制度、校园治安规章制度等。大学生可以直观地感受到，这些安全规章制度在保障学生安全方面发挥了积极的作用。因此，对于相关的安全规章制度，大学生应该自觉地严格遵守。

大学生应在日常学习、生活和劳动中形成"始终将安全放在首位"的观念，养成重视并遵守安全规章制度的习惯。为了省力、省事而违反安全规章制度，是对自己、家人、学校、社会乃至国家不负责任的表现，可能会付出血的代价。大学生应该从遵守校园的安全规章制度开始，养成遵守安全规章制度的习惯，增强遵章守纪的自觉性，抵制违反安全规章制度的行为，以防患于未然。

> **案例品读**
>
> ### 违规作业酿大祸，害人害己
>
> 在出库检车作业中，某企业机务段折返车间机车司机黄某违规操作，造成机车溜逸，导致正在两车之间检查车钩的陈某死亡。在这起事故中，黄某和陈某都需要承担一定的责任。黄某违反规定擅自松开人力制动机，陈某未遵守"在作业前必须检查作业设备、工具、防护用品及周围环境，如有不安全因素，在消除或采取措施后，方可进行工作"的规定。
>
> **点评：** 黄某违规操作导致事故发生，因此工作容不得一丝一毫的马虎，劳动者必须自觉遵章守纪，严格按照标准化操作作业，这样才能杜绝安全事故发生。

## 三、避免轻视安全的不良心理

劳动者的安全意识淡薄，除用人单位管理不严等原因外，从劳动者的角度看，很多时候是因为他们存在轻视劳动安全的心理，以及受到个人情绪的影响。

### 1. 避免不良心理

在劳动过程中，大学生如果发现自己存在以下不良心理，就要及时纠正，以免遭遇安全事故。

- **从众心理。** 有的劳动者平时不注意学习安全知识和操作技能，对作业中应注意的安全问题认识不清，稀里糊涂地跟着违章人员作业。
- **好奇心理。** 有的劳动者对于不熟悉的事物总想摸一摸、试一试，并不考虑其中的安全隐患。
- **马虎心理。** 有的劳动者工作不细心，即使进行的是特殊作业，也不能保证注意力高度集中，甚至不顾危险，我行我素，马虎应付。
- **侥幸心理。** 有的劳动者违规几次却没有出事后，就认为规章制度是多余的，自己能够应对作业环境和条件的变化，盲目自信，忽视了潜在的安全风险。
- **逆反心理。** 有的劳动者认为操作标准太严、管理措施太烦琐，便消极抵触，甚至反其道而行之，为所欲为，铤而走险。
- **逞能心理。** 有的劳动者技术有待锤炼，欠缺足够的经验，但为了逞能，不懂装懂，即使明知自己的行为违规或有危险，也偏要尝试。

- **自大心理。**有的劳动者自以为自己技术很好，即使已经预见到有危险，也自大地相信凭借自己丰富的经验可以避开危险。

### 2. 避免个人情绪的影响

人们常常讲，不要把个人情绪带入工作中，因为个人情绪有时不仅会影响个人，也会影响工作，会对工作中的安全行为产生影响。因此，大学生要养成不把个人情绪带入劳动过程中的习惯。

- **紧张。**紧张情绪容易造成工作失误。
- **兴奋。**兴奋情绪容易使人忘乎所以，从而忽视劳动安全问题。
- **消沉。**消沉情绪使人注意力难以集中，内心难以平静，容易造成工作失误。
- **急躁。**急躁情绪容易使人心态不平衡，做事急于求成，从而忽视劳动安全问题。
- **抵触。**抵触情绪使人缺乏工作主动性，做事马虎，应付了事，易导致安全事故。

## 四、积极参加安全活动

大学生应该积极参加学校或实习单位组织的安全活动，包括各类安全演练和培训。例如，消防安全演练、应急救援演练、疾病预防培训、急救知识培训、心理健康知识培训等。

积极参加安全活动，可以让大学生增强判断所处环境的潜在危险的能力、抗压的能力、调节心理障碍的能力，以及事故应急处理的能力和逃生自救的能力等。在安全活动

安全演练活动

中，大学生不能抱着好玩的心态，不能敷衍了事，要按照活动主题、步骤和要求认真执行活动内容，不断增强自己的安全意识，真正做到有备无患。

## 五、发现安全事故隐患及时报告

大学生不仅要以身作则，自觉遵守安全生产规章制度和劳动纪律，还要养成制止他人违章作业、关心周围劳动安全情况的习惯。当发现安全事故隐患和不安全因素时，大学生要及时向学校或有关部门汇报情况；一旦发生安全事故，大学生应在保护自我的前提下，帮助相关人员抢救伤员、保护现场，同时协助有关调查人员做好调查工作。

# 第二节　掌握安全防范技能

大学生应该积极学习基本的安全防范知识，提高安全防范技能，在参加劳动的过程中，既做到"我要安全"，又做到"我能安全"，以杜绝劳动安全事故发生，保障自己和他人的人身安全，避免财产损失。

# 一、认识安全标志

安全标志是向人们警示工作场所或周围环境的危险状况，指导人们采取合理行为的标志。安全标志能够提醒人们预防危险，从而避免事故发生。当危险发生时，安全标志能够指示人们尽快逃离，或者指示人们采取正确、有效、得力的措施，对危害加以遏制。大学生应正确理解一些工作场所常见的安全标志的含义，以防止事故发生。

安全标志由几何形状、安全色（安全色是用以表达禁止、警告、指令、提示等含义的颜色，包括红、蓝、黄、绿 4 种颜色）、图形符号或文字构成，用以表达特定的安全信息。安全标志分为禁止标志、警告标志、指令标志和提示标志四大类。

## 1. 禁止标志

禁止标志用于制止人们的不安全行为。禁止标志的几何形状是带斜杠的圆环，其中圆环与斜杠相连，安全色为红色，图形符号的颜色为黑色。根据《安全标志及其使用导则》（GB 2894—2008），我国规定的禁止标志共 40 个，部分常见禁止标志及其名称、设置范围和地点的说明如表 6-1 所示。

表 6-1　部分常见禁止标志及其名称、设置范围和地点的说明

| 禁止标志 | 名称 | 设置范围和地点 |
| --- | --- | --- |
| | 禁止吸烟 | 有甲、乙、丙类火灾危险物质的场所和禁止吸烟的公共场所等，如木工车间、油漆车间、沥青车间、纺织厂、印染厂等 |
| | 禁止烟火 | 有甲、乙、丙类火灾危险物质的场所，如面粉厂、煤粉厂、焦化厂、施工工地等 |
| | 禁止带火种 | 有甲类火灾危险物质及其他禁止带火种的各种危险场所，如炼油厂、乙炔站、液化石油气站、煤矿井内、林区、草原等 |
| | 禁止启动 | 暂停使用的设备附近，如正在/需要检修的设备、正在/需要更换零件的设备等 |
| | 禁止转动 | 检修或专人定时操作的设备附近 |
| | 禁止用水灭火 | 生产、储运、使用中有不准用水灭火的物质的场所，如变压器室、乙炔站、化工药品库、各种油库等 |

续表

| 禁止标志 | 名称 | 设置范围和地点 |
|---|---|---|
| | 禁止放置易燃物 | 具有明火设备或高温的作业场所，如动火区，各种焊接、切割、锻造车间等场所 |
| | 禁止叉车和其他厂内机动车辆通行 | 禁止叉车和其他厂内机动车辆通行的场所 |
| | 禁止倚靠 | 不能倚靠的地点或部位，如列车车门、车站屏蔽门、电梯轿门等 |
| | 禁止推动 | 易于倾倒的装置或设备，如车站屏蔽门等 |
| | 禁止开启无线移动通信设备 | 火灾、爆炸场所以及可能产生电磁干扰的场所，如加油站、飞行中的航天器、油库、化工装置区等 |

**2. 警告标志**

警告标志是用于提醒人们对周围环境引起注意，避免可能发生的危险的标志。警告标志的几何形状是黑色边框的正三角形，安全色为黄色，图形符号的颜色为黑色。根据《安全标志及其使用导则》（GB 2894—2008），我国规定的警告标志共39个，部分常见警告标志及其名称、设置范围和地点的说明如表6-2所示。

表6-2 部分常见警告标志及其名称、设置范围和地点的说明

| 警告标志 | 名称 | 设置范围和地点 |
|---|---|---|
| | 注意安全 | 易造成人员伤害的场所及设备等 |
| | 当心烫伤 | 具有热源、易造成伤害的作业地点，如冶炼、锻造、铸造、热处理车间等 |
| | 当心火灾 | 易发生火灾的危险场所，如可燃性物质的生产、储运、使用地点 |

| 警告标志 | 名称 | 设置范围和地点 |
|---|---|---|
| | 当心中毒 | 剧毒品及有毒物质，如氰化钠、三氧化二砷等的生产、储运及使用场所 |
| | 当心触电 | 有可能发生触电危险的电器设备和线路，如配电室、开关等 |
| | 当心高温表面 | 有灼烫物体表面的场所 |
| | 当心低温 | 易于导致冻伤的场所，如冷库、气化器表面、存在液化气体的场所等 |
| | 当心机械伤人 | 易发生机械卷入、轧压、碾压、剪切等机械伤害的作业地点 |
| | 当心吊物 | 有吊装设备作业的场所，如施工工地、港口、码头、仓库、车间等 |
| | 当心车辆 | 厂内车、人混合行走的路段，道路的拐角处，平交路口；车辆出入较多的厂房、车库等的出入口 |
| | 当心障碍物 | 地面有障碍物，绊倒易造成伤害的地点 |

**3．指令标志**

指令标志表示强制人们做出某种动作或采用防范措施。指令标志的几何形状是圆形，安全色为蓝色，图形符号的颜色为白色。根据《安全标志及其使用导则》（GB 2894—2008），我国规定的指令标志共 16 个，部分常见指令标志及其名称、设置范围和地点的说明如表 6-3 所示。

表6-3　部分常见指令标志及其名称、设置范围和地点的说明

| 指令标志 | 名称 | 设置范围和地点 |
|---|---|---|
| | 必须戴防护眼镜 | 对眼睛有伤害的各种作业场所和施工场所 |
| | 必须戴安全帽 | 头部易受外力伤害的作业场所，如矿山、建筑工地、伐木场、造船厂及起重吊装处等 |
| | 必须戴防尘口罩 | 具有粉尘的作业场所，如纺织清花车间、粉状物料拌料车间以及矿山凿岩处等 |
| | 必须戴防护手套 | 易伤害手部的作业场所，如具有腐蚀、污染、灼烫、冰冻及触电危险等的作业地点 |
| | 必须穿防护服 | 具有放射、微波、高温及其他需穿防护服的情况的作业场所 |
| | 必须系安全带 | 易发生坠落危险的作业场所，如高层建筑，修理、安装地点等 |
| | 必须穿救生衣 | 易发生溺水的作业场所，如船舶、海上工程结构物等 |
| | 必须拔出插头 | 在设备维修、故障、长期停用、无人值守状态下 |
| | 必须接地 | 防雷、防静电场所 |

**4. 提示标志**

提示标志是用于向人们提供某种信息（如标明安全设施或场所等）的标志。提示标志

的几何形状是方形，安全色为绿色，图形符号的颜色为白色。根据《安全标志及其使用导则》
（GB 2894—2008），我国规定的提示标志共 8 个，8 个提示标志及其名称、设置范围
和地点的说明如表 6-4 所示。

表 6-4　8 个提示标志及其名称、设置范围和地点的说明

| 提示标志 | 名称 | 设置范围和地点 |
|---|---|---|
| | 紧急出口 | 便于安全疏散的紧急出口处，与方向箭头结合设在通向紧急出口的通道、楼梯口等处 |
| | 避险处 | 铁路桥、公路桥、矿井及隧道内躲避危险的地点 |
| | 应急避难场所 | 在发生突发事件时用于容纳危险区域内疏散人员的场所，如公园、广场等 |
| | 可动火区 | 经有关部门划定的可使用明火的地点 |
| | 击碎板面 | 必须击开板面才能获得出口处 |
| | 急救点 | 设置现场急救仪器设备及药品的地点 |
| | 应急电话 | 安装应急电话的地点 |
| | 紧急医疗站 | 有医生的医疗救助场所 |

　　安全标志的名称可作为文字辅助标志，对安全标志起到补充说明的作用。文字辅助标志有横写和竖写两种形式。横写时，文字辅助标志写在标志的下方。禁止标志、指令标志的文字辅助标志为白色字，警告标志的文字辅助标志为黑色字。禁止标志、指令标志的文字辅助标志衬底色为其安全颜色，警告标志的文字辅助标志衬底色为白色。对"紧急出口"提示标志而言，提示目标方向时要添加方向辅助标志。按实际需要指示左向时，文字与辅助标志应放在提示标志的左方；指示右向时，方向辅助标志则应放在提示标志的右方。

横写的文字辅助标志

提示标志与方向辅助标志结合用于指示目标方向

　　竖写时，文字辅助标志写在标志杆的上部。禁止标志、警告标志、指令标志、提示标志的文字辅助标志均为白色衬底、黑色字。标志杆下部色带的颜色应和标志的颜色一致。

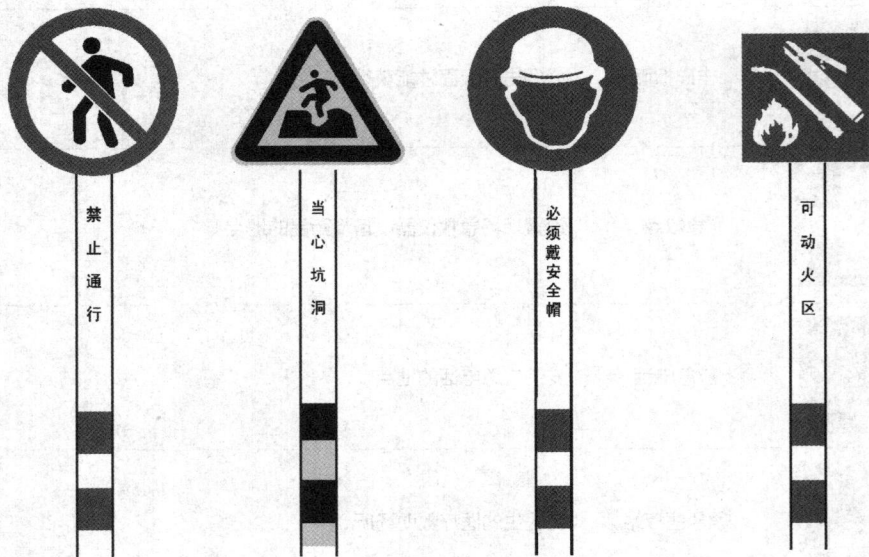

竖写在标志杆上部的文字辅助标志

## 二、安全用电

不安全的用电行为可能引发触电伤害或火灾。为防止触电及由不安全用电行为所引发的火灾，无论是在日常使用电器时，还是在生产实践中，大学生都必须加强用电安全管理。以下是安全用电的常识。

- 严禁在宿舍走廊、洗漱间等地私拉乱接电线，严禁破坏宿舍楼内的供电线槽和供电电缆，严禁拆修宿舍楼内的配电设施等，不使用电热杯、电磁炉、电热锅、电饭锅等违反宿舍安全管理规定的大功率电器或劣质电器等。

- 不将电线缠绕在床铺上，不在灯具上拴蚊帐、晾晒衣物、悬挂装饰物，不用湿手触摸正在运行的电器，不用湿布擦拭正在运行的电器。

- 发现正在运行的电器有冒烟、冒火花、发出异味等情况时，应立即切断电源，通风透气。

- 进行生产实践劳动时，应落实用电安全管理制度，严格执行行业和企业的用电规定；具备必要的用电安全知识且考核合格后，再上岗作业；穿戴好劳动保护用品，熟悉触电急救的方法，结伴劳动，不单独作业。

- 爱护用电设施，发现电线有损坏、裸露、漏电等情况时，应及时报告管理人员，等待专业人员的维修。

- 养成良好的用电习惯，电器使用完毕后应拔掉电源插头。

---

**案例品读**

### 违反安全作业规定的惨痛教训

某彩印厂夜间进行混凝土施工，需用滚筒碾压抹平混凝土，但施工区域内有一活动操作台（用钢管扣件组装）影响碾压作业。于是，3名作业人员去推开操作台，但操作台因被电线挂住导致推不动，3人便使用钢管撬动操作台，以致电线绝缘层被损坏造成漏电，进而导致操作台带电，3人当场触电身亡。

**点评：** 这起安全事故发生的原因是多方面的。夜间施工，施工现场照明亮度要强，操作人员要及时发现各种触电隐患；用电设备一定要有漏电保护装置，当漏电保护装置跳闸时，不能强行合闸，应由电工查明原因、排除故障后继续使用；任何外露的通电线路上严禁乱搭乱挂任何物件。这起安全事故造成的惨痛损失已无法挽回，但人们要从这起安全事故中吸取教训。在存在安全隐患时，劳动者要先排除安全隐患再谨慎作业，同时劳动者要具备一定的安全防范技能，这样才能对安全隐患做出正确的判断，有效保障自己的人身安全。

---

## 三、防止机械伤害

机械伤害是劳动安全事故中常见的一类事故。大学生参加生产劳动时，需要做到以下几点，以防遭受机械伤害。

- 必须遵守有关安全生产、劳动保护的政策、法令，以及指示、命令和规章制度。
- 必须加强法治观念，做到"安全生产、人人有责，遵章守纪、确保安全"。
- 必须经过专门培训，了解机械设备的基本结构、性能和用途，熟悉机械设备的操作、驾驶方法和保养技术，做到会使用、会保养、会检查、会排除简单故障。
- 必须集中精力工作，严肃认真，不得擅自离开工作岗位。
- 在机械设备启动前、运行中和关闭时，都要随时检查操作环境。

## 四、火灾预防与扑救

火灾的发生往往猝不及防，它具有在转瞬之间吞噬一切的巨大威力。在劳动时发生火灾，不仅会影响劳动的正常进行，也会给劳动者的人身财产安全造成极大威胁。因此，为了自己和他人的人身和财产安全，大学生应学习并掌握一定的消防安全知识，能够预防并扑救火灾。

### 1. 预防火灾

预防火灾的第一层含义就是做好预防火灾的各项工作，防止火灾发生。因此，大学生在参与劳动时一定要做到以下几点。

- 严禁在劳动场所焚烧垃圾、吸烟。
- 使用电器设备，发现插座温度过高，插头与插座接触不良，插头插入过松或过紧时，应停止使用并维修或更换，以确保安全。
- 超负荷运行、短路、接触不良，以及雷击、静电火花等都能使电气设备出现爆炸，所以在使用电气设备时必须做好安全防护。
- 必须在受过防火教育后再进行专业劳动；进入易燃易爆场所时，必须穿戴好防静电服装鞋帽。
- 使用明火前要充分准备，且在使用时必须控制火源。

> **知识扩展**
>
> 在日常生活和工作中，烟花爆竹、火柴、打火机、煤气罐、汽油桶、油漆、油墨等都是易燃易爆物。花露水、香水、染发剂、指甲油、驱蚊水、杀虫剂、空气清新剂等物质也易引起火灾。使用和存放易燃易爆物时，应注意避开火源、热源，轻拿轻放。在酷热的夏季，禁止将易燃易爆物直接置于阳光直射处。

### 2. 火灾扑救的基本方法

预防火灾的第二层含义是，一旦发生火灾，就应当及时、有效地进行扑救，防止火势扩大。火势初起或火势很小时，大学生要想办法灭火，防止火势进一步扩大。任何物质发生燃烧都必须具备3个条件：可燃物（如木材、服装）、助燃物（如氧气）和火源（如明火、电热能、光能）。缺少任何一个条件，燃烧都不能发生。根据物质燃烧原理，灭火方法主要包括隔离灭火法、窒息灭火法和冷却灭火法。

（1）隔离灭火法

隔离灭火法的要点是"移去可燃物"，即将正在燃烧的物质和周围未燃烧的物质隔离开，中断可燃物的供给，使燃烧因缺少可燃物而停止。实施隔离灭火法的具体方法：把着火物质附近的可燃物、助燃物都搬走；把正在燃烧的物质移到安全的地方；关闭可燃气体、液体管道的阀门，以阻止可燃物进入燃烧区；设法阻拦流散的易燃、可燃液体。

（2）窒息灭火法

窒息灭火法的要点是"隔绝氧气"，即阻止氧气流入燃烧区，或者用不燃物质降低空气中的氧气含量，使燃烧因得不到足够的氧气而停止。实施窒息灭火法的具体方法：将沙土、水泥、湿麻袋、湿棉被、湿棉毯等不燃或难燃物覆盖在燃烧物上；在燃烧物上喷射雾状水、干粉、泡沫等灭火剂；用水蒸气或氮气、二氧化碳等灌注发生火灾的容器、设备；把不燃气体或不燃液体（如二氧化碳、氮气等）喷射到燃烧区内或燃烧物上。

（3）冷却灭火法

冷却灭火法的要点是"降低温度"，可将灭火剂直接喷射到燃烧物上，将燃烧物的温度降到燃点之下，使燃烧停止，也可将灭火剂喷射到火源附近的物质上，使其不因火焰的热辐射作用而变成新的火点。冷却灭火法是灭火的一种主要方法，常用水和二氧化碳作为灭火剂。

以上方法在实际应用中，往往根据燃烧物、燃烧特点、火场具体情况及消防设备性能等，单独使用或并用，以达到迅速灭火的目的。

### 3. 灭火器的使用

除了掌握扑灭火灾的基本方法外，大学生还要掌握灭火器的正确使用方法，确保发生火灾时，能够使用灭火器灭火。

灭火器是一种可由人力移动的轻便灭火器具，能在其内部压力的作用下将所充装的灭火剂喷出，以扑灭火灾。目前，日常生活中常见的灭火器主要是手提式干粉灭火器（充装的灭火剂是干粉）和手提式二氧化碳灭火器（充装的灭火剂是二氧化碳）。

使用手提式干粉灭火器灭火时，操作者可手提或肩扛灭火器快速奔赴

手提式干粉灭火器（左）　　手提式二氧化碳灭火器（右）

火场，在距燃烧物 3～5 米处放下灭火器，拔下保险销，一只手握住喷射软管前端的喷嘴部并对准燃烧物，另一只手用力压下压把。

操作者使用手提式干粉灭火器灭火时，应对准火焰扫射。对于呈流淌燃烧状态的火焰，操作者应对准火焰根部由近而远并左右扫射，直至把火焰全部扑灭。对于在容器内燃烧的可燃液体，应对准火焰根部左右晃动扫射，使喷射出的干粉气流覆盖整个容器开口，直至将火焰全部扑灭，其间不能将喷嘴直接对准液面喷射，以防干粉气流的冲击力使可燃液体溅出而扩大火势，增大灭火难度。

① 拔下保险销　② 握住喷嘴部并　③ 压下压把
　　　　　　　　对准燃烧物

手提式干粉灭火器操作示意图

手提式二氧化碳灭火器与手提式干粉灭火器的使用方法相似，但需要注意的是，操作者在使用没有喷射软管的手提式二氧化碳灭火器时，应把喷嘴向上调整 70°～90°。使用时，操作者不能直接用手抓住喷嘴外壁或金属连线管，以防止手被冻伤。当可燃液体呈流淌状燃烧时，操作者可使用手提式二氧化碳灭火器由近而远地向火焰喷射灭火剂。当可燃液体在容器内燃烧时，操作者应将喷嘴提起，从容器的一侧上部向容器中喷射灭火剂，但不能将喷嘴直接对准液面喷射，以防将可燃液体溅出容器而扩大火势，增大灭火难度。二氧化碳虽然无毒，但可令人窒息，使用手提式二氧化碳灭火器时应尽量避免吸入二氧化碳，特别是在室内或窄小空间使用后，操作者应迅速离开，以防窒息。

## 案例品读

### 灭火器使用不当，灭火小吴险遭窒息

星期六，小吴在宿舍看书，为考试做准备，突然听到旁边的宿舍有人大喊："着火了，快来帮忙灭火！"小吴所在宿舍的旁边就有灭火器，他便提着灭火器往着火宿舍赶去。快到着火宿舍时他将灭火器的保险销拔出，进入宿舍内，对着燃烧物压下灭火器压把灭火。匆忙中，他没有握稳喷嘴，由于压力的作用，喷嘴四处摇摆，大量干粉喷到小吴的嘴里、脸上，小吴一时喘不过气来，差点窒息。

**点评：**小吴着急灭火，操作灭火器失误，导致了此次事件的发生。为了避免这种情况的发生，大学生应积极参加消防安全培训讲座和实际演练，做到应对突发事件有条不紊，熟练使用消防器材。

## 知识扩展

在宾馆、饭店、影院、医院、学校等公众聚集场所使用的灭火器多数是磷酸铵盐干粉灭火器（俗称"ABC 干粉灭火器"，A 代表可燃固体、B 代表可燃液体及可熔化固体、C 代表可燃气体）和二氧化碳灭火器；在加油、加气站等场所使用的是碳酸氢钠干粉灭火器（俗称"BC 干粉灭火器"）和二氧化碳灭火器。另外，二氧化碳灭火器还常应用于实验室、计算机房、变配电所，以及对精密电子仪器、贵重设备或物品维护要求较高的场所。碳酸氢钠干粉灭火器适用于扑救易燃、可燃液体、气体及带电设备引发的初起火灾；磷酸铵盐干粉灭火器除可用于扑救上述火灾外，还可扑救固体类物质引发的初起火灾。但两者都不能扑救金属燃烧引起的火灾。二氧化碳灭火器适用于扑救易燃液体及气体引发的初起火灾，也可扑救带电设备引发的火灾。

#### 4. 室内消火栓的使用

室内消火栓是除灭火器外另一种常见的灭火器材。室内消火栓主要由消火栓箱、水枪、水带和消防管道等组成。操作者在使用室内消火栓时，首先打开或击碎箱门消火栓门取出水带；然后一人接好枪头和水带奔向起火点，另一人接好水带和阀门，按下箱内的启动按钮；最后逆时针打开阀门喷出水即可。需要注意的是，操作者在使用室内消火栓扑灭电器引发的火灾时要确定已切断电源。

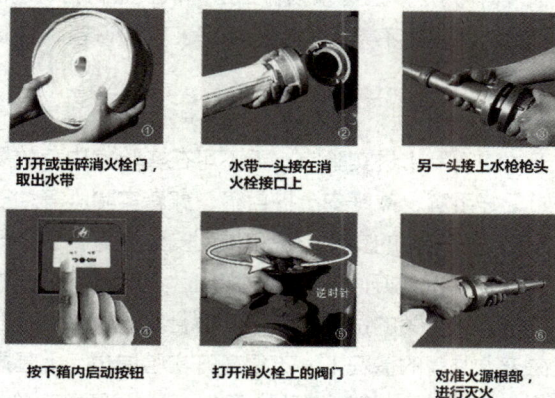

室内消火栓的操作示意图

#### 5. 消防破拆工具的使用

消防破拆工具用于快速破拆、清除防盗窗栏杆、窗户栏等障碍物，包括消防斧、切割工具等。日常生活中，消防斧比较常见，它的形状类似于普通斧头，二者的使用方法也差不多。消防斧可用来清理着火材料或易燃材料，以切断火势蔓延的途径；或用来劈开被烧变形的门窗等，以解救被困的人。

> **知识扩展**
>
> 管理消防器材有3点要求。一是定点摆放，不能随意挪动。二是定期检查消防器材，确保它们完好可用。三是定人管理，经常检查消防器材，发现丢失、损坏应立即上报领导，及时补充，做到消防器材管理责任到人。

## 五、预防实验室安全事故

实验室是进行教学、科研的重要场所。为了培养大学生的实验操作能力，很多学校每年都会安排大量的实验课。然而，实验室中存放的易燃易爆物和腐蚀性的、有毒的化学试剂等都具有一定的危险性。实验中，稍有不慎，危险就可能降临到实验人员身上，轻则影响教学、科研进度，重则毁坏实验设备、技术资料，使实验成果功亏一篑，甚至会危及师生的身体健康与生命安全。因此，大学生必须高度重视实验室安全问题，要将实验室安全牢记心中，严格遵守实验室的安全规则，避免发生实验室安全事故，确保自己和他人的安全。

**113**

### 1. 实验室安全规则

为保证教学、科研进度，保护实验设备、技术资料和实验成果，保护师生的身体健康与生命安全，大学生务必将科学实验、安全实验牢记于心，严格遵守实验室安全规则，熟记保障实验安全的总体纲领，做到防患于未然。

（1）实验开始前

一是了解并学会使用实验室配备的应急设施，熟悉消防通道的位置；二是详细了解实验内容，掌握实验细节、操作方法及注意事项；三是确认实验材料、设备等是否存在危险，排除安全威胁后再做实验；四是对不熟悉的实验任务、实验设备、实验材料、操作方法等多听、多看、多问。

（2）实验开始后

一是不将与实验无关的物品带进实验室，更不可在实验室内存放易燃易爆物；二是使用必要的防护用品，如戴好手套、戴好安全护目镜、穿着实验服等；三是远离实验室中已标识的潜在危险，除非已做好充分的安全防护和得到安全许可；四是严格执行接收到的实验室安全规定、指令，有任何状况或疑问时可随时提出，切勿私自变更实验程序或违规操作；五是不随意触摸或打开与实验无关的试剂，不任意混合实验试剂，及时清理打翻的药品、试剂及器皿等；六是在无人监管的情况下，不得离开实验岗位；七是虚心接受他人对自己不安全行为的提醒与纠正，且不得故意制造危险事件，不得蓄意伤害他人。

（3）实验结束后

一是全面清理实验室，包括关闭电源、水源、气源，处理残存的化学物质，清扫易燃的纸屑杂物等；二是对实验造成的危险因素或发现的实验室危险因素进行标识，并及时告知老师和实验室管理人员；三是与实验室其他成员共享自己的实验室安全知识与经验，帮助实验室其他成员提高安全风险防控能力。

**案例品读**

#### 实验过程中，实验人员离开实验场地引发的事故

某大学实验室曾发生甲醛泄漏事件，上百名师生紧急疏散。事故中，不少学生眼睛、喉咙难受。幸运的是，此次甲醛泄漏时，泄漏点所在的室内无人，而且甲醛飘散到大气中，得到了稀释，浓度大为降低，所以没有引发严重的后果。事故发生后，经消防人员与有关专家处理，现场也恢复了正常。事后调查得知，一名老师在做实验的过程中离开实验室，但未处理好实验物品，以致发生甲醛泄漏事故。

**点评：**实验过程中存在变数，所以实验人员在做实验时，不得中途离开，以免发生事故。此次事故虽然没有引发严重的后果，但是应引以为戒：实验人员务必遵守实验规范，不要以为事故没有发生，就想当然地认为自己的违规行为不会带来什么后果。应对安全事故的上策是预防，一旦真的发生意外，后果不堪设想。

### 2. 实验室火灾事故预防

由火灾引起的实验室事故具有普遍性，几乎所有的实验室都有可能发生此类事故。俗

话说"水火无情"，火灾事故的预防不容忽视。下面针对火灾事故，先分析事故发生的原因，然后从大学生力所能及的方面来介绍事故预防的具体措施。

实验室火灾事故发生的常见原因如下。

（1）实验环境引发火灾

实验室内供电线路老化或超负荷运作，导致线路发热，引起火灾。

（2）实验人员引发火灾

实验人员在实验过程中违规操作或操作不当，使火源接触实验室内的易燃物质，引起火灾。例如，实验人员在实验过程中忘记关闭电源或中途离开，使实验设备或其他用电设施通电时间过长，温度过高，引起火灾；实验人员对某些自燃物品缺乏认识或不重视该问题，未及时排除危险因素，物品自燃引发火灾。

预防实验室火灾事故的具体措施如下。

（1）正确使用、处理易燃易爆物品

严格按照操作规程使用易燃易爆物品；使用和处理易燃易爆物品时应远离火源；不随意丢弃易发生自燃的物品，以免产生新的火源，引起火灾。

（2）其他注意事项

实验室内严禁吸烟，不乱丢未熄灭的火柴梗；实验结束前，实验人员不得擅自离岗；使用完电器、燃气灯后，应立即将其关闭；离开实验室时，应检查电源、气源、门窗等是否关好。

**3. 实验室爆炸事故预防**

爆炸事故多发生在有大量易燃易爆物品和压力容器的实验室。爆炸是一瞬间的事，其危害极大，波及面广，因此爆炸事故的预防不容有失。下面针对爆炸事故，先分析事故发生的原因，然后从大学生力所能及的方面来介绍事故预防的具体措施。

实验室爆炸事故发生的常见原因如下。

（1）火灾事故引发爆炸

由火灾事故引起实验设备、物品等爆炸。

（2）实验设备或物品引发爆炸

实验设备存在故障或缺陷，造成易燃易爆物品泄漏，遇火花而引起爆炸；易燃气体泄漏，在空气中达到一定浓度时遇明火发生爆炸；压力容器（如高压气瓶）遇高温或强烈碰撞而引起爆炸等。

（3）实验人员引发爆炸

实验人员违规操作或操作不当，引燃易燃物品，进而导致爆炸。

预防实验室爆炸事故的具体措施如下。

（1）排除潜在危险

在接触易爆物品前，需先了解易爆物品的性能，如在什么条件下（如温度、压力）有发生爆炸的潜在危险；了解实验设备的安全性能，如在什么条件下（如温度、压力）有发生爆炸的潜在危险。

（2）维持良好的实验环境

防止易燃易爆气体、液体的泄漏；保持室内空气流通，防止可燃气体在空气中达到会发生爆炸的浓度；做好实验设备特别是压力容器的定期检查工作。

（3）遵守实验操作规则

严格按照学校制定的实验规则操作，特别是在分组实验时，要听从指挥、协调行动、恪尽职守。若在实验时发现问题，要及时报告。

**4. 实验室毒害事故预防**

毒害事故多发生在具有化学药品和有毒物品的化学实验室，以及有害气体排放的实验室等。毒害事故轻则损伤人的皮肤，重则损伤眼睛和呼吸道，甚至损伤人的内脏和神经等。因此，毒害事故的预防不容有失。下面针对毒害事故，先分析事故发生的原因，然后从大学生力所能及的方面来介绍毒害事故预防的具体措施。

实验室毒害事故发生的常见原因如下。

（1）实验设备引起毒害事故

实验设备存在故障或缺陷，造成有毒物质泄漏或有毒物质无法排放，引发毒害事故。

（2）实验人员引起毒害事故

实验人员将食物带进实验室，误食受污染的食物导致中毒；实验人员违规操作或操作不当，在化学药品配置、使用中引起爆炸或液体飞溅，进而引发毒害事故。

（3）实验室管理问题引起毒害事故

实验室管理不善，造成有毒物品散落或流失，导致环境污染，引发毒害事故；实验室排放管故障，造成有毒废水未经处理而流出，导致环境污染，引发毒害事故。

预防实验室毒害事故的具体措施如下。

（1）使用有毒物品前

使用有毒物品前要在器皿上贴标签注明装有有毒物质；使用有毒物品前要经实验室负责人批准，负责人批准使用后，适量发放给实验人员，待其使用完毕后及时回收剩余有毒物品。

（2）使用有毒物品时

进行危险的化学实验时，应穿戴防护用品，避免用手直接接触化学药品，尤其严禁用手直接接触剧毒物品；做会产生有害气体的实验时，必须在通风橱内进行；严格遵照实验步骤使用有毒物品；按实验规定及时除去溅落在桌面或地面的有毒物质，并做好室内通风工作；在使用有毒物品的实验中，实验人员若感觉身体不适，如出现恶心、呕吐、心悸、头晕等症状，应立即到医院接受诊断和治疗，不能延误；在进行会产生有害气体的实验时，实验人员若感觉身体不适，应引起警觉，并立即开窗通风，必要时中断实验，撤离实验室。

（3）使用有毒物品后

用后及时清洗器皿。实验后，须按照实验规定处理有毒残渣，不得随意丢弃。如发现危险物品被盗，要及时报告。

其他常见的实验室毒害事故还有机电伤人事故、灼伤事故等。造成机电伤人事故、灼伤事故的主要原因是操作不当或缺少防护。预防机电伤人事故，一是要在实验前检查用电设备是否漏电，凡是漏电设备一律不使用；二是要严格遵守实验操作规范和程序。预防灼伤事故需要在进行相关实验时穿戴防护用品，并严格遵守实验操作规范和程序。

### 5．实验室物品和仪器的安全管理

实验室物品、仪器是进行实验教学、提高教学质量不可缺少的工具，是学校的固定资产，实验室管理人员要对其加强管理，小心使用。特别是对易燃、易爆、剧毒化学试剂和高压气瓶等，要严格按有关规定领用、存放和保管。如果管理不当，则会存在中毒、泄漏、爆炸等安全事故隐患。所以，大学生要注意实验室物品和仪器的安全管理规定和常识，避免安全事故的发生。

（1）实验室物品和仪器的日常保管

教师演示与学生实验所用物品和仪器等由任课教师提前提出使用计划，填写实验申请单，列出所需物品、仪器，由实验室管理人员提前准备；对于实验室内的各种仪器、标本、模型、药品、试剂等，应根据它们的性质和性能分类存放，做到存放整洁、取用方便、用后复原，同时要做好防尘、防潮、防压、防磁、防腐、避光等工作；对于贵重器材，以及易燃、易爆、剧毒物品，要设置专室、专橱，由专人管理，并采取防护措施，防止发生意外；加强仪器保养及维修工作，做到保管与保养相结合，使仪器保持良好的状态，以延长仪器的使用寿命。

（2）实验室物品和仪器的清点回收

实验结束后，实验室管理人员按任课教师所列物品、仪器进行清点回收，并记录实验中的物品、仪器损耗情况，回收的物品、仪器和填写的实验记录由实验室管理人员留存，以备检查。

（3）实验室物品和仪器的防失防盗工作

实验室内物品和仪器等未经上级批准，一律不得外借；若借用则需办理手续、定期归还，并检查是否完好。学期结束后，实验室管理人员要全面清查实验室物品和仪器等，及时补充和修复，以保证满足教学要求。

## 案例品读

### 增强实验安全意识是预防事故发生的根本措施

某校的化学实验室通风条件不好，也没有安装必要的通风设施。一天，某班级的学生在实验室做化学实验。实验过程中，小李感觉自己头晕、恶心，良好的安全意识让他马上意识到实验中可能产生了有害气体，随即他便打开门窗通风。不久后，小李身边的同学也出现头晕、恶心等症状。小李意识到事态的严重性，立即让所有同学终止实验，撤离实验室。后经学校医务室结合实验情况诊断，学生们身体不适的原因是甲烷中毒，所幸小李打开了门窗并让大家及时终止实验和撤离实验室，大家最终并无大碍。

**点评：**实验室应保持良好的通风条件，相关人员应经常检查其通风管道。会产生较大气味或有害气体的实验室应设有规范的通风橱。在进行可能产生有害气体的实验时，应尽可能密闭化，不要使有害气体散发出来。实验人员在操作时要穿戴防护用品。归根结底，保障实验室安全要具备安全意识，发现问题要及时采取措施，特别是进行有一定危险的实验时更要提高警惕，中途若遇突发情况要及时反映，采取正确的措施。

## 六、警惕职业病

职业病是指企业、事业单位和个体经济组织等用人单位的劳动者在职业活动中，因接触粉尘、放射性物质和其他有毒、有害物质等而引起的疾病。我国的职业危害以粉尘为主，职业病以尘肺病为主，其次是中毒类职业病，如一氧化碳中毒、铅及其化合物中毒、汞及其化合物中毒等。

### 1. 职业病的危害

职业病的危害较大，大学生在可能存在有毒、有害物质的工作场所劳动时，一定要做好个人防护，如果出现职业病，应及时到医院就诊，以免延误病情。职业病的危害包括影响劳动者的器官功能、增加劳动者的心理负担、影响劳动者的正常工作与生活以及造成恶劣的社会影响等。

（1）影响劳动者的器官功能

职业病可能会对劳动者的器官功能造成一定的影响，如果劳动者的病情比较严重，可能会导致器官衰竭。并且职业病可能会导致劳动者免疫力下降，容易受到细菌、病毒等病原体的感染，从而引起感染性疾病。

（2）增加劳动者的心理负担

职业病可能会导致劳动者出现焦虑、紧张、抑郁等不良情绪，加重劳动者的心理负担。

（3）影响劳动者的正常工作与生活

劳动者患上职业病，可能会出现头晕、头痛、记忆力减退、失眠、关节疼痛等症状，这会对劳动者的工作和生活造成一定的影响。

（4）造成恶劣的社会影响

职业病是影响劳动者健康、造成劳动者过早失去劳动能力的主要因素，往往会产生恶劣的社会影响，如增加医疗负担、降低生产力、影响经济发展，并对患者的家庭造成心理和经济负担等。

### 2. 个人防护

在充满粉尘、放射性物质或其他有毒、有害物质的环境中劳动时，大学生应采取以下个人防护措施，以预防尘肺病、过敏性肺炎、一氧化碳中毒、放射性肿瘤等职业病。

- 确保劳动场所通风良好。
- 严格进行就业前的体检，检查是否存在职业禁忌证，并定期体检，监测身体变化。
- 劳动时规范穿戴防护用品，如防护服、防护手套、防护眼镜、防护口罩等。
- 加强个人卫生管理，如不在车间饮水、进食等，劳动结束后要及时沐浴更衣。

此外，大学生还可能会因不良劳动习惯而导致身体出现各种疾病。这种情况主要是劳动者长期保持一种姿势进行劳动所致，如司机、办公室人员等往往会因为长期以坐姿工作，导致颈椎、腰椎、视力等出现问题。预防这类职业病，最重要的就是加强身体活动、增强体质，在工作中劳逸结合。

## 七、配备必要的个人防护用品

大学生在参加劳动时，为了得到足够的保护，应当根据不同的工种和场所，配备不同的个人防护用品。

### 1. 安全帽

安全帽是一种很重要的个人防护用品，具有一定的抗冲击性、耐穿透性、耐低温性、耐燃烧性、电绝缘性、侧向钢性等，在一定程度上可以防止冲击物伤害头部以及防止从高处坠落时头部受伤，是建筑工人、电工、水泥工人、矿工和地下工程人员等用来保护头部而戴的钢制或用类似原料制成的浅圆顶帽子，广泛应用于冶金、建筑、林业、矿山、交通运输等作业中，以保证劳动者的生命安全。劳动者需要根据工作环境和岗位，选购符合需求的安全帽。

### 2. 防护服

防护服是防御物理、化学和生物等外界因素伤害人体的工作服，使劳动者能够安全有效地开展劳动任务。防护服具有抗渗透、透气性好、强力高、高耐静水压的特点，主要应用于工业、电子、医疗等行业，能够在防化、防细菌感染等环境下使用，种类包括消防防护服、工业防护服、医疗防护服、军用防护服和特殊人群使用防护服等。

### 3. 劳保鞋

劳保鞋是一种对足部有安全防护作用的鞋，可以有效保护劳动者的双脚不受钉子等锋利物体、危险化学药剂、高温等的伤害，对于劳动者的安全、工作效率以及身体健康都有巨大的保护作用。根据防护性能的不同，劳保鞋有防静电鞋和导电鞋、绝缘鞋、防砸鞋、防酸碱鞋、防油鞋、防滑鞋、防刺穿鞋、防寒鞋、防水鞋等类型，劳动者应根据具体的劳动环境选择。

### 4. 安全带

安全带是一种用来固定和保护人体的装置，通常用于高空作业、登高爬架、工地施工等场合。它可以通过绑扎在身体上，将劳动者与工作场所连接起来，以防止意外坠落和保护劳动者的安全。正确佩戴安全带可以大大降低高处作业等危险工作中的意外风险，提供额外的保护措施。劳动者在使用安全带时，应确保其材料结实耐用，锁扣可靠，并按照正确的方式进行佩戴和调整，以确保安全带发挥效用。

### 5. 劳保手套

劳保手套是在工作中对手部进行保护的手套，具备安全防护功效。劳保手套材质多样，有以绒布、帆布、针织面料等材料制成的，也有以皮或皮布结合材料缝制而成的。根据功能的不同，劳保手套可以分为通用型劳保手套、防割手套、防震手套、防滑手套、耐低温手套、耐酸碱手套、防静电手套、绝缘手套等种类，劳动者应根据所处的劳动环境选择。

### 6. 护目镜

护目镜可以起到保护眼睛免受机械性伤害、化学灼伤、辐射伤害、飞溅物伤害的作用。

护目镜有很多种类型，如防尘护目镜、防冲击护目镜、防化学护目镜、防光辐射护目镜、运动护目镜等，不同类型的护目镜适用于不同的劳动环境。

### 7. 防护面罩

防护面罩可以保护眼睛和面部免受粉尘、化学物质、热气、飞溅物等的伤害。防护面罩分为焊接面罩、防冲击面罩、防辐射面罩和隔热面罩等种类，其功能有所不同，劳动者应根据所处的劳动环境选择。

### 8. 呼吸器

呼吸器是一种隔绝式呼吸保护装备，主要应用在消防、化工、石油以及矿山等领域的应急救援中，用来保护使用者的呼吸系统不受损害，供消防救援人员在充满烟雾、粉尘或缺氧等环境中安全有效地进行灭火、抢险和救援工作。呼吸器可以过滤空气中的有害物质，保护人体的呼吸道。

---

**案例品读**

#### 掌握安全防范技能救人护己

某货轮靠港准备卸货，一名码头装卸工人未经船舶值班人员同意，擅自打开第4货舱左侧倒门盖，以致下舱作业时在货舱梯道因缺氧晕倒。大副接报后立即带领一名实习生穿戴空气呼吸器前去施救。大副到达现场后将自用的空气呼吸器提供给遇险人员，自己却因缺氧从梯子上跌落造成头部受伤，实习生也因空气呼吸器中的氧气不足出现缺氧症状。相关人员赶紧采取现场通风等应急措施，轮机长和政委先后穿戴空气呼吸器下去采取供氧措施供氧，并将遇险人员救上甲板。装卸工人和实习生轻度缺氧，经施救脱险，大副因缺氧窒息及头部受伤留院治疗。

**点评**：违章操作及设备缺陷是事故发生的主要原因。因货舱梯道在槽型舱壁内，封住下端出口后会形成相对密闭的舱室。外来作业人员进入密闭舱室作业时，违反船舶安全操作规则造成险情。大副前往紧急救人时未携带供遇险人员使用的空气呼吸器，不仅没有采取有效的施救措施，还冒险脱下自戴空气呼吸器给遇险人员，以致自身缺氧并跌落受伤。实习生所使用的空气呼吸器也存在氧气不足的问题，从而导致事态扩大，险些酿成多人严重伤亡事故。而轮机长和政委的急救措施安全有效。由此可见，劳动者具备基本的安全防范技能，不仅能够保障自己的人身安全，还能够有效保护他人的生命安全。

---

## 第三节　掌握救护常识

大学生若能掌握一些救护常识，在危急关头做到沉着冷静、临危不乱，就地取材，采取有效的救护措施，既能保障自身安全，又能救护他人。急救的首要任务是抢救生命、减少患者痛苦、避免伤情加重及发生并发症，正确而迅速地把患者送到医院。

## 一、中暑的急救处理

中暑是身体长时间处于高温环境下，无法有效散热而引起的一种疾病，中暑后，患者可能出现大量出汗、头痛、头晕、意识丧失等症状。处理严重中暑的一般急救措施如下。

- 将患者转移到阴凉通风的地方，如走廊、树荫下，避免其继续暴露在高温环境中。
- 迅速脱去或解开患者身上的外套，如果衣服已经完全湿透应更换干衣服，并使患者平卧休息。
- 让患者迅速降低体温，对于意识清楚的患者，可以用凉的湿毛巾湿敷其前额和躯干，也可以让患者饮用葡萄糖水、凉开水或糖盐水，且喝水要少量多次。如果患者病情无好转，施救者应将其送医院急救。对于意识不清的患者，应立即送医院急救。

## 二、触电的急救处理

发生触电时，施救者要在确保自身安全的情况下，立即切断电源，然后施救。无法切断电源时，可以用木棒、竹竿、扁担、塑料制品等不导电物体使触电者尽快脱离电源。切断电源之前，施救者一定不能用手直接去拉触电者，不能因救人心切而忘了自身安全。若触电者神志清醒，呼吸心跳均自主，应让触电者就地平卧，暂时不要站立或走动，防止继发休克或心衰。

触电事故发生后，现场的急救是救治触电者的关键，对于触电者的急救应分秒必争。当触电者丧失意识时，要立即呼叫救护车，并尝试唤醒触电者。针对呼吸停止、心搏存在者，施救者应使其就地平卧，松解衣扣，通畅气道，立即对其实施口对口人工呼吸。针对心搏停止、呼吸存在的触电者，施救者应立即做胸外心脏按压。针对呼吸、心搏均停止的触电者，施救者一方面应通过心肺复苏进行抢救，另一方面应紧急联系医院，就近送触电者去医院做进一步治疗。在送触电者去医院的途中，抢救工作不能中断。

### 知识扩展

心肺复苏（Cardiopulmonary Resuscitation，CPR）是针对呼吸停止、心搏骤停的患者的一种急救措施，以试图使患者恢复自主的呼吸和心搏。及时进行心肺复苏可以提高心搏骤停患者的生存率，并为其获得进一步的医疗救治争取宝贵的时间。心肺复苏的3项基本措施是通畅气道、人工呼吸和胸外心脏按压。通常只有接受过此方面训练的人员才可以为他人实施心肺复苏，建议在实际操作前接受相关的急救培训，以获得更准确、专业的指导。

## 三、烧烫伤的应急处理

烧伤的应急处理，关键在于使患者迅速脱离现场，转移到安全的地方；施救者在将患者送往医院之前，应迅速为患者进行必要的急救处理。对于热力烧伤，包括火焰、蒸气、高温液体、金属等造成的烧伤，一般处理措施如下。

- 首先脱去着火或被沸液浸湿的衣物，特别是化纤衣物，以免火势加大或衣服上的热液继续起作用，使创面加大；或用水将火浇灭、就地打滚压灭火焰。

- 然后立即离开密闭和通风不良的现场，以免发生吸入性损伤和窒息。
- 最后可进行冷疗，如用大量清洁水清洗，并及时送往医院救治。

化学物品造成的酸碱烧伤的严重程度除与酸碱的性质和浓度有关外，还与接触时间有关。对于任何酸碱烧伤，均应立即用大量清水冲洗，冲洗时间一般在 30 分钟以上，目的是冲淡和清除残留的酸碱，用水做冷疗，以减轻患者的疼痛。需要注意的是，开始时用水量应足够大，以保证能迅速将残余酸碱从创面冲尽。

烫伤的应急处理，关键在于使患者迅速脱离现场，转移到安全的地方；施救者在将患者送往医院之前，应迅速为患者进行必要的急救处理。一般处理措施如下。

- 立即除去衣物、使患者脱离热源，注意动作要轻，千万不要将皮肤搓破。
- 尽快用清水冲洗患处 15 ~ 20 分钟。
- 用干净毛巾包好患处，送患者到医院治疗。

在清洗患处后，如果水疱没破，千万不要挑破，因为破损的皮肤可能会引起感染。如果是手、脚烫伤，可将患肢抬至高于心脏的位置。如果是眼睛受伤，应先用水清洗 5 分钟，然后立即送去医院，千万不要随便涂抹其他药品，以免使患处的伤情更严重。

## 四、火灾逃生自救

当火灾发生、火势凶猛时，如果在当前条件下已无法对火灾进行扑救，就要迅速撤离。由于火场中的人可能受到烧伤、窒息、中毒、炸伤、倒塌物砸埋等意外伤害，所以应掌握火场避险知识。大学生掌握在火灾中逃生自救的知识非常有必要，一旦火灾发生，合理运用这些知识可以大大提升生还概率。

### 1. 在火灾中逃生自救的常识

当火灾发生时，在浓烟、毒气和烈焰的包围下，不少人葬身火海，也有人幸免于难。面对滚滚浓烟和熊熊烈焰，大学生只要保持冷静，机智地运用逃生与自救知识，就很有可能拯救自己。

（1）保持镇静，明辨方向，迅速撤离

突遇火灾时，首先要保持镇静，迅速判断危险地点和安全地点，决定采用哪种逃生办法，尽快撤离险地。一般来说，在火势蔓延之前，被烟火围困人员应朝逆风方向快速离开火灾区域。当发生火灾的楼层在自己所处楼层之上时，被烟火围困人员应迅速向楼下逃生。逃生时要注意随手关闭通道上的门窗，以阻止火势和延缓烟雾向逃生通道蔓延。

（2）不贪财物，不入险地

在火场中，人的生命最重要，被烟火围困人员不要因害羞或顾及贵重物品，把宝贵的逃生时间浪费在穿衣服或寻找、搬运贵重物品上。已逃离火场的人千万不要重返险地。

（3）简易防护，掩鼻匍匐前进

火灾造成人员伤亡的主要原因是烟雾中毒、窒息。因此，被烟火围困人员从火场逃生时，若通过浓烟区，可用毛巾、口罩蒙住口鼻，匍匐撤离，以防烟雾中毒、呛入浓烟窒息。另外，被烟火围困人员也可以向头部、身上浇冷水，或用湿毛巾、湿棉被、湿毯子等将头、身裹好后再冲出去。

（4）善用通道，莫入电梯

规范、标准的建筑物都会有两个以上的逃生通道。发生火灾时，被烟火围困人员要根据情况选择进入相对安全的逃生通道。千万要记住，高层建筑着火时，被烟火围困人员不可乘坐电梯。因为普通电梯的供电系统在遇火灾时随时会断电，且电梯受热力影响会发生变形，使人被困在电梯内。

（5）暂时避难，固守待援

假如用手触摸房门已感到烫手，此时一旦开门，火焰与浓烟势必迎面扑来。这时，首先被烟火围困人员应关紧迎火的门窗，打开背火的门窗，用湿毛巾、湿布等塞住迎火门窗的缝隙，或用水浸湿棉被蒙上门窗，并不停地用水淋透房间，防止烟火渗入，然后固守房间，等待消防人员到达。在窒息失去自救能力前，被烟火围困人员应努力滚到墙边，便于消防人员寻找、营救，因为消防人员进入室内大都沿墙壁摸索着行进。

（6）传送信号，寻求援助

被烟火围困人员暂时无法逃离时，尽量待在阳台、窗口等容易被人发现的地方，并可通过打手电筒、挥舞衣物、呼叫等方式向外发送求救信号，便于消防人员寻找、营救。

（7）火已及身，切勿惊跑

在火场上如果发现身上着火，若惊跑和用手拍打，只会形成风势，加速氧气补充，促旺火势。正确的做法是赶紧设法脱掉衣服或就地打滚，压灭火苗。若能及时跳进水中或让人向身上浇水，则更加有效。

（8）缓降逃生，滑绳自救

高层建筑发生火灾后，被烟火围困人员无法通过逃生通道逃生时，3楼以下可迅速利用身边的绳索、床单、窗帘、衣服等自制简易救生绳，将其用水打湿后，紧拴在窗框、暖气管等固定物上，从窗口逃生。若住在更高的楼层，被烟火围困人员可利用救生绳从窗台沿绳滑到下面的安全楼层逃生，不要贸然跳楼。被烟火围困人员如果要跳楼，则要跳在消防人员准备好的救生气垫上，还要注意选择向水池、软雨篷、草地等方向跳。如有可能，被烟火围困人员尽量抱些棉被、沙发垫等松软物品或打开大雨伞跳下。跳楼是求生的无奈之举，会对身体造成一定的伤害，所以要慎之又慎。

综上所述，在火灾中自救要记住4个要点：果断迅速逃离火场，寻找逃生之路，防烟熏毒气，等待救援。另外，身处险境自救时，莫忘救他人。火场中的老弱病残者不具备或者丧失了自救能力，在场其他人除自救外，还应当积极帮助他们尽快逃离险境。

来不及逃离火灾现场，固守待援时，用湿毛巾、
湿布等塞住门缝，防止烟火渗入

### 2. 在火灾中逃生应克服的不良心理

发生火灾时，人们普遍会产生惊慌心理和盲从心理，有的人也会产生冲动心理。为在火灾中顺利逃生，人们应克服这几种心理。

（1）惊慌心理

在逃生时，惊慌心理会使人迷茫或恐慌。迷茫时，头脑一片空白，只能任凭火势发展，白白错过自救或被救的机会。恐慌时，人们往往思维混乱，无法判定火灾情势，对逃生线路、自救方式的选择举棋不定，容易错过安全疏散的大好时机；或者出于逃生本能做出一些非理性行为，如胡乱奔跑而使自己离火势猛烈的区域更近；或者发生迷路现象，找不到安全出口等。

（2）盲从心理

盲从心理是惊慌心理的延续。产生盲从心理的人在逃生时已失去正常的判断能力，没有了主见，往往只能通过盲目从众的方式逃生自救，不做其他思考、不计后果。例如，跟着人数最多的人群盲目奔跑，根本不知道要跑向何处、能否跑出去。对环境不熟悉的人或逻辑思维能力弱的人在逃生自救时容易做出盲目从众的行为。

（3）冲动心理

在逃生自救时，产生冲动心理的人或横冲直撞或情绪激动，头脑中只有逃生的念头，不对逃生的路线、方法等加以判断，容易做出冲动行为。如明知危险，仍然不顾危险一股脑儿地往室外跑，不顾一切地在火场中猛冲，这样易造成伤亡；又如，奔至阳台或楼顶等暂时性避难地带后，情绪激动之下不视具体情况，贸然从阳台或楼顶跳下。

有的人在火灾逃生自救过程中，会同时出现惊慌心理、盲从心理和冲动心理。火场本就危险，在逃生过程中，人们一旦产生这些心理，就可能使自己的处境更加危险。常见的危险行为有盲目跳窗、跳楼，以及逃（躲）进厕所、浴室、门角等。

大学生在遭遇火灾、逃生自救时要最大限度地避免陷入这些心理误区，要临危不乱，这需要大学生平时多了解、学习消防安全知识，积极参加消防演习，掌握更多的逃生自救诀窍，并通过应急训练提高心理素质。同时，大学生平时就要对自己学习、居住或工作所在地的建筑物的结构及逃生路径了然于胸。如果心里有底，那么遭遇火灾等突发危机时就不容易产生惊慌、盲从和冲动等心理。

## 五、止血与包扎方法

劳动中受伤是很常见的，如被劳动工具划伤、搬东西时跌倒摔伤等。面对不同的伤情，大学生要知道如何紧急处理。下面介绍止血和包扎这两种受伤时的简易处理方法。

### 1. 止血

当伤口流血时，最常见的急救方法就是用手按住出血区，这就是压迫止血法。压迫止血法分两种：直接压迫伤口止血法和指压止血法。

（1）直接压迫伤口止血法

直接压迫伤口止血法适用于较小伤口的出血，可以用干净纱布、无菌纱布，以及清洁的毛巾、衣物、围巾等直接按在受伤出血的部位以达到止血目的，一般压迫约 10 分钟即可止住血流。

（2）指压止血法

指压止血法适用于头部和四肢某些部位的大出血，方法是用手指按压出血动脉的近心端，将动脉压向深部的骨头，从而阻断血液流通，以达到止血目的。需要注意的是，我们在找压迫点时要用食指或无名指，不要用拇指，因为拇指中央有粗大的动脉，容易造成误判。找到动脉压迫点后，再换拇指按压或用几个指头同时按压。

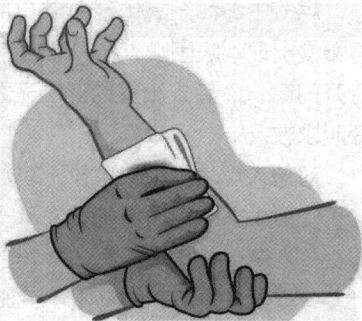

指压止血法

**2. 包扎**

包扎是最基本的急救处理方法之一，常用于一般烧烫伤、普通外伤、动物抓咬伤及骨折等情况。及时正确的包扎可以起到压迫止血、减少感染、保护伤口、减少疼痛，以及固定敷料和夹板等作用。包扎材料以绷带和三角巾较为常见，现场急救时，如没有专用的绷带和三角巾，则可撕剪衣物、床单等。

常用的应急包扎方法主要是绷带包扎法和三角巾包扎法。

（1）绷带包扎法

常用的绷带包扎法是绷带环形法，一般适用于包扎清洁后的小创口，还适用于包扎颈部、头部、腿部及胸腹等处的伤口。其具体方法为：绷带的第一圈环绕呈斜状，第二圈、第三圈呈环形，并将第一圈斜出的一角压于环形圈内，这样固定更牢靠；最后用粘膏将绷带尾部固定，或将绷带尾部剪成两股并打结。

（2）三角巾包扎法

三角巾包扎法适用于创面较大、夹板固定、手臂悬吊等情况。如包扎头部创面时，要先将三角巾底边折叠，把三角巾底边放于前额，再拉到脑后，相交后先打一半结，再绕至前额打结；用于手臂悬吊时，要使患肢呈屈肘状放在三角巾上，然后将三角巾底边一角绕过肩部，在背后打结，即呈悬臂状。三角巾包扎法的要点是边要固定、角要拉紧、中心伸展、敷料贴紧、打结要牢。

需要注意的是，包扎前清洁、消毒伤口时，如有大而易取出的异物，可酌情取出；切勿勉强取出深且小又不易取出的异物，以免把细菌带入伤口或增加出血量。如有刺入体腔或血管附近的异物，切不可轻率地拔出，以免损伤血管或内脏，在现场可不必处理。另外，施救者应使用干净无污染的材料包扎，包扎动作要迅速准确，不能造成伤口污染、加重伤员的疼痛或加重出血。如内脏脱出，不应送回，以免引起严重的感染或发生其他意外。对于烧烫伤，如有大面积的深度烧伤创面，或包扎后对防治感染不利的情况，特别是在炎热季节，则不宜进行包扎处理。

## 六、其他常见急救知识

大学生可以多储备一些急救知识，这样在劳动过程中遭遇危险或紧急情况时，可以进行自救或及时救助他人。下面分别介绍煤气中毒、蜇伤、咬伤等事件的应急处理办法。

### 1. 煤气中毒的急救处理

煤气中毒即一氧化碳中毒，中毒者先出现头痛、头晕、心慌、耳鸣、恶心、呕吐等症状，再慢慢出现呼吸困难、意识障碍等症状。当发现自己有中毒迹象时，要迅速关闭煤气开关，打开门窗，然后走出室内。若无力打开门窗，可通过砸破门窗玻璃等方式使室内通风，并呼叫求救。

对他人煤气中毒的急救处理办法如下。

- 如发现煤气中毒者，施救者不要直接冲进煤气浓度高的室内，以防止自己中毒。应先深吸一口气，用湿毛巾等捂住鼻子进入室内，然后迅速打开窗户，关掉煤气开关。进入室内后，切记千万不能开灯、点火、打开手机等，谨防爆炸。
- 将中毒者抬离现场后，应松解中毒者的衣扣，使其呼吸通畅，同时要注意为中毒者保暖，防止其着凉。轻度煤气中毒者到室外呼吸新鲜空气后就能缓解；对于重度煤气中毒者，施救者应立即将其送医治疗。
- 将中毒者抬离现场后，如中毒者呕吐，应使其头偏向一侧，并及时清理其口鼻内的分泌物。
- 对于失去意识者，施救者应让其保持仰卧体位，以保持其气道通畅。若其呼吸停止，应对其实施人工呼吸；若其心跳停止，施救者应立即对其交替实施胸外心脏按压与人工呼吸。

### 2. 毒蜂蜇伤的应急处理

被毒蜂蜇伤后，被蜇伤处将疼痛、红肿，伤者可能出现恶心、呕吐、发热、胸疼等症状，较重者伴有呼吸困难、肌肉抽疼，严重者可能出现过敏性休克等，甚至死亡。被毒蜂蜇伤后，先找到被蜇部位，如果发现皮肤里有毒刺，一定要先将其挑出。如果20分钟内被蜇部位没有太大反应，一般就没事了。伤口处如果红肿、疼痛，可以用醋或肥皂水冲洗伤口。

伤者如果出现头痛、头昏、恶心、呕吐、烦躁、发烧等症状，应立即到医院治疗。万一伤者发生休克，在就医途中要注意保持其呼吸畅通，并对其实施人工呼吸、胸外心脏按压等急救处理。

### 3. 蛇咬伤的急救处理

被蛇咬伤后，首先要判断蛇是否有毒。简单的判断方法为：毒蛇的牙痕为单排，无毒蛇的牙痕为双排；从伤口看，由于毒蛇有毒牙，其留下的伤口上会有两颗毒牙的印迹，而无毒蛇留下的伤口是一排整齐的牙印。在无法判断是否为毒蛇咬伤时，应先按被毒蛇咬伤进行治疗。被蛇咬伤后，应保持镇静，尽量减少运动，避免血液循环加速使毒液扩散。在安静的状态下，施救者应将伤者迅速送到医院。如在野外，自救或互救时，首先用生理盐水冲洗伤口，无条件时用肥皂水或清水冲洗。此时，如果发现有毒牙残留，则必须将其拔出。然后用止血带、橡胶带、布条或毛巾等在咬伤处的上方扎紧，以阻断淋巴和静脉回流。扎紧后应留一较长的活结头，便于解开，每20分钟左右松开2~3分钟，避免肢体缺血坏死。缠扎止血带后，可用手指直接在咬伤处挤出毒液，在紧急情况下可用口吸吮，吸吮者口腔应无破损，以免中毒。吸吮时，应边吸边吐，再以清水、盐水或酒漱口。

#### 4. 狗咬伤的急救处理

被狗咬伤后，一般情况下很难区分是被疯狗还是被正常狗咬伤，所以一旦被狗咬伤，都应按被疯狗咬伤处理。被狗咬伤后千万不要包扎伤口，应就地、立即、彻底冲洗伤口，这是急救成功的关键。冲洗伤口要彻底，可用肥皂水或清水，若一时无法找到水源，可先用人尿代替，再设法找到水源，切不可忘记冲洗或者马马虎虎冲洗伤口。若伤口出血过多，应设法立即用止血带止血，但千万不要包扎伤口。经急救处理后，施救者应立即将伤者送医接种狂犬病疫苗。如果伤势比较严重，还要让伤者注射狂犬病免疫球蛋白，以中和伤口里的病毒。

---

### 知识扩展

当遇到危险时，遇险人员可以根据自身的情况和周围的环境条件，发出求救信号。发出求救信号的具体方法如下。

- **声音信号**。当遇到危险时，除喊叫求救外，还可以吹哨子、用木棍敲打物品、用斧头击打门窗或敲打其他能发出声音的金属器皿，以发出求救信号。发声规律可为先三声短，而后三声长，再三声短，间隔一分钟后重复。
- **火光信号**。国际通用的火光信号是燃放三堆火焰。将火堆摆成三角形，每堆之间的距离相等最为理想。保持燃料干燥，一旦有飞机路过，应尽快点燃燃料求助。尽量选择在开阔地带点火。
- **浓烟信号**。白天，浓烟升空后与周围环境形成强烈对比，易被发现。在火堆中添加绿草、树叶、苔藓或蕨类植物都能产生浓烟，潮湿的树枝、草席、坐垫可熏烧更长时间。
- **反光信号**。利用阳光/手电筒及镜子即可发出信号光求救。如果没有镜子，可利用罐头盖、玻璃、金属片等来反射光线。持续的反射将产生一条长线或一个圆点，引人注目。
- **信息信号**。遇险人员转移时，应留下一些信号物，以便救援人员发现。如将岩石或碎石摆成箭头形，指示方向；将棍棒支撑在树杈间，顶部指着行动方向；在一卷草束的中上部系结，使其顶端弯曲指示行动方向；等等。

---

### 课后思考与练习

1. 劳动安全的重要性体现在哪些方面？
2. 如何增强安全意识？
3. 如何防止触电、机械伤害？
4. 扑灭火灾的基本方法有哪些？如何正确使用手提式干粉灭火器？
5. 如何预防实验室安全事故？

6. 常见的个人防护用品有哪些？各有什么作用？

7. 进入室内救助煤气中毒者时，应当怎么做？

8. 夜间睡觉时听到火灾警报要立即打开房门冲出去吗？为什么？

9. 在火灾中逃生时应该盲目跟着人群走吗？为什么？

10. 阅读下面的材料，分析造成安全事故的原因，你认为应如何避免这类事故？

某广告公司为某环保科技有限公司安装门头字，双方签订了"安装门头字确认单"，广告公司安装人员张某（未取得电工特种作业资格证）和周某按约定时间到达环保科技有限公司开始安装门头字 LED 灯变压器。安装过程中，张某爬上南面窗户，站在窗台上接过周某递给他的电钻，此时电钻已经接通电源。在攀爬过程中，张某右手不慎接触到电钻上红色带电电线的裸露部分，同时左手放在门头铁架子上形成了回路，造成触电。事故导致张某死亡，环保科技有限公司直接经济损失约 50 万元。

11. 阅读下面的材料，分析造成安全事故的原因，你认为应如何避免这类事故？

2023 年 1 月 11 日，某化工有限公司发现工厂某管道弯头夹具边缘处泄漏，该位置实际上在 2022 年 4 月 19 日已经发生过泄漏。公司于 1 月 11 日、12 日、14 日 3 次组织堵漏，均未成功。1 月 15 日 13 点左右，公司再次安排相关人员进行堵漏工作，工作人员在开展堵漏作业时，原夹具水平端的管道焊缝处突然断裂，导致介质从断口喷出。13 点 25 分 53 秒，水洗罐内反应流出物大量喷出，与空气混合形成爆炸性蒸气云团，遇点火源（一是对讲机通话时的接通能量，二是作业现场吊车的排气管高温热表面）爆炸并着火，造成 13 人死亡、35 人受伤，直接经济损失约 8799 万元，此次事故属于重大安全事故。

# 第七章
# 维护劳动权益

## 李江福：诚信立业，诚信兴家

李江福，1963年出生。他曾荣获"全国道德模范"、"全国劳动模范"、全国五一劳动奖章、"全国诚信之星"、"河南省优秀共产党员"、"中原大工匠"等荣誉称号和奖项。李江福家庭荣获"全国文明家庭""全国最美家庭"荣誉称号。李江福创新工作室被中华全国总工会命名为"全国示范性劳模和工匠人才创新工作室"。

"言必信，行必果"。李江福以诚信立业，以诚信兴家。从事建筑业以来，李江福坚持"用良心做事，靠诚信盖房"，他承建的1000多项工程从未发生过质量问题，他从未延误过工期，从未拖欠过工人一分钱。有一次，李江福承建一项工程，由于开发商拖欠工程款，工人的工资没有着落。面对难关，他卖掉自己的房子，凑够100多万元给工人发工资。当有人问他后不后悔时，李江福坚定地说："不后悔，房子没了可以挣钱再买，但信誉丢了，可再也找不回来了，我感觉这样做，值！"

李江福讲信誉，无论项目大小，坚持强调"百年大计、质量第一"，要求工人必须按规范操作，绝不能偷工减料。

李江福以诚信立业、兴家，他成为榜样，影响了身边的人，受到社会的尊重、认可和褒奖。这一切的基础是合法劳动。只有合法劳动，辛勤劳动、诚实劳动才得以成立。如此，劳动者的权益受法律的保护，劳动者被社会认可和尊重。大学生作为就业市场的特殊群体，要使自己成为优秀的劳动者，必须做到合法劳动，同时，也要懂得维护自身的合法权益。

## 第一节　合法劳动

人们常说在工作中要遵纪守法，也就是合法劳动。合法劳动是劳动者参与劳动的基本态度，这不仅是对他人负责，更是对自己负责。通过合法劳动，劳动者的权益才能得到保障，劳动者才能更好地实现人生目标和理想，才能为国家和社会贡献自己的力量。

### 一、遵守劳动纪律

劳动纪律是指人们在共同劳动的过程中，为取得一致行动、保证生产（或工作）过程实现所必须遵守的行为准则和规章制度。它是人们从事社会劳动的必要条件，它要求每个劳动者都按照规定的时间、程序和方法完成自己负责的任务。不论在何种生产方式下，只要进行共同劳动，就会存在劳动纪律，它对所有成员都具有约束力，以使劳动活动处于有序的状态。

在校园里，大学生应该遵守校纪校规，服从管理，学习和掌握劳动纪律，树立自觉遵守劳动纪律的观念，以便将来能够自觉地遵纪守法，合法劳动。

**1. 劳动纪律的内容**

由于社会分工日益精细化，劳动方式和工作种类繁多，因此，不同行业、岗位和用人单位的劳动纪律的具体内容不尽相同，但其范围基本一致，大致包括以下7个方面的内容。

（1）履约纪律

严格履行劳动合同及违约应承担的责任。

（2）考勤纪律

按规定的时间到达工作岗位，不做与生产无关的事情，按要求请休事假、病假、年假、探亲假等。

（3）作业纪律

根据生产、工作岗位职责及规则，按质、按量完成工作任务，严格执行工艺规程和技术规程等。

（4）安全卫生纪律

严格遵守安全管理制度和安全卫生规程，正确使用工作服和防护用具，建立良好的工作秩序和营造良好的生活环境等。

（5）日常行为纪律

节约原材料、爱护用人单位的财产和物品。

（6）保密纪律

严守用人单位的商业秘密和技术秘密等。

（7）奖罚纪律

遵守奖励规则与违纪惩罚规则。

遵守劳动纪律是合法劳动的重要组成部分。合法劳动意味着劳动者在法律规定的框架内进行工作，而劳动纪律往往是用人单位基于法律要求并结合自身的具体情况制定的规范。劳动者遵守劳动纪律有助于确保劳动过程符合法律规定，实现合法劳动。

**2. 劳动纪律的作用**

劳动纪律的本质是全体员工共同遵守的规则，它作用于集体生产、工作和生活的过程中，其具体作用如下。

- 劳动纪律是用人单位组织劳动、维护正常生产和工作秩序的需要。劳动者遵守劳动纪律是用人单位组织劳动、实现劳动过程的客观要求。
- 劳动纪律是提高社会劳动生产率的重要保证。
- 劳动纪律是实现文明劳动、减少和防止职业危害事故和劳动者违法乱纪行为发生的重要保证。
- 劳动纪律有利于劳动者端正劳动态度，增强劳动者参加劳动的积极性，提高劳动者的素质。

用人单位劳动纪律的制定不仅涉及劳动者劳动义务的履行，也涉及劳动者劳动权利的享有。用人单位制定的劳动纪律不得违反法律和行政法规，其内容必须具有合法性。

---

**案例品读**

### 不遵守劳动纪律造成安全事故

周某是某化工企业的员工。一天，周某在 2 号釜的物料反应完毕后，准备将物料从 2 号釜转到下一环节的 6 号釜内。按照工艺操作规程，转移物料时劳动者需要佩戴防毒全面罩，但当时的周某一看没有班长与值班人员在场，心想，就是打开一个釜底阀门，短时间内就能完成，没必要浪费时间佩戴防毒全面罩。于是他抱着侥幸心理，在未佩戴防毒全面罩的情况下来到楼下釜底阀门旁边，准备转料。不料，当周某抬头转动釜底阀门时，阀门发生泄漏，一滴物料正好滴入周某右眼。虽然周某立即使用车间内的洗眼器进行冲洗，但因物料腐蚀性太强，周某的右眼最终永久性失明。

**点评：** 本起安全事故是员工操作时违反劳动纪律，未正确佩戴劳动防护用品所致。周某的侥幸心理让他付出了惨痛的代价。可见，遵守劳动纪律是保障劳动者安全的有效手段。

---

#### 3. 树立自觉遵守劳动纪律的观念

一个集体如果没有纪律的约束，将是一盘散沙，会失去竞争力。而一个劳动者如果没有认识到劳动纪律的重要性，不遵守劳动纪律，那么他就没有团队意识，没有强烈的职业责任感，职业道德水平也必然不高。因此，要想成为一名合格的劳动者，劳动者就需要强化纪律意识，树立自觉遵守劳动纪律的观念。

## 二、遵守法律法规

劳动分为合法劳动和非法劳动。合法劳动是法人或自然人在国家相关法律法规许可范围之内所开展的各种劳动。非法劳动是指违反国家相关法律规定的各种劳动，以及违反党和国家方针政策的劳动。例如，制假售假、非法经营、走私贩私、制毒贩毒、不按规定开展生产活动等都属于非法劳动。

尊重劳动者，保护劳动者的劳动成果，其前提是劳动是合法的。任何劳动者，首先必须是守法者，然后才可能合格，最后才可能成为优秀的劳动者。

大学生要深刻认识合法劳动对劳动者个人和社会的积极影响，这样，才有助于增强遵守法律法规的自觉性，培养法治精神。

#### 1. 合法劳动对劳动者个人的积极影响

在个人层面，合法劳动对劳动者有多方面的积极影响，包括获取稳定的经济收入、促进职业发展、享受社会保障与福利、维护身心健康、建立良好的人际关系、劳动权益受法律保护等，合法劳动可以使劳动者能够实现个人价值，过上充实、稳定和有尊严的生活。

（1）获取稳定的经济收入

合法劳动能够使劳动者获得稳定的经济收入，满足劳动者的基本生活需求，如支付房租、购买食物、支付水电费等。稳定的经济收入也有助于劳动者积累财富，实现储蓄、投资等财务目标，为未来的发展和应对突发情况提供资金支持。

（2）促进职业发展

合法劳动能够帮助劳动者建立良好的职业声誉，使劳动者在行业内获得认可和信任，为劳动者争取更多的职业发展机会，如晋升、调动到更重要的岗位等创造了条件。同时，合法劳动促使劳动者不断提升自身的技能和知识水平，以适应工作的要求和市场的变化。这种自我提升有助于劳动者在职场上保持竞争力，实现职业的长远发展。

（3）享受社会保障与福利

合法劳动使劳动者能够依法享受社会保险，包括养老保险、医疗保险、失业保险、工伤保险和生育保险等。这些保险能在劳动者年老、生病、失业、受工伤或生育时为其提供经济支持和保障。劳动者还可能享受到用人单位提供的其他福利，如带薪年假、病假、节日福利、培训机会等，从而提高生活质量和工作满意度。

（4）维护身心健康

合法劳动让劳动者感到踏实和自豪，他们的劳动成果被社会认可和尊重，对维护身心健康有积极意义。

（5）建立良好的人际关系

合法劳动使劳动者能够融入工作团队和社会环境，与同事、上司和客户建立良好的人际关系。这些社交互动能丰富劳动者的生活，拓展劳动者的人际关系网络，对其成长和发展具有积极意义。

（6）劳动权益受法律保护

合法劳动使劳动者受到法律法规的保护，在自身的权益受到侵害时，如遭遇拖欠工资、非法解雇、劳动安全事故等，能够依法维护自己的合法权益。法律的保障为劳动者提供了一种安全感，使他们能够在工作中放心投入，不必担心受到不公正的待遇。

### 2. 合法劳动对社会的积极影响

在社会层面，合法劳动的积极影响表现在维护社会公平正义、促进经济健康发展、构建和谐劳动关系、推动社会法治建设和树立良好社会风尚等方面。

（1）维护社会公平正义

在一个合法劳动的环境中，每个人都有平等的机会参与劳动，都能凭借自身的能力和努力获得相应的回报。这有助于减少社会的不公平现象，避免不正当竞争和特权的出现。合法劳动使得社会资源的分配更加合理，有利于促进社会的公平与稳定。

（2）促进经济健康发展

合法劳动能够提高劳动生产率和产品质量。劳动者在合法的劳动条件下，能够更加专注地投入工作，从而为用人单位创造更多的价值。这有助于提高用人单位的竞争力，推动产业升级和创新，进而促进社会经济的健康、持续发展。

（3）构建和谐劳动关系

只有在劳动合法合规的前提下，用人单位和劳动者之间的关系才会更加和谐稳定，双方才能够明确各自的权利和义务，减少劳动纠纷的发生。和谐的劳动关系能够增强用人单位的凝聚力和员工的归属感，提高员工的工作积极性和忠诚度。

（4）推动社会法治建设

合法劳动是法治社会的重要体现。它要求用人单位和劳动者都遵守法律法规，有助于培养全社会的规则意识和法治精神，促进劳动领域法律法规的不断完善和执行，推动整个社会的法治建设进程。

（5）树立良好社会风尚

合法劳动倡导诚实守信、勤奋努力、公平竞争的价值观，有助于树立积极向上的社会风尚。这种良好的社会风尚能够激励更多的人通过合法劳动实现自身价值，为社会的发展做出贡献。

---

**案例品读**

### 拒绝诱惑，合法经营

姜某是广州某大学公共关系学专业的学生，读书期间就一直在一家广告公司做市场策划工作，这一经历触发了他的创业灵感。大三的时候，他邀请几个学计算机的朋友创办公司，大家一拍即合，并制定了目标。经过两个多月的努力，一个注册资金为30万元的科技公司诞生了，姜某为法定代表人。包括姜某在内的7人团队准备在 IT（Internet Technology，互联网技术）界大干一番。

在目睹其他团队以经营电影网站的方式传播非法的电影文件获取暴利时，姜某的团队虽然羡慕不已，但他们深知"君子爱财，取之有道"，依然坚持合法经营。最终，其他非法经营的团队受到法律严厉的惩处，而姜某的团队则受到来自各方面的嘉奖，该公司也在稳定的运营中取得了不错的效益。

**点评：** 无论就业还是创业，任何劳动者，首先要是一个守法者，最后才可能是一个成功者。大学生不要被一时的利益冲昏头脑，妄想通过非法的途径获取暴利，这是不可取的，只有合法劳动才能被社会容纳，受到社会的支持、法律的保护，才可能走向成功。

---

# 第二节　劳动合同

劳动合同是对劳动者非常重要的法律文件。大学生要想在就业过程中保障自己的合法权益，就需要与用人单位建立有保障的劳动关系。这种劳动关系本质上是一种合同契约关系，而这种合同契约关系主要是靠与用人单位签订的劳动合同来调整和规范的，所以劳动合同是确立劳动关系的法律依据。没有劳动合同，大学生开展相关维权行动将会很困难。

## 一、劳动合同概述

劳动合同是劳动者与用人单位确立劳动关系、明确双方权利和义务的协议，所有劳动合同都必须依据《中华人民共和国劳动合同法》（简称《劳动合同法》）制定，而不能依据用人单位单方面的意愿来制定。劳动合同的文本由用人单位提供，劳动合同的内容应当由用人单位与劳动者协商一致，双方当事人在劳动合同文本上签字或者盖章后，该劳动合同即生效。

**1. 有效劳动合同应达到的要求**

劳动合同既具有合同的一般特征，同时作为一种特殊的合同类型，又具有相应的法律约束力。有效劳动合同应达到的要求主要包括以下 4 点。

（1）主体资格合法

劳动合同的主体资格合法即劳动者和用人单位的主体资格合法。劳动者的主体资格合法，指劳动者必须年满 16 周岁并具备劳动权利能力和劳动行为能力；用人单位的主体资格合法，指用人单位须经主管部门批准依法从事生产经营和其他相应的业务，享有法律赋予的用人资格或能力。任何一项不符合要求，劳动者和用人单位签订的劳动合同都是无效合同，国家另有规定的除外。

（2）劳动合同内容合法

劳动合同内容合法，指劳动合同的内容不得违反法律法规的规定。例如，《劳动合同法》第十九条规定了"劳动合同期限三个月以上不满一年的，试用期不得超过一个月"，也就是说，如果劳动合同期限在三个月以上但不满一年，劳动者与用人单位签订的劳动合同约定的试用期超过一个月，那么此劳动合同就是无效的劳动合同。

（3）当事人意愿真实

根据《劳动合同法》第二十六条的规定，"以欺诈、胁迫的手段或者乘人之危，使对方在违背真实意思的情况下订立或者变更劳动合同的"属于劳动合同无效或者部分无效的情形。

（4）劳动合同订立的形式合法

《劳动合同法》第十条规定："建立劳动关系，应当订立书面劳动合同。"以录音、录像等方式订立的劳动合同需要满足特定的法律要求才可作为有效劳动合同，如录音、录像的内容合法、信息完整、符合双方真实意愿等。也就是说，以书面形式订立的劳动合同是最直接有效的。

**2. 劳动合同的基本内容**

由《劳动合同法》第十七条的规定可知，劳动合同必须具备一些条款（即必备条款），只有具备了这些条款，劳动合同才能依法生效。劳动合同的必备条款包含以下 9 个方面的内容。

（1）用人单位的名称、住所和法定代表人或者主要负责人

劳动合同必须注明用人单位的名称、住所和法定代表人或者主要负责人。

（2）劳动者的姓名、住址和居民身份证或者其他有效身份证件号码

劳动合同必须注明劳动者的姓名、住址和居民身份证或者其他有效身份证件号码。

（3）劳动合同期限

除依法允许订立无固定期限的劳动合同的情况以外，劳动合同都应当规定有效期限。其中应包括劳动合同的生效日期和终止日期，或者列出能表明决定劳动合同有效期限的工作工程项目。例如，某大学生 2024 年 3 月 1 日被录用并开始工作，工作时间为 1 年，那

么该劳动合同的有效期限应规定为"本劳动合同从 2024 年 3 月 1 日生效，到 2025 年 3 月 1 日终止"。

（4）工作内容和工作地点

工作内容指关于劳动者的劳动岗位、劳动任务的条款。工作地点指关于劳动者从事劳动合同约定工作的具体地点的条款。

（5）工作时间和休息休假

工作时间和休息休假指关于劳动者的工作时间和休息时间的条款。根据《中华人民共和国劳动法》（简称《劳动法》），国家实行劳动者每日工作时间不超过八小时、平均每周工作时间不超过四十四小时的工时制度；用人单位应当保证劳动者每周至少休息一日。同时，由《劳动法》第四十条可知，用人单位在元旦、春节、国际劳动节、国庆节等法定节日期间应当依法安排劳动者休假。

（6）劳动报酬

劳动报酬指关于劳动报酬的形式、构成、标准等的条款。

（7）社会保险

社会保险指关于社会保险的具体内容和缴纳方式等的条款。

（8）劳动保护、劳动条件和职业危害防护

劳动保护、劳动条件和职业危害防护指关于用人单位应当为劳动者提供劳动安全条件、卫生条件和生产资料条件的条款，如施工单位应为建筑工人发放安全帽。

（9）法律、法规规定应当纳入劳动合同的其他事项

这包括关于违约责任、劳动合同终止的条款等。

劳动合同除必备条款外，用人单位与劳动者还可以约定试用期、培训、保守秘密、补充保险和福利待遇等其他事项（即约定条款）。但是，约定条款不能违反国家的法律法规，不能损害个人、组织或国家的利益。

**3. 电子劳动合同**

随着信息化技术的发展，当前部分用人单位选择与劳动者签署电子劳动合同。电子劳动合同是指用人单位与劳动者按照《劳动合同法》《中华人民共和国电子签名法》等法律法规，经协商一致，以可视为书面形式的数据电文为载体，使用可靠的电子签名订立的劳动合同。

对于电子劳动合同，大学生主要需要了解以下 8 点。

- 电子劳动合同与普通劳动合同具有同等的法律效力，且用人单位要提示劳动者及时下载和保存电子劳动合同文本，告知劳动者查看、下载电子劳动合同的方法，并提供必要的指导和帮助。
- 用人单位要确保劳动者可以使用常用设备随时查看、下载、打印电子劳动合同的完整内容，并且不得向劳动者收取费用。
- 劳动者需要电子劳动合同纸质文本的，用人单位应至少免费提供一份，并通过盖章等方式证明其与数据电文原件一致。
- 电子劳动合同的储存期限要符合《劳动合同法》关于劳动合同保存期限的规定。

- 我国政府鼓励用人单位和劳动者优先选用当地人力资源和社会保障局等政府部门建设的电子劳动合同订立平台（简称"政府平台"）签订电子劳动合同。
- 用人单位和劳动者未通过政府平台订立电子劳动合同的，要按照当地人力资源和社会保障局公布的数据格式和标准，提交满足电子政务要求的电子劳动合同数据，便捷办理就业创业、劳动用工备案、社会保险、人事人才、职业培训等业务。
- 若采用非政府平台签订电子劳动合同，该平台要支持用人单位和劳动者及时提交相关数据。
- 电子劳动合同订立平台要留存订立和管理电子劳动合同全过程的证据，包括身份认证、签署意愿、电子签名等，保证电子证据链的完整性，确保相关信息可查询、可调用，为用人单位、劳动者以及法律法规授权机构查询和提取电子数据提供便利。

## 二、劳动合同的签订原则

劳动合同的签订指劳动者和用人单位经过相互选择和平等协商后，就劳动合同条款达成一致，从而确定劳动关系和明确双方的权利、义务的法律行为。劳动合同受《劳动合同法》的约束，并且是明确劳动关系的主要依据。签订劳动合同时，劳动者和用人单位应遵循《劳动合同法》的基本原则。

《劳动合同法》规定："订立劳动合同，应当遵循合法、公平、平等自愿、协商一致、诚实信用的原则。"

### 1. 合法原则

无论是劳动合同的当事人、内容和形式，还是订立劳动合同的程序，都必须符合有关法律法规和政策的要求。尤其需要强调的是，凡是与劳动合同有关的强制性法律规范和强制性劳动标准，劳动者和用人单位都必须严格遵守。因此，在订立劳动合同的过程中，只能有限制地体现契约自由的精神。

### 2. 公平原则

公平原则是指劳动者和用人单位应以社会正义、公平的观念指导自己的行为，平衡双方的利益；确保双方都享受公平合理的对待，既不享有任何特权，也不履行任何不公平的义务，保证权利与义务相一致。

### 3. 平等自愿原则

所谓平等，指订立劳动合同的双方当事人法律地位平等。所谓自愿，指劳动合同的订立应完全出于双方当事人的意愿，任何一方都不得强迫对方接受其意志；除劳动合同管理机关依法监督外，任何第三方都不得干涉劳动合同的订立。因此，大学生应该依据《劳动合同法》的相关规定，与用人单位平等地签订劳动合同。在签订劳动合同前，大学生要仔细阅读劳动合同条款，对于模棱两可的条款要坚持改写清楚，对于不合法的内容更要据理力争，以维护自己的合法权益。

### 4. 协商一致原则

在订立劳动合同的过程中，劳动合同订立与否以及劳动合同的具体内容，都只能在双方当事人经过平等协商，取得一致意见的基础上来确定。因而，只有协商一致，劳动合同才能成立。

**5.　诚实信用原则**

诚实信用原则，简称诚信原则，是民法（指一切调整平等主体之间的财产关系和人身关系的法律规范的总称）最重要的原则。诚信原则要求劳动合同双方必须在不损害对方利益和社会公益的前提下，追求自己的利益。

## 三、与劳动合同相关的注意事项

劳动合同几乎涉及劳动者的所有权益，大学生必须认真对待。下面列出几个与大学生就业息息相关的注意事项。

**1.　必须签订劳动合同**

《劳动合同法》第十条规定："建立劳动关系，应当订立书面劳动合同。"部分用人单位对劳动合同存在错误的认识，认为签订劳动合同就会将自己"套牢"，而不签订劳动合同就与劳动者不存在劳动关系，可以规避很多法律上的强制性规定。

实则不然，《劳动合同法》关于劳动合同的签订有这样的规定："用人单位自用工之日起满一年不与劳动者订立书面劳动合同的，视为用人单位与劳动者已订立无固定期限劳动合同。"一旦订立无固定期限的劳动合同，如果没有发生法律规定的可以解除劳动合同的情形，用人单位无权辞退劳动者，否则要支付劳动者两倍的经济补偿金。可见，用人单位不与劳动者签订书面劳动合同，将面临更大的法律风险。

### 案例品读

#### 必须签订劳动合同保障合法权益

田可毕业后进入某公司工作，虽然经常加班，但是她想着入职时领导承诺的工资、奖金加绩效，仍然工作得十分努力。

但工作一个月后，工资到手时她才发现，数额与当初约定的相去甚远。同时，田可发现，自己入职一个多月了，该公司还未与自己签订劳动合同。自己每次问起，该公司总以"公章被××带去开会了""今天领导不在"等理由拖延。

于是，田可与该公司多次沟通，最后该公司表示愿意与其签订劳动合同。在签订劳动合同时，田可按照就业指导课程中老师说的注意事项检查相关条目，发现该合同中所描述的工资与部门领导口头承诺的有较大差距，且隐性规定有"考察期"，其间薪酬较低。该公司表示，如果田可放弃签约和购买社会保险，该公司可以每月多给田可 500 元。田可由此认为这家公司存在问题，果断离职。

**点评：** 案例中该公司未履行薪资承诺、拖延签订劳动合同及合同中存在不利条款，都是有违《劳动合同法》的。用人单位应当自用工之日起一个月内与劳动者订立书面劳动合同，且双方建立劳动关系后，用人单位应当为劳动者缴纳社会保险。于用人单位而言，这是应尽的义务；于劳动者而言，这是应有的权利。若用人单位拒不签署劳动合同或找各种理由推诿，劳动者可通过法律途径来保护自身的合法权益。

**2．劳动者的知情权和隐私保护以及就业歧视的相关规定**

为保护劳动者的隐私，《劳动合同法》第八条规定："用人单位招用劳动者时，应当如实告知劳动者工作内容、工作条件、工作地点、职业危害、安全生产状况、劳动报酬，以及劳动者要求了解的其他情况；用人单位有权了解劳动者与劳动合同直接相关的基本情况，劳动者应当如实说明。"这句话背后的含义是劳动者有权了解劳动岗位相关内容，而不属于"与劳动合同直接相关的基本情况"，用人单位无权过问，劳动者也有权拒绝回答。

另外，《就业服务与就业管理规定》规定："用人单位在招用人员时，除国家规定的不适合妇女从事的工种或者岗位外，不得以性别为由拒绝录用妇女或者提高对妇女的录用标准。用人单位录用女职工，不得在劳动合同中规定限制女职工结婚、生育的内容。"

**3．用人单位不得要求劳动者提供担保或向劳动者收取财物**

某些不正规的用人单位在招聘或录用人员的过程中，为谋取钱财，向劳动者收取招聘费、培训费、押金、服装费及扣押劳动者证件等，这些行为在《劳动合同法》中都是被禁止的。

同时，《劳动合同法》第八十四条规定："用人单位违反本法规定，扣押劳动者居民身份证等证件的，由劳动行政部门责令限期退还劳动者本人，并依照有关法律规定给予处罚。用人单位违反本法规定，以担保或者其他名义向劳动者收取财物的，由劳动行政部门责令限期退还劳动者本人，并以每人五百元以上二千元以下的标准处以罚款；给劳动者造成损害的，应当承担赔偿责任。"

**4．约定试用期的注意事项**

试用期指用人单位和劳动者为相互了解和选择，在劳动合同中约定的不超过 6 个月的考察期。劳动合同中的试用期不是必备条款，而是约定条款，是否约定由劳动者和用人单位协商确定。但是，如果双方约定试用期，就必须遵守有关规定。根据《劳动合同法》，在劳动合同中约定试用期应当遵守如下规定。

- 劳动合同期限三个月以上不满一年的，试用期不得超过一个月；劳动合同期限一年以上不满三年的，试用期不得超过二个月；三年以上固定期限和无固定期限的劳动合同，试用期不得超过六个月。
- 同一用人单位与同一劳动者只能约定一次试用期。
- 以完成一定工作任务为期限的劳动合同或者劳动合同期限不满三个月的，不得约定试用期。
- 试用期包含在劳动合同期限内。劳动合同仅约定试用期的，试用期不成立，该期限为劳动合同期限。
- 劳动者在试用期的工资不得低于本单位相同岗位最低档工资或者劳动合同约定工资的百分之八十，并不得低于用人单位所在地的最低工资标准。
- 用人单位违反本法规定与劳动者约定试用期的，由劳动行政部门责令改正；违法约定的试用期已经履行的，由用人单位以劳动者试用期满月工资为标准，按已经履行的超过法定试用期的期间向劳动者支付赔偿金。

**5．约定违约金的注意事项**

《劳动合同法》对违约金条款有严格的限制，明确规定只有以下两种情形可以在劳动合同中约定违约金。

- 当用人单位为劳动者提供专项培训费用，并进行专业技术培训时，可以与劳动者订立协议，约定服务期。如果劳动者违反服务期约定，应当按照约定向用人单位支付违约金。违约金的数额不得超过用人单位提供的培训费用，且用人单位要求劳动者支付的违约金不得超过服务期尚未履行部分所应分摊的培训费用。用人单位与劳动者约定服务期的，不影响按照正常的工资调整机制提高劳动者在服务期期间的劳动报酬。
- 用人单位与劳动者可以在劳动合同中约定保守用人单位的商业秘密和与知识产权相关的保密事项。对于负有保密义务的劳动者，用人单位可以在劳动合同或者保密协议中约定竞业限制条款。在解除或终止劳动合同后，用人单位在竞业限制期限内须按月给予劳动者经济补偿。如果劳动者违反竞业限制约定，应当按照约定向用人单位支付违约金。

除以上两种情况外，用人单位不得与劳动者约定由劳动者承担违约金，即除这两种情况外，用人单位要求劳动者支付违约金都是不合法的。

**6. 关于辞退的事项**

《劳动合同法》中关于用人单位辞退劳动者的情形分为 3 种：即时通知解除、预告通知解除和经济性裁员。为更好地保护劳动者的合法权益，《劳动合同法》对每一种辞退劳动者的情形都有条件限制，如即时通知解除劳动合同的，用人单位需要承担举证责任，相关情形包括劳动者在试用期内不符合录用条件，或严重违纪、营私舞弊给用人单位造成重大损失，或劳动合同无效，或员工兼职给单位工作造成严重影响，或被追究刑事责任等；预告通知解除劳动合同的，需要符合法定情形，并且履行法定程序；经济性裁员也要符合裁员的条件并履行法定程序等。下面分别介绍用人单位解除劳动合同的具体内容。

（1）用人单位可解除劳动合同的情况

《劳动合同法》第四十条规定，有下列情形之一的，用人单位提前三十日以书面形式通知劳动者本人或者额外支付劳动者一个月工资后，可以解除劳动合同。

- 劳动者患病或者非因工负伤，在规定的医疗期满后不能从事原工作，也不能从事由用人单位另行安排的工作的。
- 劳动者不能胜任工作，经过培训或者调整工作岗位，仍不能胜任工作的。
- 劳动合同订立时所依据的客观情况发生重大变化，致使劳动合同无法履行，经用人单位与劳动者协商，未能就变更劳动合同内容达成协议的。

（2）用人单位不可解除劳动合同的情况

《劳动合同法》第四十二条规定，劳动者有下列情形之一的，用人单位不得依照本法第四十条、第四十一条的规定解除劳动合同。

- 从事接触职业病危害作业的劳动者未进行离岗前职业健康检查，或者疑似职业病病人在诊断或者医学观察期间的。
- 在本单位患职业病或者因工负伤并被确认丧失或者部分丧失劳动能力的。
- 患病或者非因工负伤，在规定的医疗期内的。
- 女职工在孕期、产期、哺乳期的。

- 在本单位连续工作满十五年，且距法定退休年龄不足五年的。
- 法律、行政法规规定的其他情形。

（3）用人单位应支付经济补偿的情况

《劳动合同法》第四十六条规定，有下列情形之一的，用人单位应当向劳动者支付经济补偿。

- 劳动者依照本法第三十八条规定解除劳动合同的。
- 用人单位依照本法第三十六条规定向劳动者提出解除劳动合同并与劳动者协商一致解除劳动合同的。
- 用人单位依照本法第四十条规定解除劳动合同的。
- 用人单位依照本法第四十一条第一款规定解除劳动合同的。
- 除用人单位维持或者提高劳动合同约定条件续订劳动合同，劳动者不同意续订的情形外，依照本法第四十四条第一项规定终止固定期限劳动合同的。
- 依照本法第四十四条第四项、第五项规定终止劳动合同的。
- 法律、行政法规规定的其他情形。

总体来说，除劳动者出于个人原因主动辞职，或个人不满足岗位需求、违法乱纪外，因用人单位的情况，如经营不善倒闭、不按《劳动法》办事等解除劳动合同的，用人单位都应支付经济补偿。经济补偿的金额按劳动者在本单位工作的年限而定，主要有3种情况。

- 每满一年向劳动者支付一个月工资；
- 六个月以上不满一年的，按一年计算；
- 不满六个月的，向劳动者支付半个月工资。

## 案例品读

### 小徐是否属于自愿辞职

2023年3月，小徐在某科技公司担任销售部高级客户经理，劳动合同有效期限为2023年3月至2026年2月，约定试用期为3个月。试用期满后，小徐的销售业绩一直未能达标。2023年8月，该公司要求小徐签订"个人业绩改进计划"，该计划中，该公司给予小徐3个月的观察期，小徐承诺2023年8月至10月期间本人月销售业绩不低于20万元，如果未能完成，小徐需自行提出辞职。后小徐未能完成承诺的销售业绩。2023年11月，该公司以小徐履行其自行离职的约定为由，要求小徐离职。小徐依照该公司要求办理了离职手续，但是不认为是自行离职。小徐要求该公司向其支付违法解除劳动合同赔偿金。

**点评：** 本例中小徐未能完成销售业绩，属于不能胜任工作。根据《劳动合同法》第四十条，劳动者不能胜任工作，经过培训或者调整工作岗位，仍不能胜任工作的，用人单位提前三十日以书面形式通知劳动者本人或者额外支付劳动者一个月工资后，可以解除劳动合同。按照该公司与小徐的约定，小徐不胜任工作时该公司可以立即解除劳动合同，避开了培训和调整工作岗位的程序，该约定不符合《劳动合同法》的相关规定，属于违法解除劳动合同，因此小徐不属于自愿辞职，该公司应当支付赔偿金。

### 7. 变更劳动合同的注意事项

《劳动合同法》第三十五条规定："用人单位与劳动者协商一致，可以变更劳动合同约定的内容。变更劳动合同，应当采用书面形式。"也就是说，变更劳动合同必须在劳动合同有效期内进行。变更劳动合同时必须遵循平等自愿、协商一致的原则，首先由一方当事人依法向另一方当事人提出变更劳动合同的建议，并说明变更的理由和修改的条款，请求对方答复；然后由另一方当事人在期限内给予答复，表示同意或不同意变更，或者建议再协商解决；最后双方当事人经充分协商达成一致后，签订书面协议。双方签字盖章，变更协议即可生效。

---

**案例品读**

#### 坚决捍卫自己的劳动权益

由于生产经营需要，某食品厂与某公司进行了战略性业务合并。在合并过程中，食品厂对部分员工的工作岗位、工作地点进行了调整，并要求相关员工在指定日期到新岗位、新地点工作。小赵是该食品厂的检验员，他的工作地点也在本次调整范围之内。由于调整后的新地点离家较远，他多次向食品厂表示拒绝接受调整。食品厂最终以员工不服从食品厂安排为由，视小赵为严重违纪，做出了解除劳动合同的处理。

小赵不服，以食品厂单方变更劳动合同为由，向劳动争议仲裁委员会提请仲裁，要求劳动争议仲裁委员会裁定食品厂变更劳动合同无效，并恢复自己与食品厂的劳动关系。劳动争议仲裁委员会经查，发现食品厂未依法履行劳动合同变更程序，因此裁定变更无效，恢复食品厂与小赵的劳动关系。

**点评：** 食品厂在业务合并过程中，需要对部分员工的工作岗位、工作地点进行调整，此调整应当属于劳动合同变更，但食品厂的行为不符合规定，因为用人单位根据工作需要调整劳动者的工作岗位时，须与劳动者协商一致，变更劳动合同的相关内容。因此用人单位解除劳动合同无效。小赵用法律捍卫了自己的劳动权益。

---

# 第三节　劳动权益保护

大学生在参与劳动的过程中需要遵纪守法，了解必要的、与求职就业息息相关的法律法规，以便在劳动权益遭受侵犯时能够用法律武器捍卫自己的合法权益。

## 一、增强法律保护意识

大学生要保护自己的劳动权益，一定要增强自己的法律保护意识。对此，大学生要做到以下3点：自觉遵守就业规范、了解相关法律法规、通过合法途径维护自身权益。

### 1. 自觉遵守就业规范

大学生在求职就业过程中受法律保护的同时，也要自觉遵守就业规范，对此，大学生需要了解就业的基本权利与义务。

（1）大学生就业的基本权利

大学生作为就业市场中的一个重要群体，在就业过程中除享有劳动报酬权、休息休假权等一般权利外，还享有许多其他权利。

- **就业信息知情权。** 收集就业信息是大学生成功就业的前提，只有拥有足够多的就业信息，大学生才可能结合自身情况找到适合自身发展的职业和用人单位。就业信息知情权指大学生拥有及时、全面地获取应该公开的各种就业信息的权利，包括用人信息应向所有大学生公开，任何团体、组织和个人都不得隐瞒、截留用人信息；就业信息应及时、有效地向大学生公布，以免失去利用价值，影响大学生就业；就业信息应当全面且完整，以便于大学生全面了解用人单位，从而做出符合自身要求的选择。

- **就业指导权。** 就业指导直接影响大学生的职业生涯规划、就业方向选择及求职技巧使用，它是大学生成功就业过程中非常关键的一步。《中华人民共和国高等教育法》第五十九条规定："高等学校应当为毕业生、结业生提供就业指导和服务。"由此可以看出，接受来自国家、社会和学校的就业指导和服务，是大学生的一项重要权利。由于学校在大学生就业指导中占据重要位置，因此各高校应成立专门机构，开设专门课程，安排专门人员对大学生进行全方位的就业指导和服务，其中包括宣传国家关于大学生就业的方针、政策；对大学生进行求职技巧指导；引导大学生根据实际情况择业。接受就业指导，有助于大学生对自身准确定位，合理择业。

- **被推荐权。** 学校在就业指导工作中的一个重要职责就是向用人单位推荐大学生。实践证明，学校推荐会在一定程度上影响用人单位对大学生的录用。大学生在被学校推荐的过程中享有如实推荐、公正推荐、择优推荐的权利。如实推荐指学校在对大学生进行推荐时，应实事求是，根据大学生本人的实际情况向用人单位进行介绍，不能故意贬低或随意夸大大学生在校的表现；公正推荐指学校在对大学生进行推荐时应做到公平、公正，应给每一个大学生就业推荐的机会，不能厚此薄彼；择优推荐指学校在公平、公正的基础上，还应重点推荐优秀大学生，真正做到人尽其才。这样可以调动广大大学生就业的积极性。

- **就业选择自主权。** 大学生可以在国家就业方针、政策指导下"双向选择，自主择业"，即大学生可以按照自己的兴趣、爱好和能力选择自己喜欢或擅长的职业，同时大学生还有权决定自己何时就业、何地就业等。家长、学校和用人单位可以为初出校门、缺乏工作经验的大学生提供建议和指导，但不能强迫或限制他们选择职业。

- **平等就业权。** 大学生享有平等就业的权利。所谓平等，即大学生有公平的机会去竞争工作岗位，反对就业中的各种歧视行为，如性别歧视、地域歧视、外貌歧视等。大学生应当平等地接受学校推荐，平等地参加用人单位的公开招聘，同时还可要求用人单位在录用时做到公平、公正。大学生在就业过程中如遭受到不公平待遇，可通过合法途径维护自己的权利。

- **违约求偿权。** 在已经与用人单位签订《全国普通高等学校毕业生就业协议书》（简称《就业协议书》）或劳动合同的情况下，如果用人单位无故解除《就业协议书》或劳动合同，或者不按照《就业协议书》或劳动合同履行义务，大学生有权要求其赔偿。

（2）大学生就业的基本义务

享有权利的同时需要承担相应的义务，大学生在就业过程中也是如此。大学生就业的基本义务主要包括以下6个方面。

- **回报国家、服务社会的义务。**《中华人民共和国宪法》第四十二条规定："中华人民共和国公民有劳动的权利和义务。"大学生既有自主择业的权利，也有满足国家需要的义务。大学生应从大局出发，认真执行国家的方针、政策，根据需要为国家、社会服务。按照"取之于社会、还之于社会、报之于社会"的原则，大学生应积极地、负责任地约束自己的职业行为，发挥自己的专业优势来回报国家、服务社会，履行自己的义务。

- **向用人单位如实介绍个人情况的义务。**大学生在求职择业的过程中应如实向用人单位介绍自己的情况，这既是基本的职业道德，也是大学生应尽的义务。大学生在填写就业推荐表、自荐信，与用人单位洽谈、介绍自己时，必须实事求是，不得弄虚作假，对于自己的缺点不能回避，有过失也不可隐瞒，应该与用人单位坦诚相见。大学生只有如实介绍自己的情况，才能让用人单位觉得可信、可靠，从而获得用人单位的信任。如果大学生提供虚假信息，不仅会耽误用人单位录取优秀人才，也会失去用人单位的信任，甚至会有与用人单位发生争议的风险。

- **配合学校完成毕业交接的义务。**大学生毕业时应积极配合学校完成毕业交接，确保离校过程顺利。例如，办理各项离校手续，包括归还所借图书、清理个人物品、办理退宿手续、结算财务、领取毕业证书和学位证书、办理档案转移手续等。

- **严格遵守和履行就业协议或劳动合同规定的义务。**大学生与用人单位通过双向选择签订《就业协议书》或劳动合同后，应严格履行《就业协议书》或劳动合同。《就业协议书》或劳动合同一经签订就不能随便违约，一旦违约，大学生就可能面临违约责任。

- **依照职责完成工作任务的义务。**大学生是受过高等教育的人才，用人单位会对其寄予厚望，并赋予其重要的职责。因此，大学生有义务遵守劳动纪律，积极努力地充分运用自己的知识和才能，切实履行工作职责，认真完成所承担的工作任务，为单位的发展做出自己的贡献。

- **保守商业机密的义务。**一些用人单位在正式录用大学生之前，为全方位地了解大学生的情况，会安排大学生到单位实习。实习期间，大学生要严格遵守单位的规章制度，尤其是对于一些商业机密，更要严加保守，以防止发生侵权行为。

**2. 了解相关法律法规**

对于大学生，了解与求职就业息息相关的法律法规，是必要的。这样，大学生在劳动权益遭受侵犯时，才能够使用法律武器捍卫自己的合法权益。

（1）《劳动法》

《劳动法》是为了保护劳动者的合法权益，调整劳动关系，建立和维护适应社会主义市场经济的劳动制度，促进经济发展和社会进步而制定的。《劳动法》包含总则、促进就业、劳动合同和集体合同、工作时间和休息休假、工资、劳动安全卫生、女职工和未成年工特殊保护、职业培训、社会保险和福利、劳动争议、监督检查、法律责任和附则，共13章内容，全面规定了与劳动相关的各项条款，适用于在中华人民共和国境内的企业、个体经济组织和与之形成劳动关系的劳动者。

（2）《劳动合同法》

《劳动合同法》是为了完善劳动合同制度，明确劳动合同双方当事人的权利和义务，保护劳动者的合法权益，构建和发展和谐稳定的劳动关系而制定的。《劳动合同法》包含总则、劳动合同的订立、劳动合同的履行和变更、劳动合同的解除和终止、特别规定、监督检查、法律责任和附则，共8章内容，全面规定了与劳动合同相关的各项条款，适用于中华人民共和国境内的企业、个体经济组织、民办非企业单位等组织与劳动者建立劳动关系，订立、履行、变更、解除或者终止劳动合同等情形。

### 知识扩展

《劳动法》和《劳动合同法》，在立法层次上，同为法律。《劳动合同法》是在《劳动法》的基础上制定的，具体规定了劳动合同的订立、履行、变更、解除和终止等具体内容。《劳动法》除包括关于劳动合同的法律规定外，还包括关于劳动就业、劳动条件、劳动保护、劳动争议处理、劳动监督检查等的法律规定。《劳动法》和《劳动合同法》之间也属于普通法和特别法的关系。普通法是指在一般范围内适用的法律，其效力具有普遍性和基础性；特别法是指在特定范围内适用的法律，其效力仅针对特定身份的人或事。一般而言，在法律的适用性上，特别法优于普通法，也就是说，《劳动法》和《劳动合同法》都有规定的，适用《劳动合同法》的规定，《劳动合同法》没有规定而《劳动法》有规定的，则适用《劳动法》的相关规定。

（3）《中华人民共和国劳动争议调解仲裁法》

《中华人民共和国劳动争议调解仲裁法》（简称《劳动争议调解仲裁法》）是为了公正及时地解决劳动争议，保护当事人的合法权益，促进劳动关系和谐稳定而制定的。它包含总则、调解、仲裁和附则，共4章内容，全面规定了与劳动争议调解和仲裁相关的各项条款。

《劳动争议调解仲裁法》适用于中华人民共和国境内的用人单位与劳动者发生下列劳动争议的情形。

- 因确认劳动关系发生的争议。
- 因订立、履行、变更、解除和终止劳动合同发生的争议。
- 因除名、辞退和辞职、离职发生的争议。
- 因工作时间、休息休假、社会保险、福利、培训以及劳动保护发生的争议。
- 因劳动报酬、工伤医疗费、经济补偿或者赔偿金等发生的争议。
- 法律、法规规定的其他劳动争议。

（4）其他法律法规

除上述几部法律外，还有许多与保障劳动权益相关的法律法规，具体介绍如下。

- 《中华人民共和国就业促进法》。《中华人民共和国就业促进法》是为了促进就业，促进经济发展与扩大就业相协调，促进社会和谐稳定而制定的。它包含总则、政策支持、公平就业、就业服务和管理、职业教育和培训、就业援助、监督检查、法律责任和附则，共9章内容，全面规定了与促进就业相关的各项条款。
- 《中华人民共和国劳动合同法实施条例》。《中华人民共和国劳动合同法实施条例》是为了贯彻实施《劳动合同法》而制定的。它包含总则、劳动合同的订立、劳动合同的解除和终止、劳务派遣特别规定、法律责任和附则，共6章内容，进一步完善了与劳动合同相关的各项条款。
- 《普通高等学校毕业生就业工作暂行规定》。《普通高等学校毕业生就业工作暂行规定》是为做好普通高等学校（含研究生培养单位）毕业生（含毕业研究生）就业工作，更好地为经济建设和社会发展服务，维护毕业生和用人单位的合法权益，根据国家的有关法律和政策而制定的。它包含总则，职责分工，毕业生就业工作程序，毕业生就业指导与毕业生鉴定，供需见面和双向选择活动，就业计划的制订，调配、派遣工作，接收工作及毕业生待遇，违反规定的处理和附则，共10章内容，详细规定了与普通高校毕业生就业工作相关的条款。
- 《职工带薪年休假条例》。《职工带薪年休假条例》是为了维护职工休息、休假权利，调动职工工作积极性，以《劳动法》为基础而制定的。它包含10条内容，详细规定了职工带薪年休假的相关条款，如职工享受年休假的条件、不享受当年年休假的情形等。
- 《企业职工带薪年休假实施办法》。《企业职工带薪年休假实施办法》是为了实施《职工带薪年休假条例》而制定的。它包含19条内容，详细规定了企业职工带薪年休假的相关条款，如职工享受年休假的条件、未休年休假工资报酬的日工资收入计算方法等。

## 知识扩展

　　大学生是一个特殊的社会群体，在临近毕业时，所在学校通常会给应届毕业生统一发放一份《就业协议书》。《就业协议书》也叫《三方协议》，它是明确毕业生、用人单位和学校三方在毕业生就业工作中的权利和义务的书面协议。《就业协议书》是用人单位确认毕业生相关信息真实可靠以及接收毕业生的重要凭据，也是高校进行毕业生就业管理、编制就业方案以及毕业生办理就业落户手续等有关事项的重要依据。简单来说，《就业协议书》是毕业生、用人单位、学校三方之间关于毕业生将来就业意向的初步约定。

　　《就业协议书》不同于劳动合同。第一，《就业协议书》一般由教育部或各省、自治区、直辖市就业主管部门统一制定，其制定的依据是国家关于高校毕业生就业的法规，有效期为自签约日起至毕业生到用人单位报到为止的这段时间。而劳动合同受《劳动法》和《劳动合同法》的限定和保护，一般由用人单位提供，大多数的用人单位会要求先签订《就业协议书》，毕业生报到后再签订劳动合同。当然，签订《就业协议书》

不是签订劳动合同必需的前置程序，少数用人单位在确定录用毕业生时（在毕业生到用人单位报到前），会和毕业生直接签订劳动合同。第二，《就业协议书》是三方合同，涉及学校、用人单位、毕业生三方，三方相互关联但彼此独立，其内容主要是毕业生如实介绍自身情况，并表示愿意到用人单位就业，用人单位表示愿意接收毕业生并说明工作岗位、工作地点和违约责任，以及学校同意推荐毕业生并将其列入就业计划进行派遣。而劳动合同是双方合同，它由劳动者和用人单位两方的权利、义务构成，内容涉及劳动报酬、劳动保护、工作内容、劳动纪律等方面，更加明确了劳动关系中的具体权利和义务，能够更加全面地保护劳动者和用人单位双方的合法权益。第三，毕业生签订《就业协议书》时仍然是学生身份，但是在签订劳动合同时是劳动者身份。劳动合同一经签订，《就业协议书》的效力终止。

有的用人单位在和学生签订《就业协议书》后，要求学生毕业前到单位实习，用人单位在学生毕业后根据其实习表现及签订劳动合同的原则，与学生协商签订劳动合同，也可能出现不签订劳动合同的情况。因此，毕业生签订了《就业协议书》并没有进入就业的"保险箱"，还需要接受用人单位的进一步考察。

### 3. 通过合法途径维护自身权益

在就业过程中，大学生如果遇到自身合法权益受到侵害的不公平现象，要敢于拿起法律武器据理力争，使自己处在与用人单位平等的地位。在实际维护自身合法权益的过程中，大学生除利用个人的力量之外，还可以采用向国家行政机关投诉、借助新闻媒体和寻求法律援助等方式。

### 知识扩展

大学生可以通过中国政府网、中华人民共和国教育部政府门户网站、中华人民共和国人力资源和社会保障部官网等党政机关的官网了解与劳动相关的法律法规条文。另外，各级政府及其部门都有自己的官方网站，大学生可以通过这些网站获取所需信息和服务。

## 二、识别与防范就业陷阱

一些用人单位抓住大学生求职心切的心理，故意设置就业陷阱，引诱大学生上当受骗。部分大学生由于缺乏社会经验，往往会忽视对自身合法权益的保护，甚至默认和接受就业过程中的不公平现象，这无疑是十分不妥的。对此，一方面，大学生要有风险意识，并提升识别就业陷阱的能力，避免上当受骗；另一方面，大学生在就业过程中如果掉入了就业陷阱，要敢于拿起法律武器来维护自身权益。

以下是一些常见的就业陷阱。

### 1. 虚假广告陷阱

一些用人单位为了招聘到条件较好的大学生，往往进行虚假宣传。例如，在发布招聘信息时，用人单位夸大自己的规模和岗位数量；或者把招聘职位的级别写得很高，所写级别不是"经理"就是"总监"，但实际上只是"办事员""业务员"。这类招聘信息一般很简单，细节方面的内容并不明确，如没有岗位职责和应聘条件等。因此，大学生在应聘时要提前了解职位的具体内容，询问工作细节，认真考虑后再做打算。

### 2. 低门槛、高薪招聘陷阱

大学生刚参加工作，薪酬不高是正常的。相反，如果出现一个不熟悉的、愿意提供高薪的单位并且招聘要求不高，大学生一定要警惕，因为不少不法人员打着高薪的幌子，以收取押金、培训费、服装费等名义骗取大学生的钱财。

在当前的就业形势下，大学生千万不要轻信高薪诱惑，要认清自身实力，要敢于从基层做起，对于某些用人单位提出的所谓押金、培训费、服装费等要敢于说"不"。

---

### 案例品读

#### 入职前的服装费

何青和几个同学在网上投递简历后很快接到了一家公司的面试通知，并在面试通过后办理了入职手续。

工作两周后领导找到何青等人，表示她们的表现不错，公司将重点培养她们，并将派她们参加专业培训，要求她们交纳培训费，上交毕业证等重要证件作为报名材料。

畅想自己完成培训后就能升职加薪，何青等人满怀期待地交纳了所需费用并上交了证件，但所谓的培训却迟迟没有安排，满怀疑惑的她找到领导，领导以"再考察考察"等理由进行推脱。继续等待两周后，何青再次找到领导询问，得到的回答却是她们的工作能力和态度不行，试用期考核未通过。

而当何青等人提出退回培训费和证件，发放应得工资并申请离职时，领导却狡辩道："在公司接受一个多月的前辈指导就算参加培训了。"且何青等人的证件还在公司，领导威胁她们，要么拿着证件及试用期工资走人，要么证件和工资都别想要。无奈之下，何青等人只能选择通过法律途径追回自己的培训费、重要证件及应得的工资。

**点评：** 案例中用人单位要求何青等求职者交纳培训费，随后却以各种理由不安排培训，并且拒不退还培训费，这就是典型的就业陷阱。在求职时，如果用人单位提出收取服装费、押金，或以其他方式变相收钱，都是违法的，求职者应向劳动监察部门举报。另外，大学生遭遇诈骗后，要及时报案，否则不仅本人的损失难以挽回，而且会让更多人上当。

---

### 3. 工资待遇陷阱

顾名思义，工资待遇陷阱是指用人单位在工资待遇上欺骗求职者，通常分为以下两种情况。

- 用人单位往往对大学生许以高薪，但是不签订任何书面合同或就业协议，等到大学生领取工资时，不是少给就是拖延发放，有的甚至以公司倒闭为由不发给大学生工资。

- 有些用人单位承诺向大学生提供很高的工资和升职加薪计划，而实际上这个工资包含保险金、养老金、失业金等各种项目，扣除相关项目的费用后实际到手的工资非常少。而且，升职加薪计划的最终解释权通常掌握在用人单位手里，实际的升职加薪计划可能和招聘时展示给大学生的升职加薪计划完全不同。

### 4. 单位资质陷阱

单位资质陷阱是指用人单位伪造自己的工作条件和工作环境，欺骗大学生，从而获得低廉或免费劳动力。一些用人单位在招聘时会给自己披上一件光鲜的外衣，让部分欠缺社会经验的大学生觉得这个单位不错，有实力，将来一定能够有所发展，从而来该单位应聘。然而，等醒悟过来时，他们已经为其付出了大量的免费劳动。

---

**案例品读**

#### 警惕皮包公司

某天，大学生小程收到一家餐饮公司的短信，短信通知他去面试。小程觉得很奇怪，自己并未向该公司投递过简历，怎么会收到面试通知呢？他心想，这不会是骗子吧。为了安全起见，小程决定先上网查一下该公司的相关信息。

不看不知道，一看吓一跳，小程发现这家公司居然是一家皮包公司。小程上网搜索后发现，该公司负责人居然用同一个电话、地址注册了4家公司，这些公司涉及餐饮、医疗、保险等不同领域。该公司给出的待遇异常优厚，而招聘信息中对于学历的要求竟然是中专以上即可。这种以低要求、高工资进行招聘的公司，值得怀疑。

**点评：** 小程收到未投递过简历的餐饮公司的面试通知并没有急于答应，为了安全起见，他查询了相关信息，发现该公司为皮包公司，且负责人用相同信息注册了多家不同领域的公司，还通过低要求、高工资来吸引求职者，这自然引起了小程的怀疑。社会经验相对欠缺的大学生在求职时一定要多留一个心眼，凡事要从实际出发，对于一些太离谱、不切实际的信息一定要认真辨别，尤其是不要轻易相信低要求、高工资的招聘信息。

---

### 5. 传销陷阱

传销已被国家严令禁止。传销者的首选对象往往是急于挣钱的求职者，尤其是刚刚毕业的大学生。他们通过各种渠道得到欺诈对象的电话后，凭借同乡、同学、亲戚等虚假身份，以帮忙找工作为由，以高薪为诱饵，投其所好，欺骗求职者进行非法传销活动。大学生一旦掉入传销陷阱，传销者便会限制其人身自由，强迫其从事传销活动。

此外，传销者还会采取扣留身份证、控制通信工具、监视等手段不让大学生离开，强迫他们联系亲友前来，或者寄钱、寄物，从中牟利。某些大学生因被骗而涉足传销，到头来后悔不已。因此，大学生在求职的过程中如遇到非正规单位对自己非常主动，并把加入后的前景说得天花乱坠，同时要求大学生介绍朋友和同学一起加入，就应当提高警惕，因为这很可能是传销陷阱。

### 6. 培训陷阱

社会上有关职业培训的广告很多，其中混杂着不少假培训。教育行业的不少投诉都和这类培训有关。如何保障自己的权益，避免上当受骗，是大学生选择职业培训时需要思考和注意的问题。大学生应注意以下内容。

- 选择培训机构时事先要对该机构的资质做评估，可以从口碑、规模、教学质量等方面着手。
- 提出试听课程，看课程是否适合自己，课程是否与描述的一致，勿轻信广告。
- 根据自己的实际学习能力、课程时间长度、课程量等选择合适的课程。
- 对教师资质、教材质量等进行分析。
- 量力而行，切记价位高的未必就适合自己。
- 切勿盲目跟风，先确定发展方向，做好自己的职业生涯规划，再选择具体课程。
- 培训前应该签订相关合同，作为对双方的约束，做到有据可查，不吃哑巴亏。

---

### 案例品读

#### 选择求职培训机构要当心

硕士毕业于商科专业的王仟仟的职业目标是进入大型企业工作，但考虑到自己的实习经验较少，她对此一直没有把握。求职时，微信公众号等网络平台上"一对一职前培训""付费实习"的广告吸引了她的注意。随后，还没找到理想工作的王仟仟与上海一个职业教育平台签下了"名企职达计划"合同，学费 4.2 万元。该平台将为王仟仟提供文书准备，行业、公司及职位分析，笔试面试指导等服务。

几个月后，王仟仟发现该平台提供的服务很不靠谱，根本不值数万元的价格。该平台给她发来的各大公司的网络在线申请链接，都是公开信息，并且自己准备面试不同方向的岗位时，面试辅导教师却是同一个人，明显不专业。于是王仟仟开始自己找工作，在顺利被报考的某银行录取后，她打算与该平台终止合同并要求该平台全额退款，可这一过程却阻碍重重。对方先是说合同没到期，后来又以她没有配合该平台的辅导步骤为由，一直拖延。律师告诉她，该平台提供的很多服务都无法量化，很难通过法律途径拿回全部学费。

**点评：** 王仟仟求职时轻信"名企职达计划"等付费职前培训和实习服务，发现服务内容与宣传内容不符且效果差后，想要终止合同拿回学费却遭到拒绝，从而造成损失。市场上的求职培训机构鱼龙混杂，不细心甄别就容易如王仟仟那般上当受骗。实际上，大学生在求职时要端正心态，不能把目标的实现寄托于购买求职服务，要提早做好职业规划、求职准备，正确地认识自己，找到适合自己的职业后通过努力获得成功。

### 7. 中介陷阱

通过中介机构寻找就业单位不失为一种有效的求职途径，但是大学生一定要选择政府主办的或社会信誉好的大型人才中介机构。

一些不知名的中介机构往往环境简陋，而且无正规的工作人员，这种中介机构很可能是没有资源共享资格的"黑中介"。当大学生交纳数目不菲的中介费后，这种中介机构很可能会以种种理由来推诿责任，从而骗取大学生的中介费。

### 8. 智力陷阱

智力陷阱指以招聘为名，无偿占有求职者的广告设计、策划方案等创意成果，甚至知识产权等无形资产的现象。例如，某些用人单位按程序对前来应聘的大学生进行笔试和面试，在笔试、面试时，故意要求大学生解决本单位遇到的问题，待大学生利用自己的专业优势给出解决方案后，再找各种理由拒绝录用。此时，用人单位就理所当然地将大学生的劳动成果据为己有。

## 案例品读

### 警惕智力陷阱

李希成是一名刚毕业的大学生，在校期间他就很爱设计一些软件，后来渐渐爱上游戏设计，并成功设计出一款相当成熟且颇受同学们欢迎的小游戏。毕业以后，李希成在学校所在的城市找到了一家工资和福利都不错的公司，但这家公司要求他在正式上班之前，设计出一款满足特定要求的小游戏，这将作为对他的最后的考核。按照公司提出的要求，李希成只用了3天时间就完成了设计，他信心满满地把作品发过去。但2天后，公司却以李希成所设计的游戏不能令其满意为由而拒绝录用他。

后来，李希成在另外一家公司工作了一段时间之后，发现自己先前用于考核的作品未经他本人许可就被擅自上传并提供给用户使用，才知道之前那家公司以考核为由窃取了他的作品和创意。

**点评：**在应聘过程中，大学生不要轻易将自己的作品提供给用人单位，如需提供作品，大学生可以准备两份，一份提交，并附上"版权声明"；另一份自己留存，以证明自己对作品的所有权，保护自己的合法权益。

## 知识扩展

在防范就业陷阱的过程中，大学生要时刻保持高度的警惕性，增强就业陷阱防范能力。首先需要核实就业信息，一般各大高校官方网站或就业指导部门发布的就业信息都是经过严格核实的，具有真实性、准确性和安全性。如果大学生在自主择业过程中通过其他渠道获得就业信息，就需要设法核实就业信息，如通过天眼查等工具查看用人单位的资质、经营范围和地点等。切记，低门槛、高薪酬的就业信息不可信。核实就业信息并取得面试资格后，如果面试地点太过偏僻、隐秘或是用人单位临时改变面试地点、要求夜间面试，大学生应加倍小心。在面试环节，大学生要多问，包括问工作性质、具体工作内容、具体的薪资范围等，用人单位回答得越具体、越详细，通常越靠谱；反之，如果用人单位支支吾吾、避重就轻、掩盖一些问题，大学生就需要提高警惕。面试时，如果大学生感觉不安全或不正常，要找某种借口迅速离开该用人单位，及时拒绝不合理的邀约及要求；若用人单位要求提供亲友名单、身份证号码（或身份证复印件），可能有诈财之患，大学生要注意规避风险。

## 三、解决劳动争议

劳动争议一般包括因履行劳动合同发生的争议，因辞退与离职发生的争议，因工资、保险、福利等发生的争议。劳动争议发生后，当事人可向相关部门申请调解。调解不成的，当事人可向当地的劳动争议仲裁委员会申请仲裁。由此可见，劳动争议发生时，当事人可根据不同情况采取不同的解决方法。劳动争议的解决方法主要有以下3种。

### 1. 协商和调解

劳动争议发生后，首先双方本着互谅互让的积极态度，自行协商解决，也可以请第三方（即双方信任的个人或组织）帮助协商，达成调解协议。如果双方不愿协商、协商不成或达成调解协议后不履行的，可向本单位劳动争议调解委员会、地方劳动争议调解组织申请调解。

使用协商和调解这种方法解决劳动争议，具有简单方便、灵活快捷等优势，能够及时有效地维护当事人的合法权益。

### 2. 仲裁

劳动争议发生后，任何一方当事人都可在劳动争议发生之日起60日内向劳动争议仲裁委员会申请仲裁，并提出书面申请。劳动争议仲裁委员会决定受理的，自收到仲裁申请之日起60日内做出仲裁裁决。

劳动争议仲裁委员会可依法进行调解，经调解达成调解协议的，制定仲裁调解书。仲裁调解书具有法律效力，当事人必须自觉履行，如一方当事人不履行，另一方当事人可向人民法院申请强制执行。

### 3. 诉讼

诉讼是解决劳动争议的最后一道程序。如当事人对劳动争议仲裁委员会做出的仲裁裁决不服，可自收到仲裁裁决书之日起15日内向人民法院提起诉讼。逾期不起诉的，仲裁裁决将产生法律效力。人民法院审理劳动争议案件有以下5个条件。

- 起诉人必须是劳动争议的当事人。当事人因故不能亲自起诉的，可以直接委托代理人起诉，其他人未经委托无权起诉。
- 必须是不服劳动争议仲裁委员会仲裁裁决而向人民法院起诉，未经仲裁程序不得直接向人民法院起诉。
- 必须有明确的被告、具体的诉讼请求和事实根据。不得将劳动争议仲裁委员会作为被告向人民法院起诉。
- 起诉的时间必须在劳动法律规定的时效内，否则不予受理。
- 起诉必须向有管辖权的人民法院提出，一般应向劳动争议仲裁委员会所在地人民法院起诉。

### 案例品读

**求职就业要小心谨慎**

南充市某大学10多名大学生集体到深圳的一家民营企业做电子产品组装工作。该企业给学生的口头承诺是：月薪 5000 元，外加年终分红；工作满 1 年的，分房；工作满 3 年的，直接配车。这些学生都觉得这真是天上掉馅饼了，这么好的机会怎能错过呢？于是，他们没有多想就去了深圳。到达该企业之后，急于求成的学生们草率地签订了劳动合同。1 个月之后，所有人都大呼上当了。他们的月薪确实是 5000 元，但是在工作中他们经常会违反合同中的"霸王条款"，如迟到一次罚款 500 元。结果，1 个月高强度工作下来，扣掉各种罚款，大家实际拿到手的不到 1000 元。学生们集体反抗，说要辞职不干，但该企业拿出劳动合同，要求每人交 10000 元的违约金。学生们说："你们和我们谈的时候可不是这么说的。"该企业则表示"请拿出证据来"。众学生木然。

**点评：** 在签订劳动合同时，一定要认真看清劳动合同里面的条款，这样才能有效地保障自身的合法权益。求职者一旦发觉上当受骗，要及时向用人单位所在地的劳动保障监察大队投诉或向派出所报案，寻求法律保护。

## 课后思考与练习

1. 什么是合法劳动？什么是非法劳动？
2. 劳动合同有什么作用？签订劳动合同应该注意哪些事项？
3. 根据《劳动合同法》的规定，用人单位可以在哪些情形下解除与劳动者的劳动合同？
4. 与大学生求职就业相关的法律法规有哪些？
5. 大学生在求职就业的过程中，应该警惕哪些求职就业陷阱？应该如何避免落入求职陷阱？
6. 用人单位以各种理由恶意欠薪时，大学生该怎么办？
7. 阅读下面的材料，谈一谈你对合法劳动和非法劳动的认识。

大学生付某在出租房制作假冒产品时被警方抓获。经检察机关查明，这些产品均为假冒他人注册商标的产品。检方认为，付某未经注册商标所有人许可，在同一种产品上使用与其注册商标相同的商标，情节特别严重，其行为触犯了《中华人民共和国刑法》，应当以假冒注册商标罪追究其刑事责任。对于检方的指控，付某表示认罪。据其交代，他因为长期找不到令自己满意的工作，偶然看到网上有人出售一些产品的商标和外包装等，便想到做假冒产品赚钱，以此获取暴利。最终，付某受到了法律严厉的处罚。

8. 阅读下面的材料，分析汤敏是否可以解除劳动合同。

汤敏刚刚到一家科技公司上班，当初该公司正式录用汤敏时，与她签订了为期两年的劳动合同，并在合同中规定，试用期为两个月。可是，从上班的第一周开始，该公司就找各种理由要求汤敏等员工经常加班，而且劳动强度非常大。因此，汤敏上班半个月后，就不想再继续干了。谁料，汤敏的辞职请求却被该公司拒绝。汤敏很迷茫，不知道该公司这种强迫自己继续工作的行为是不是可以作为她解除劳动关系的理由？如果劳动关系解除了，自己需不需要承担相应的法律责任？

# 说明 ————————————————————————————————

    新时代的大学生，不仅要掌握劳动的理论知识，还要积极进行劳动实践，践行劳动精神，在实践过程中认识和掌握更多的劳动工具，提高劳动能力，并深刻体会"劳动最光荣、劳动最崇高、劳动最伟大、劳动最美丽"的中国特色社会主义劳动价值观。

    为引导、指导大学生以不同的劳动形式开展劳动实践活动，本手册紧密联系教材内容，共设计了 5 个模块、10 个劳动实践活动，如下图所示。

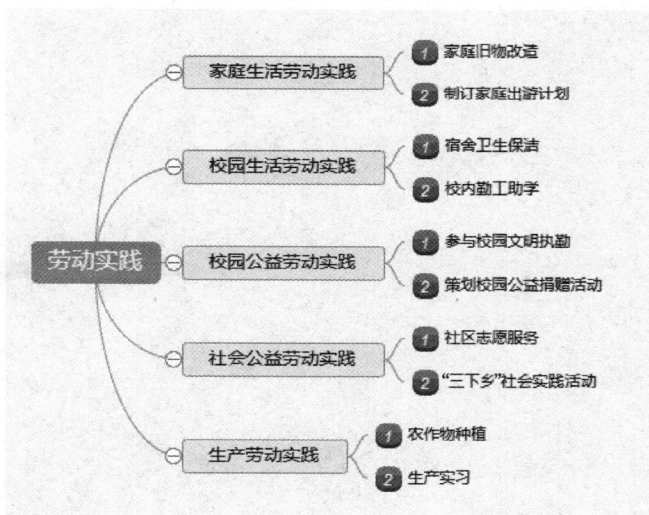

    本手册的劳动实践活动既有以个人为单位开展的，也有以团队为单位开展的，每个学生都应该乐于探究、勤于思考与动手，在劳动实践中展示个人风采，提升个人能力，培养劳动精神和品质。同时，读者可以扫描劳动实践活动对应的二维码查看劳动实践操作示例、劳动实践报告示例。

    此外，为方便教师教学、学生学习和实践，本手册还提供各专业的劳动教育教学清单供用书教师和学生参考，扫描右侧二维码即可获取。

编者

2024 年 11 月

# 模块一　家庭生活劳动实践

## 一、家庭旧物改造

　　家庭中总有一些被遗忘的旧物，它们当中，有的可能承载着一段特别的"记忆"，人们舍不得丢弃它们，但也不再使用它们，而对旧物的改造能赋予它们新的内涵与意义。大学生通过发挥创意，可以让一件件闲置的物品"脱胎换骨"，变成具有新用途的好物。

　　大学生在改造旧物的过程中，不仅能培养创新思维和动手能力，还会收获满足感和成就感。同时，旧物改造也是保护环境、珍惜资源的一种体现，大学生可以通过这一实践活动为传播环保理念做一份贡献。

### 1. 活动准备

　　要完成旧物改造，大学生需要做好前期准备。具体准备包括确定改造对象、收集资料并寻找创作灵感、制订改造计划和准备材料与工具。

- **确定改造对象。** 审视、收集家中闲置的旧物，挑选至少一件不再需要的物品作为改造对象，可以是废旧衣物、破损家具、废旧电子产品、包装盒、废旧纸张等。
- **收集资料并寻找创作灵感。** 我们通过网络搜索、阅读书籍、关注社交媒体等方式，收集旧物改造案例、教程，以此获得改造旧物的灵感并形成初步的设计构想。例如，将废旧衣物改造成手提袋；将废旧纸张、纸盒改造成收纳箱。
- **制订改造计划。** 根据设计构想，我们要制订详细的改造计划，包括确定所需材料、工具、改造步骤等，确保实践活动的可实施性，避免盲目操作。
- **准备材料与工具。** 根据改造计划，准备所需材料与工具，如布料、颜料、木材、五金件、剪刀、美工刀、胶水、针线、画笔、砂纸、锯子、电钻等。根据改造计划，如有必要，我们应掌握工具的使用和操作技巧。例如，对于布料等柔软材质，可能需要掌握缝制技巧；对于塑料、硬纸板、金属等硬质材质，则可能需要使用胶水进行粘贴。在某些改造项目中，可能还需要钻孔来安装螺丝等，用于固定相关部件。

### 2. 实践要求

　　改造旧物的实践要求包括以下4点。

- **安全第一。** 我们在使用任何工具或材料时，特别是使用锋利工具（如针、刀）、化学品或电动工具时，务必严格遵守安全规范，确保人身安全。
- **独立思考与创新。** 在改造旧物的过程中，我们要独立思考，发挥创意，不拘泥于传统方法，尝试新的改造技术与设计理念。
- **合理规划时间。** 合理规划时间，确保项目按时完成，同时保持学习与生活的平衡，避免因项目影响学业或健康。
- **注重改造后物品的实用性与美观性。** 在改造过程中，我们要注重改造后物品的实用性，尽量使其能够满足日常需求。除了实用性外，还要注重物品的美观性，我们可以通过色彩搭配、图案设计、饰品装饰等方式使改造后的物品更加美观。

### 3．劳动实践开展

做好旧物改造的准备工作后，我们就可以开始动手操作了。在实践中，可将旧物改造计划以书面形式呈现，内容包括改造对象、改造目标、改造后物品的用途、准备的材料和工具、物品改造过程等，然后按照改造计划逐步实施，并将改造成果展示出来，如表 1 所示。

扫一扫

旧物改造计划
（示例）

**表 1　旧物改造计划（示例）**

| 改造对象 | 至少选择一件旧物，如旧牛仔裤 |
|---|---|
| 改造目标 | 利用旧牛仔裤制作一个小巧的手提包 |
| 改造后物品的用途 | 放一些小物件，如钥匙扣、手机 |
| 准备的材料和工具 | 用于裁剪衣物的剪刀、针线、一个装饰用的发卡等 |
| 物品改造过程 | （1）将旧牛仔裤平铺整齐，沿缝线处裁开裤腿，横向取一块大小合适的长方形布料，需要注意的是，原先牛仔裤另一侧的缝线处应位于布料的中间位置 （2）将布料沿缝线处对折，在左下角和右下角剪除两个小正方形的布料 （3）…… |
| 改造成果展示 | （可以从不同角度拍摄若干照片展示成果） |

### 4．反思交流

邀请家人一起欣赏或体验自己的改造成果，向家人讲述自己的意图和改造过程，并收集家人对改造成果的反馈。将旧物改造成果的照片分享到社交媒体平台（如微信、微博），或者将制作过程拍摄、剪辑成短视频分享到社交媒体平台，并收集社交媒体平台好友、粉丝对旧物改造成果的反馈。

根据信息反馈，进行自我反思，总结在旧物改造过程中遇到的挑战与解决方法，评估自己在旧物改造过程中能力的提升情况，以及明确自己需要改进和进一步学习的地方，如表 2 所示。

表 2 反思总结

| 遇到的挑战与解决方法 | |
| --- | --- |
| 能力的提升 | |
| 需要改进和进一步学习的地方 | |

## 二、制订家庭出游计划

随着现代社会经济的快速发展和人们消费观念的改变，外出游玩已经成为人们休闲娱乐、放松心情、增进家庭成员之间情感交流的重要方式。部分大学生也会在假期与家人一同出游，但大学生可能并不参与家庭出游的策划工作。

在家庭出游活动中，大学生不妨尝试制订家庭出游计划，为家庭出游出谋划策，在锻炼自己的组织能力、沟通能力、规划能力、执行能力的同时，也为家庭贡献自己的力量。

### 1. 活动准备

为了使家庭成员在外出游玩时玩得高兴，合理控制开支，并保障家庭成员的健康和安全，大学生需要在出游前做好充分的准备。具体的活动准备包括以下 8 个方面的内容。

- **确定出游目标和时间。**与家庭成员沟通，了解大家的出游意愿和期望，确定出游目标。例如，是喜欢海滨度假、山区徒步、历史文化游，还是城市观光、亲子互动等。考虑家庭成员的工作和学习安排，选择一个大家都方便出行的时间。
- **选择目的地。**根据出游目标、时间和总预算，挑选合适的目的地，需了解目的地的天气情况，确保在出游期间天气适宜。同时了解目的地的旅游资源，包括景点、美食、住宿等，评估其是否符合家庭成员的需求。如果时间较短、预算有限，可以选择周边的城市或景点作为旅游目的地；如果时间充裕、预算充足，可以考虑选择较远的旅游目的地。
- **确定出行方式。**确定出行方式为自驾、乘坐公共交通工具（飞机、火车、长途客车等）还是包车。长途旅游应提前预订机票、火车票或长途客车票，确保有合适的座位。如果自驾，应提前检查车辆状况，规划好路线，了解沿途的加油站和休息区。如果包车，需要提前联系司机，确定时间和费用。
- **规划行程。**合理分配时间、安排行程，避免行程过于紧凑，要让大家有足够的休息和活动时间。安排好各个景点的游览顺序，尽量避免路线的重复和时间的浪费。安排需要较多体力的活动时，要考虑到家庭成员的年龄和身体状况来适当安排。

3

- **住宿安排**。根据预算和家庭成员的需求选择合适的住宿类型，如酒店、民宿、度假村等。查看住宿的评价和位置，选择交通便利、环境舒适、安全卫生的地方。在旅游旺季，尽量提前预订房间，以免出现没有房间的情况。
- **餐饮安排**。了解目的地的特色美食，提前规划好品尝的餐厅。同时考虑家庭成员的饮食偏好和特殊需求，做好安排。
- **预算规划**。列出各项费用的大致预算，包括交通、住宿、餐饮、门票、购物等。控制预算，避免浪费。
- **准备物品**。根据目的地和行程，准备必要的物品，如衣物、鞋子、相机、充电器、药品等。

总之，大学生在为家庭制订出游计划时需要充分考虑各方面的因素，精心安排，让家庭出游成为一次难忘而愉快的经历。

## 2．实践要求

制订家庭出游计划的实践要求包括以下3点。

- **制定家庭出游计划表**。在出游前制定一份家庭出游计划表，以文本或表格的方式列出出游目标、出游时间、出游人数、出发地、目的地、出游方式、物品准备、安全注意事项、行程等内容。保证出游计划切实可行，确保开支不超过经费预算，合理安排出游途中的相关事项。
- **尊重民风民俗**。出游途中，请尊重当地的民风民俗。大学生可以提前了解旅游目的地的风俗习惯。
- **保证出游安全**。出游途中，务必保证安全。一方面需带上必要的防护药品，另一方面需注意交通安全、饮食安全、住宿安全等。

## 3．劳动实践开展

根据活动内容，制定一份家庭出游计划表。完成初步计划后，与家庭成员一起讨论，听取他们的意见和建议，进行必要的修改和完善，最终共同确认并依计划实施。正式出游前，各家庭成员应准备好相关的旅行用品，如行李箱、药品、相机等。由大学生提前预订机票/火车票、酒店/民宿等。出游中，大学生还可以利用时间管理工具，如每日计划清单表，或者手机的日历、闹钟等，提醒每日的重要待办事项，确保行程顺利。出游途中需拍摄照片或视频并进行展示。表3是一份暑期家庭出游计划表（示例），供大学生参考。

扫一扫

暑期家庭出游计划表
（示例）

### 表3　暑期家庭出游计划表（示例）

| | |
|---|---|
| **出游目标** | 桂林山水风景游览 |
| **出游时间** | 7月13日—7月20日 |
| **出游人数** | 3人 |
| **出发地** | 大连 |
| **目的地** | 桂林 |
| **出游方式** | 乘飞机、高铁、汽车等交通工具 |

续表

| 物品准备 | …… |
|---|---|
| 安全注意事项 | …… |
| 行程<br>（列出游玩项目<br>与时间安排） | …… |
| 成果展示<br>（拍照或<br>拍视频） | …… |

#### 4. 反思交流

在家庭中分享出游中的感人瞬间和欢乐时刻，加深家庭成员间的情感联系。将家庭计划出游表，游玩过程中拍摄的照片和视频，以及家庭出游计划的制订和实施的心得体会，分享给亲戚、朋友、同学、老师，或者在社交媒体平台分享，让更多的人看到。

根据各方面的信息反馈进行反思，总结家庭出游计划的制订和实施过程中遇到的挑战与解决方法，评估自己在家庭出游计划的制订和实施过程中能力的提升情况，以及明确自己需要改进和进一步学习的地方，如表 4 所示。

表 4 反思总结

| 遇到的挑战与<br>解决方法 | |
|---|---|
| 能力的提升 | |
| 需要改进不足和进一<br>步学习的地方 | |

# 模块二　校园生活劳动实践

## 一、宿舍卫生保洁

进行宿舍卫生保洁不仅关乎个人健康和生活质量，也是维护良好学习和生活环境的重要措施。具体来看，积极进行宿舍卫生保洁可以提升大学生的生活自理能力和公共卫生意识。保持宿舍干净整洁有助于减少疾病传播、改善情绪和维护身心健康。宿舍成员共同努力保持宿舍的干净整洁还可以促进相互之间的团结合作。

宿舍是大学生经常待的地方，宿舍环境会影响大学生的身心健康。因此，大学生需要培养讲文明、讲卫生、爱劳动的良好习惯，通过宿舍卫生保洁维持舒适的宿舍环境。

### 1. 活动准备

开展宿舍卫生保洁活动，可以从宣传动员、人员分组、时间安排、物资准备和明确任务等方面做准备，具体内容如下。

- **宣传动员**。活动前 1 ~ 3 天召开班级动员大会，明确活动意义、流程、安全注意事项及奖励机制等。
- **人员分组**。全部学生以宿舍为单位分组，每组安排一名组长负责协调任务，整个活动由辅导员及指定的学生会干部成立的活动领导小组负责组织、监督。
- **时间安排**。选择周末或节假日的上午进行宿舍卫生保洁，尽量确保所有人参与。同时分阶段进行，每阶段约 2 小时，中间安排休息时间。
- **物资准备**。准备清洁工具，包括扫帚、拖把、抹布、垃圾袋、清洁剂等；准备安全防护用品，包括手套、口罩、消毒液（用于手部清洁及环境消毒）等。
- **明确任务**。明确各小组的劳动任务，每组负责特定区域的清洁。例如，打扫各宿舍的地面、墙面；打扫各宿舍的阳台、卫生间；打扫个人床铺、床底和书桌；打扫需要各宿舍负责的公共区域（如走廊、楼梯）。

## 2. 实践要求

宿舍卫生保洁的实践要求主要涉及安全、卫生和环保等方面，具体内容如下。

- **安全规范**。强调使用清洁工具时的安全操作，避免划伤、滑倒等。正确佩戴口罩和手套，使用清洁剂时注意通风和个人防护。
- **地面、墙面卫生**。地面干净整洁，无纸屑、果皮、杂物，无污水积存现象；门窗、柜子、灯具上无浮尘污迹，室内墙角无灰尘、蜘蛛网等。
- **阳台、卫生间卫生**。阳台物品摆放整齐，无垃圾积存。卫生间地面、墙面干净整洁，无各种杂物和污水积存，空气清新；便池内无粪便积存，流水畅通。
- **个人床铺、床底、书桌卫生**。床上被子叠放整齐，干净整洁，方向一致；床底鞋子摆放有序，形式统一；床位附近墙面无乱扯乱挂、乱刻乱画情况；洗漱用品、餐具、卫生用具等要固定位置、统一摆放；不能出现未及时清洗的脏衣物。
- **公共区域卫生**。公共区域地面干净整洁，无垃圾、无积水；墙面干净整洁，无灰尘、无污垢。
- **环保意识**。强化垃圾分类意识，确保垃圾正确投放。

## 3. 劳动实践开展

宿舍卫生保洁活动实践开展可分为活动开场、实践操作、成果验收和成果记录 4 个环节。

- **活动开场**。活动当天全体人员集合，由活动领导小组重申活动目的、安全规则及分组情况，以及发放清洁物资。
- **实践操作**。各组按照任务分配情况开展清洁工作，组长负责监督和协调。活动中穿插小组间的互助交流，分享清洁小技巧。活动领导小组人员定时检查进度，确保清洁质量，同时注意安全监督。
- **成果验收**。清洁工作结束后，由活动领导小组进行验收，从安全、卫生和环保这 3 个方面评估各小组的清洁和活动效果。此外，活动领导小组可以设立"文明宿舍"称号，或者设立"最佳清洁小组""最佳创意奖"等奖项，给予表现优异的小组表彰和奖励。

- **成果记录。**将活动成果及奖项评选结果通过拍摄照片或视频的方式记录，以备后用。

### 4. 反思交流

宿舍卫生保洁活动结束后，首先各小组评估本次活动的效率、清洁效果、安全措施等。然后，活动领导小组组织全体参与者召开总结会议，回顾活动过程，邀请表现突出的小组或个人分享经验，激励其他同学。此外，活动领导小组还可以将活动亮点、成果及优秀案例通过校园媒体进行宣传，扩大活动影响力，鼓励其他班级、社团自发组织类似活动，形成良好的校园卫生保洁氛围。

扫一扫

宿舍卫生公约

最后，宿舍成员讨论、协商，根据各宿舍的实际情况制定宿舍卫生公约，明确卫生标准、值日制度、执行与监督等内容，以形成长期有效的宿舍卫生保洁机制。

## 二、校内勤工助学

校内勤工助学指学生利用课余时间在校内通过在学校设置的勤工助学岗位上兼职获得经济报酬，用于改善学习和生活条件的实践活动。校内勤工助学是大学生进行劳动实践的常见方式。一方面，大学生可以通过勤工助学获得经济报酬，减轻家庭负担；另一方面，勤工助学对提高大学生综合素质具有十分积极的意义。

校内勤工助学是在校内兼职工作，具有一定的便利性，希望大学生能够有意识地积极开展校内勤工助学活动，体会劳动对创造美好生活的意义。

### 1. 活动准备

校内勤工助学一般由学校设置校内勤工助学岗位，并发布招聘信息。大学生要进行校内勤工助学，需要做好以下准备。

（1）了解校内勤工助学岗位

大学生可以通过勤工助学管理服务组织或辅导员了解校内勤工助学岗位及其职责。一般来说，大学生校内勤工助学岗位主要有学生助理、图书管理、实验室或机房管理等。

- **学生助理。**学生助理是协助学校各部门或正式在岗职工处理日常事务的一种岗位，是常见的大学生校内勤工助学岗位。学生助理的岗位职责涵盖了教学、管理、服务等多个方面的内容，不同学校根据情况设置学生助理岗位，其岗位职责的侧重点有所不同。例如，协助教师进行教学工作，包括准备教学资料、辅导学生学习、组织实验或实践活动等；协助教师进行科研工作，包括文献查阅、实验操作、数据分析等；协助学校各部门进行管理工作，包括学生档案管理、考勤统计、信息录入，以及负责通知公告、活动策划等文案撰写和组织迎新活动、文艺演出、体育比赛、毕业典礼等各类校内活动；服务学生，为学生提供各种服务，包括解答问题、提供学习指导、职业规划和心理咨询等。
- **图书管理。**大学的图书馆通常会在馆内的每一层楼设置图书管理岗，其职责主要是配合管理员老师整理书籍和打扫卫生等。
- **实验室或机房管理。**大学通常有很多实验室和计算机机房等专业技术研究与学习场所，这些地方也会设置勤工助学岗，其主要职责是配合管理员老师做一些辅助性管理工作。

- **食堂帮厨。**食堂帮厨的主要职责是协助厨师准备食材（如洗菜）、清洁厨房和餐厅，以及为师生供餐等。
- **宿舍协管。**宿舍协管的主要职责是协助宿舍管理员管理宿舍。
- **快递收发。**快递收发的主要职责是负责快递的收发工作及维持工作环境的卫生等。

（2）选择合适的校内勤工助学岗位

除经济困难的同学外，大学生参与校内勤工助学不建议将赚钱作为首要目的。当代大学生生存意识明显增强，适当地追求合理的经济收益是无可厚非的，但是过于功利化的心态不利于大学生的健康成长。因此了解校内勤工助学岗位及其职责后，大学生应根据自身情况选择适合自己的，能够锻炼自己能力或发挥自己特长的校内勤工助学岗位。

（3）选择校内勤工助学实践方式

有的学校的勤工助学岗位有限，除申请正式在校内某个勤工助学岗位工作外，大学生也可以选择通过跟随体验的方式参与校内勤工助学实践活动，即跟随已在勤工助学岗位工作的学长、学姐或朋友、同学，协助他们进行日常工作或记录他们的工作内容等。

### 2. 实践要求

大学生进行校内勤工助学的实践要求主要有以下3点。

- **合理规划时间，不耽误学业。**《高等学校学生勤工助学管理办法（2018年修订）》要求："勤工助学活动应坚持'立足校园、服务社会'的宗旨，按照学有余力、自愿申请、信息公开、扶困优先、竞争上岗、遵纪守法的原则，由学校在不影响正常教学秩序和学生正常学习的前提下有组织地开展"。学校会根据学生课程表灵活安排工作时间，确保不影响学生的学业。大学生也要合理规划自己的时间，不能耽误自己的学习。
- **积极参加岗位技能培训。**如果学校相关部门就校内勤工助学岗位组织了岗位技能培训，如基本职业素养、岗位操作规范和安全知识等的培训，大学生需要认真对待，积极参与。
- **遵守工作纪律。**大学生在校内勤工助学实践活动中务必要遵守学校规章制度及岗位规定，按时到岗，认真完成工作任务。

### 3. 劳动实践开展

校内勤工助学实践开展主要涉及申请岗位、工作实践和形成实践报告3个环节。

- **申请岗位。**大学生可以通过辅导员或学校的勤工助学管理服务组织申请勤工助学岗位，经过学院和相关部门协调后就可以开展勤工助学。
- **工作实践。**大学生应按照既定时间表参与岗位工作，以踏实的工作态度尽早适应工作，并尽心尽责做好本职工作。
- **形成实践报告。**在校内勤工助学岗位工作一段时间，如一个月、一学期后，应形成简单的实践报告，说明实践目的、实践时间、实践岗位、实践方式、工作内容、实践总结等，如表5所示。

扫一扫

校内勤工助学
实践报告（示例）

表 5　校内勤工助学实践报告（示例）

| 实践目的 | 充实课余生活，在实践中认识社会、增长才干、磨炼意志、增强社会责任感，为日后真正走进社会打好基础 |
|---|---|
| 实践时间 | 2024 年 3 月 1 日—2024 年 3 月 31 日 |
| 实践岗位 | ×× 大学勤工助学服务中心办事员 |
| 实践方式 | 正式入职 |
| 工作内容<br>（可附工作照片） | …… |
| 实践总结<br>（总结工作得失） | …… |

### 4. 反思交流

将自己的校内勤工助学经历、经验分享给亲戚、朋友、同学、老师。根据各方面的反馈，结合自身对学校勤工助学岗位（包括岗位类型和岗位职责等）的了解，提出建设性的意见，谈一谈学校勤工助学存在的问题，与相关部门沟通，如是否可增设勤工助学岗位数量，提供更多能够发挥学生专长的工种等，以持续优化校内勤工助学岗位的设置、培训内容和管理机制。

# 模块三　校园公益劳动实践

## 一、参与校园文明执勤

为建设文明校园，规范大学生的日常行为，培养大学生护校、爱校的主人翁意识，保障师生安全，学校会组建大学生校园执勤服务队，联合其他组织一同开展校园执勤活动。

大学生可以积极参与校园文明执勤，为创建文明校园贡献力量。同时，在校园文明执勤活动中，大学生要注重自我提升。例如，掌握一些沟通技巧、提高团队协作能力与处理突发事件的能力。

### 1. 活动准备

大学生做好充分的准备能够让自己在校园文明执勤活动中更好地发挥作用，为营造文明、和谐的校园环境贡献自己的力量。

- **了解活动内容。** 了解校园文明执勤活动的内容，这可能包括维护校园秩序、监督不文明行为、引导同学遵守规章制度等。同时，我们还需要了解执勤的时间、地点、区域及相关的纪律要求等。
- **熟悉学校规章制度。** 熟悉学校关于校园秩序、行为规范、环境卫生等方面的规定，做到心中有数，以便能够正确处理校园内的不文明事件。例如，对于校园内的违规停车、乱张贴等行为，我们要知道相应的处理依据。
- **接受培训与准备装备。** 在执勤前，学校或相关部门通常会组织培训，讲解礼仪规范、执勤技巧、注意事项以及进行安全教育等。大学生应积极参加培训，认真学习相关知识。同时，大学生应根据执勤需要，准备好相应的装备，包括执勤标志（如工作牌、袖标等），以便其他同学能够识别校园文明执勤参与者的身份；以及笔记本、笔等记录工具，以便记录执勤过程中的情况。

- **做好团队协作准备**。校园文明执勤活动一般会划分出 2 ~ 5 人为一组的若干团队，每个团队负责不同区域的文明执勤。而在一个团队中，也会有相应的分工。参与者要提前与队友熟悉，明确自己在执勤过程中的具体职责，如监督、引导或记录等；与其他参与者分工合作，便于工作顺利高效进行。

### 2. 实践要求

大学生参与校园文明执勤活动需要在工作态度、工作纪律、工作内容、团队协作等多个方面严格要求自己，具体内容如下。

- **工作态度方面**。要有高度的责任心和使命感，充分认识到校园文明执勤工作的重要性。保持积极主动的工作态度，热情对待每一位同学和老师。具备耐心和细心，认真对待每一个执勤任务，不敷衍了事。
- **工作纪律方面**。严格遵守执勤时间安排，不迟到、不早退。如有特殊情况需要请假，应提前按照规定流程办理。着装整齐、规范，展现良好的形象和积极向上的精神风貌。遵守工作中的保密原则，不泄露执勤过程中涉及的相关信息。
- **工作内容方面**。维护校园秩序，包括引导车辆停放、规范行人行走路线等。监督校园环境卫生，制止乱扔垃圾等不文明行为，并协助保持校园的整洁。对违反校园规章制度的行为进行友善的提醒和纠正。例如，在教学楼内大声喧哗、在图书馆内违规占座等。
- **团队协作方面**。与其他参与者密切配合，形成良好的团队协作氛围。遇到问题及时与老师或相关负责人沟通，寻求有效的解决方案。善于倾听同学们的意见和建议，不断改进工作方法。

### 3. 劳动实践开展

校园文明执勤的实践开展主要涉及以下环节。

- **按时到岗**。严格按照值班表规定的时间到达指定地点，提前做好准备工作，如佩戴执勤标志。
- **认真观察和巡逻**。按照规定的路线进行巡逻，密切关注周围的情况，不放过任何一个不文明的行为或安全隐患。
- **文明劝导和纠正**。当发现不文明行为时，应采用温和、耐心的方式进行劝导。向当事人解释相关规定和文明行为的重要性，引导其自觉改正，做到既能指出不文明行为，又能让对方乐于接受。
- **记录和报告**。对于严重违反规定或多次劝导无效的情况，应进行详细记录。及时将重要情况向学校相关部门报告。
- **应对突发事件**。遇到紧急情况，如突发的冲突或安全事故，应保持冷静。按照所学的应急处理方法进行处理，同时迅速通知相关人员支援。

扫一扫

校园文明执勤
实践报告（示例）

- **工作交接。**与下一班执勤人员进行详细的交接，包括未处理完的事项和需要特别关注的问题。确保交接工作清晰、准确，避免出现遗漏。

校园文明执勤活动结束后，要形成一份实践报告，如表 6 所示。

**表 6　校园文明执勤实践报告（示例）**

| 活动背景 | 随着社会的发展，校园文明建设已经成为教育工作的重要组成部分。作为一名大学生，我参加了校园文明执勤活动，旨在通过实际行动促进校园环境的改善和推动校园文化建设 |
|---|---|
| 实践时间 | 2024 年 5 月 1 日—2024 年 5 月 31 日 |
| 执勤地点 | ××大学校园，包括图书馆、食堂、宿舍区、教学楼、交通过道等公共区域 |
| 执勤内容<br>（可附执勤照片） | （1）维护校园秩序<br>·在校门口执勤，确保学生和教职工有序进出校园，避免拥挤和混乱<br>·引导车辆在校园内按照规定的路线行驶和停放，保障交通安全<br>·监督上下课期间教学楼和宿舍楼的人员流动，防止者塞和意外发生<br>…… |
| 实践总结 | …… |

### 4. 反思交流

执勤结束后，回顾活动期间的执勤情况，总结执勤过程中出现的不文明现象，以及执勤活动的成功经验和不足之处。与其他执勤人员、朋友、同学、老师分享讨论，思考如何改进工作方法，提高执勤效果。将执勤过程中发现的问题和大家的建议反馈给学校相关部门，为学校进一步完善规章制度和加强文明建设提供参考。例如，加强校园文明宣传，通过悬挂横幅、发放宣传册、利用社交媒体等方式，普及文明校园知识，增强同学们的文明意识；向全校师生发放满意度调查问卷，收集大家对执勤活动的意见和建议，根据反馈，适时调整执勤策略，优化工作流程；探索校园文明执勤的创新形式，如设立"文明监督员"，持续规范引导学生的文明行为，让校园文明蔚然成风。同时，加强与其他高校的交流与合作，共同推动校园文明建设迈上新台阶。

## 二、策划校园公益捐赠活动

公益捐赠活动是指自然人、法人或其他组织通过公益性社会团体（如基金会、慈善组织、福利性组织）或县级以上人民政府及其部门，向公益事业进行捐赠。公益捐赠活动的范围非常广泛，包括但不限于：救助灾害、救济贫困、扶助残疾人等困难的社会群体和个人的活动；教育、科学、文化、卫生、体育事业；环境保护、社会公共设施建设；其他促进社会发展和进步的社会公共和福利事业。捐赠不仅可以缓解他人困难，帮助他人实现成长，还能维护公共利益，增进公共福祉。

在校园开展公益捐赠活动，可以将学生们的书籍、文具、衣物等物资免费捐赠给其他地区的机构，以帮助当地更好地开展教育事业或其他事业。学生们也可以通过开展捐赠活动，培养社会责任感、奉献精神和团队协作能力。

通常，策划校园公益捐赠活动需要在指导老师、相关学生社团组织以及学校有关部门的帮助下进行。下面介绍以班级为主导策划校园公益捐赠活动的流程。

**1. 活动准备**

策划校园公益捐赠活动的准备工作包括两个方面：了解公益捐赠活动的相关规定和制定校园公益捐赠活动方案。

（1）了解公益捐赠活动的相关规定

为了使公益捐赠活动顺利开展，大学生首先要了解公益捐赠活动的相关规定。

- **公益捐赠活动的审批。** 通常，任何学生团体或个人在校园内组织公益捐赠活动都需要经过审批，活动经批准后方能开展。为确保公益捐赠活动顺利进行和合规，大学生在策划公益捐赠活动时，应提前与学校相关部门联系，按照规定的流程提交申请和审批材料，确保活动符合法律法规和学校的管理要求，并获得学校有关部门的支持。
- **规范募捐行为。** 组织者应在指定的活动地点进行宣传、募捐。公益捐赠活动应本着自觉自愿的原则，组织者不得强迫他人捐赠，不得到教室、宿舍、办公室等学习、生活和办公场所募捐，以免影响正常的学习、生活和工作秩序。
- **募捐所得财物的管理和使用。** 募捐所得财物不得挪作他用。公益捐赠活动结束后，组织者应将活动总结、募捐所得财物总数和接收方票证报审批部门备案。募捐所得财物移交后应有接收方的收条或发票收据。公益捐赠活动的批准单位负责监督相关财物的使用情况。

（2）制定校园公益捐赠活动方案

大学生成功组织一场校园公益捐赠活动，为需要帮助的人群送去温暖和关爱，需要经过精心策划和实施，为此需要制定校园公益捐赠活动方案，该方案主要内容如下。

- **明确活动目的。** 明确活动目的，如帮助贫困学生、支援灾区重建、支持环保事业等。
- **明确活动主题。** 根据活动目的确定一个具有吸引力和感染力的活动主题，如"携手爱心，共建暖冬""让爱心传递，让知识共享"等，以传达活动目的，吸引更多人参与。
- **确定捐赠类型。** 根据活动目的，了解捐赠对象（如贫困学校学生）的具体需求，明确捐赠类型，是捐款还是捐赠物品。校园公益捐赠活动一般为捐赠物品，如学习用品、生活用品等。
- **确定活动时间与地点。** 选择合适的时间和地点开展活动。例如，利用节假日，在校内食堂门口、广场等人流密集区域开展活动。
- **确定活动形式。** 确定活动开展的形式，如现场募捐、义卖、二手物品交换等，也可以设计多样化的活动形式，以提高活动的参与度和影响力。
- **规划活动宣传方案。** 规划宣传活动的方案，如在校园内一般可通过海报、横幅、展板或校园广播进行广泛宣传。宣传内容包括活动主题、目的、时间、地点，捐赠物品种类，捐赠方式等，同时强调活动的公益性和意义。
- **明确活动物资。** 根据活动需求准备相应的物资，如募捐箱、海报、横幅、展板、音响等。

- **明确活动人员分工。**明确活动人员分工，包括宣传人员、募捐人员、登记人员、秩序维护人员等的工作安排。
- **确定活动实施流程。**策划校园公益捐赠活动时，需确定活动实施流程，如活动各阶段的时间安排、人员安排等。
- **明确注意事项。**活动方案最后应明确活动开展的注意事项。例如，确保活动符合相关法律法规和校规校纪的要求；加强活动现场的安全管理，确保参与者的安全；活动过程公开透明，及时公布捐赠物资的数量和去向；等等。

此外，大学生还需要做好预算规划，如宣传材料制作费用，储物箱、标签纸等的购买费用，衣物清洗消毒费用，志愿者餐饮补助费用等；并且可寻找合作伙伴，如当地慈善机构或企业，或寻求学校有关部门的支持。

### 2. 实践要求

为确保活动顺利进行并达到预期效果，大学生开展校园公益捐赠活动应遵守以下实践要求。

- 向学校相关部门提交活动申请，获得批准和支持。确保活动符合法律法规和校纪校规的要求。
- 根据活动目的制定活动方案，活动方案需详细、完整，并符合学校和社会公益活动的相关规定。
- 为募捐所得物品提供安全的存储环境，防止物品损坏或丢失。同时，我们还应建立物品清单和库存管理制度，确保物品的数量和种类清晰可查。
- 配备专业的安保人员，维护活动秩序，确保活动现场的安全。

### 3. 劳动实践开展

首先，以班级为主导成立活动策划组、宣传组和执行组等，其中，策划组负责活动的整体策划、组织和协调；宣传组负责宣传推广工作；执行组负责活动的具体实施，包括设置捐赠点、物品分类整理与保管等。同时由策划组撰写校园公益捐赠活动方案，表7所示为校园捐赠活动方案（示例），可供策划组参考。

扫一扫

校园公益捐赠
活动方案（示例）

表7　校园公益捐赠活动方案（示例）

| 活动目的 | （1）筹集物资，用于帮助贫困地区的学生、孤寡老人等弱势群体<br>（2）增强同学们的团结协作能力和社会责任感<br>（3）培养同学们的爱心和奉献精神，让大家懂得关爱他人，回馈社会 |
|---|---|
| 活动主题 | 爱心传递，温暖你我 |
| 活动形式和捐赠类型 | （1）以同学们自愿为原则，面向全校师生进行现场募捐<br>（2）募捐所得的物品分为图书、衣物、其他等3类 |
| 活动时间 | 4月28日 9:00—18:00 |
| 活动地点 | ××大学学生广场，设置多个募捐点 |

| 活动准备 | 宣传组负责在活动前一周做好准备工作<br>（1）宣传物料：制作宣传海报、横幅等<br>（2）物资筹备：准备捐赠箱和登记表格，用于收集捐赠物品和记录捐赠物品的信息。联系学校相关部门，争取获得一些物资方面的支持 |
|---|---|
| 活动实施流程 | …… |
| 注意事项 | …… |
| 主办方 | …… |

活动方案确定后，各组成员根据工作职责，按照活动实施流程开展校园公益捐赠活动。活动过程中可拍摄照片和视频，以备后期宣传等所用。活动结束后，主办方可对捐赠量较大的个人或集体颁发荣誉证书或纪念品，以资鼓励。

### 4. 反思交流

活动结束后，所有人员参与活动总结，包括对活动效果、参与人数、募捐所得物品数量等进行总结，并撰写活动总结报告。通过校园媒体发布活动总结报告，展示活动成果，收集师生反馈，总结经验并吸取教训，为今后开展公益活动提供参考。

# 模块四　社会公益劳动实践

## 一、社区志愿服务

社区志愿服务活动是大学生接触社会、了解社会的重要途径。通过参加社区志愿服务活动，大学生可以服务社区居民并培养志愿精神和社会责任感，还可以通过参加社区志愿服务活动了解社区地理环境、人文景观、物产特色、风俗习惯等方面的信息，也可通过与他人的接触、交流，来积累社会生活经验。

大学生开展社区志愿服务实践的形式十分丰富。例如，进行垃圾分类宣传、参加社区里的安全巡逻、参与社区环境整治、参与社区文化建设、为孤寡老人提供生活帮助、为留守儿童提供教育辅导、为残障人士提供照料等。在学习之余，大学生可以结合自身情况参加由学校、学生社团、社区或其他福利机构组织的社区志愿服务活动。

### 1. 活动准备

大学生参加社区志愿服务活动时，需要做好以下 5 个方面的准备。

- 心理准备。了解志愿服务活动的目的和意义，明确自己参与志愿服务活动的初衷和期望达到的效果。保持积极向上的心态，对志愿服务活动充满热情和耐心，愿意为社区居民提供帮助。做好面对各种挑战和困难的心理准备，如遇到不理解、不配合的居民时，能够保持冷静和理智。

- 知识准备。提前了解社区的基本情况，包括社区的人口结构、文化背景、居民需求等，以便更好地融入社区。根据志愿服务活动的具体内容，学习相关的知识和技能，如沟通技巧、急救知识、环保知识等。

- **物资准备。**准备必要的个人物品，如身份证、学生证、志愿者服装等。根据活动需要，准备相应的服务工具，如清洁工具、宣传材料、教学用具等。
- **时间准备。**提前规划好参与志愿服务活动的时间，确保与学业和其他活动不冲突。活动当天提前到达集合地点，以免因迟到而影响整体进度。
- **团队协作准备。**了解志愿服务团队的成员构成和分工，以便更好地融入团队。积极与团队成员沟通交流，共同商讨服务方案，确保团队协作顺畅。遵守志愿服务团队的纪律和规定，尊重团队成员的意见和建议。

**2. 实践要求**

大学生社区志愿服务活动实践要求涉及多个方面，旨在确保大学生能够有效服务社区并获得锻炼。

- **积极参与。**一些高校每年会组织大学生参与社区志愿服务活动，大学生应积极响应学校的号召，主动参与社区志愿服务活动，贡献自己的力量。
- **遵守规定。**大学生应遵守学校和社区的相关规定，尊重当地的风俗习惯，保持良好的形象和态度。
- **团队协作。**在志愿服务过程中，大学生应团结协作，共同完成任务，展现团队精神。
- **技能培训。**在参与志愿服务活动前，大学生应接受相关的培训，了解志愿服务的基本理念、工作流程和注意事项。根据服务内容的不同，大学生可能还需要接受特定的培训，如急救知识培训等。
- **时间安排。**大学生应根据学校或社区的要求，定期参与志愿服务活动，保持活动的连续性和稳定性。在特殊情况下，如学业压力较大或出现突发事件等，大学生可与组织者协商调整服务时间。
- **安全保障。**大学生在参与志愿服务活动时，应确保自己的人身安全，避免发生意外事故。另外，在记录社区居民的个人信息时，大学生应严格遵守保密规定，防止信息泄露，确保信息安全。

**3. 劳动实践开展**

大学生社区志愿服务活动通常由主办方（如校方和社区服务中心）负责确定活动主题和目的、制订活动计划、组建志愿团队，以及联系服务对象等。下面请同学们在老师的指导下，以3～5人为一组，通过走访社区居民、访问社区工作人员和实地考察等方式，到敬老院、农贸市场、儿童福利中心等场所或地点调查社区居民的服务需求，并制作简易的社区志愿服务调查表，如表8所示，为开展社区志愿服务活动提供参考。

扫一扫

社区志愿服务实践报告（示例）

**表8 社区志愿服务调查表（示例）**

| 序号 | 场所/地点 | 是否需要提供服务 | 所需服务内容 |
|---|---|---|---|
| 1 | ××敬老院 | 是 | 陪伴老人、开展健康讲座、照料老人 |
| 2 | ××农贸市场 | 是 | 打扫市场卫生，维持现场秩序，引导、规范商户行为 |
| 3 | …… | …… | …… |

15

在社区志愿服务活动实施阶段，大学生作为社区服务志愿者，需根据团队安排，参与宣传活动，如利用横幅、海报、传单等宣传材料，以及社交媒体、社区广播等渠道，向社区居民宣传活动的主题和目的；根据活动计划，开展具体的志愿服务活动；在为社区居民服务的过程中，注意与居民的进一步沟通和互动，了解他们的需求和反馈，为后续开展类似实践活动提供参考；同时，大学生在为社区居民服务时，可拍摄活动照片或视频，留下宝贵的回忆和资料。

**4. 反思交流**

在结束一次社区志愿服务活动后，大学生应根据实践经历，结合主办方和社区居民的反馈，撰写社区志愿服务实践报告，如表 9 所示，以总结经验并吸取教训，创新服务形式，不断提升服务质量。

表 9　社区志愿服务实践报告（示例）

| 活动主题 | 敬老院献爱心：温暖相伴，志愿同行 |
|---|---|
| 活动目的 | 通过参与社区志愿服务活动，培养和强化社会责任感，理解作为社会成员应承担的义务；弘扬尊老爱幼的传统美德；提高组织、沟通和解决问题的能力；积累宝贵的志愿服务经验 |
| 活动时间 | 5 月 28 日—5 月 29 日 |
| 活动主办方 | ×× 大学和 ×× 社区服务中心 |
| 指导老师 | 秦 ×× |
| 服务事项（附实践照片） | （1）为老年人理发<br>因为行动不便，理发成为令老年人比较烦恼的事情。我们走进敬老院后，准备好理发的工具，为老年人提供理发服务<br><br>…… |
| 实践总结（总结经验并吸取教训） | …… |

## 二、"三下乡"社会实践活动

"三下乡"是在校大学生可以参加的一项重要的社会实践活动。"三下乡"也是大学生利用自身专业知识开展服务性劳动的有效途径。通过参加"三下乡"社会实践活动，大学生可以将所学知识带到经济发展相对落后的农村地区，促进当地文化、科技、卫生事业的发展。在为推进农村精神文明建设和乡村振兴做贡献的同时，大学生也可以提高自己的政治素养，培养团队精神和奉献精神，以及开阔视野，增长才干，丰富人生经历。

各高校会组织大学生组建团队开展历时约 2 个月的"三下乡"社会实践活动，鼓励大学生发挥自身专业优势，走入农村地区做实事，并且将劳动与教育相结合，以达到综合育人的目的。大学生应抓住机会，积极参与其中。

### 1. 活动准备

通常,各高校会根据当年相关部门对"三下乡"社会实践活动的整体部署,制订相应的"三下乡"社会实践活动计划,并发布通知。

大学生要想参加"三下乡"社会实践活动,首先,需要通过学校官方网站、学生处、团委等官方渠道,获取"三下乡"社会实践活动的相关信息,包括活动的时间、地点、参与对象、实践团队类型、团队服务内容和参与活动的要求等。然后,大学生需要根据自己的兴趣和专业背景,以及实践团队的目的和任务是否与自己的想法和需求相符,选择适合自己的实践团队。

### 2. 实践要求

大学生参加"三下乡"社会实践活动的要求主要有以下两个方面。

- **确保安全。**以保证安全为首要前提。其一,依法依规组织开展各项社会实践活动。其二,听从指导教师的指导、安排,开展活动前和过程口要充分研判部署,密切关注天气变化和自然地质条件,做好突发情况的应急预案与处置。如遇突发情况,应立即暂停相关地区的活动,妥善做好有关安排,杜绝麻痹思想、侥幸心理。其三,保存好学校、团队负责人、家人等重要联系人的联系方式,以确保在紧急情况下能够迅速与之取得联系。

- **务求实效。**按照"受教育、长才干、做贡献"的原则,坚持严实作风,有针对性地开展社会实践活动,反对"形式主义""摆拍走秀"。注重将社会观察、知识积累、实践思考等的成果转化为实实在在的建设性意见和举措,让自己在实践中求真知、长才干。此外,谨记"帮忙不添乱",不给基层增加负担。

### 3. 劳动实践开展

"三下乡"社会实践活动的开展涉及组建或加入团队、准备材料、提交申请、参加面试和选拔、参加培训、临行准备和服务实践等多个环节。

- **组建或加入团队。**大学生在选择适合自己的团队类型后,可以与志同道合的同学组建团队。例如,与来自不同院系的大学生组成支教团,为目标地区提供多类型的学科课程和兴趣课程。此外,大学生也可以以个人身份申请加入某个团队。需要注意的是,每个团队必须配置指导教师。

- **准备材料。**个人材料包括身份证、学生证等。团队材料主要是"三下乡"社会实践活动策划书,策划书的内容包括实践项目名称、实践时间、指导教师基本信息、团队成员基本信息、实践计划、安全预案等。

扫一扫

"三下乡"社会实践活动策划书模板

- **提交申请。**大学生应在规定的时间内向校团委提交申请,报名参加"三下乡"社会实践活动(提交路径参照学校发布的信息)。

- **参加面试和选拔。**学校会对报名申请进行审核,通过审核的大学生可能需要参加面试和选拔,以便学校了解其综合素质,确保其具备必要的参与条件和技能。

- **参加培训。**通过面试和选拔后,大学生需要参加培训。培训内容涉及安全知识、实践技能(根据实践需求而定)、团队协作等方面。大学生需要认真学习,掌握必要的知识和技能，确保在实践中能够安全有效地完成任务。

- **临行准备。**在出发前，根据活动需求，大学生可以进行适当的体能训练，提高身体素质，以适应可能会面临的体力劳动。同时，大学生还需准备的物资，包括个人生活物品，如衣物、洗漱用品、常用药品、防晒和防虫用品等；专业工具与设备，如调研所需的问卷、录音设备、相机等，支教所需的教材、教具等；必要的安全装备，如手电筒、急救包等，以确保个人安全。
- **服务实践。**到达目标实践地区后，各实践团队和个人按照要求开展社会实践，及时整理实践成果，做好宣传报道。服务过程中，大学生务必以尊重和包容的态度看待农村的生活方式和文化习俗，避免产生偏见或误解。

### 4. 反思交流

"三下乡"社会实践活动结束后，大学生需要根据实践经历撰写实践活动报告。实践活动报告内容包括实践项目名称、实践时间、实践地点、团队类型、指导教师和团队成员、活动内容（具体实践事项和成果展示）以及实践总结等，如表 10 所示。另外，有条件的团队和个人还可以制作反映社会实践风采和成果的视频短片等。

扫一扫

"三下乡"社会实践活动报告

**表 10　"三下乡"社会实践活动报告（示例）**

| 实践项目名称 | | ×× 大学"智慧助农"实践团"三下乡"社会实践活动 |
|---|---|---|
| 实践时间 | | 2024 年 7 月 10 日—2024 年 8 月 25 日 |
| 实践地点 | | 江西省樟树市 ×× 区 ×× 街道 ×× 村 |
| 团队类型 | | 由 ×× 大学临床医学院、药学院、文学院共 20 名大学生组成的跨学科实践团队（促进乡村振兴团） |
| 指导教师 | | 陈 ××　　药学院教授　　187××××1111 |
| 团队成员 | | …… |
| 活动内容 | 具体实践事项 | …… |
| | 成果展示（附照片） | …… |
| 实践总结 | | …… |

# 模块五　生产劳动实践

## 一、农作物种植

种植是农业生产的主要组成部分，主要是指各种农作物（包括小麦、水稻、玉米、黑麦、高粱、粟等谷类作物，辣椒、黄瓜、丝瓜等蔬菜作物，人参、灵芝等药材等）以及花、草、树木等植物的栽培。虽然很多大学生可能见过他人种植农作物，但是亲手种植农作物的经历却几乎没有。

目前，一些学校建设了生产劳动实践基地，以便大学生进行农业生产劳动实践。大学生亲身参与农业种植，不仅能增长农业知识，掌握一般种植方法，还能够在农作物种植中体会劳动成果的来之不易和劳有所得的乐趣，以培养良好的劳动品质和正确的劳动价值观。

**1. 活动准备**

大学生在进行农作物种植实践时，需了解一些基本的种植知识，如除草、播种和施肥。

（1）除草

去除生产场地的杂草是农作物种植中的重要环节。所谓杂草，是指对人类活动不利或对生产场地有害的植物，一般是非栽培的野生植物或对人类有碍的植物。杂草会与农作物争夺养料、水分、阳光和空间，传播病虫害，从而降低农作物的产量和品质。所以，一般在农作物播种前或生长过程中都需要除草。在人工除草或其他种植环节中要正确使用锄头、镰刀、铁铲等工具，以提高劳动效率和保障安全。除了人工除草，还可以利用生物、机械和化学的方法除草。利用专门的除草剂除草是当前最为普遍的方式之一。这种方式高效、快速且经济，适用于大规模的种植。除草剂需用清水进行稀释，兑制成比例适宜的药液，然后喷洒在杂草上面即可。

扫一扫
除草工具的使用

（2）播种

常用的播种方法有撒播、点播和条播。

- **撒播。** 撒播就是把农作物的种子均匀地撒在田地里，必要时覆盖薄土。撒播操作简单，适合大部分农作物。撒播时要提前准备好苗床，根据农作物的生长习性整理好地块，一般要确保土壤透气、肥沃。当种子过于细小时，容易撒得过密，撒播前可先在种子中拌入适量细沙土，这样撒种更均匀。

- **点播。** 点播又叫穴播，就是在处理好的地块中按照一定距离开穴进行播种。点播的优点是能保证播种密度合适，这样能节省种子，也方便间苗（即疏苗，除掉多余的幼苗）、中耕（中耕指对土壤进行浅层翻倒，疏松表层土壤），适用于玉米、棉花、向日葵等种子的播种（插菜秧的方法与点播类似：先把土翻松，然后刨一个小坑，拿住菜秧的茎，把菜秧的根轻放在小坑里，然后盖上土压好。播种后一般要立即浇适量的水，水要浇在根部）。不过此方法对种子质量要求高，种子质量好才可保证发芽率高。

- **条播。** 条播就是在整理好的地块中开大小适宜的条沟，根据植物的习性控制好播种密度，然后将备好的种子撒在条沟内，覆盖土壤即可。条播能保证通风，透光性更好，也方便除草和管理。

在农作物种植实践中，播种前可查看购买的种子包装袋上的说明，弄清该种子的播种方法、播种时间、播种注意事项等。

（3）施肥

众所周知，农作物生长需要肥料，如果缺乏营养，就很容易长不好。就像人如果营养不良，就无法健康成长一样。一般，在种植农作物之前应施足底肥（底肥是指在播种前施用的肥料，主要提供农作物生长初期所需的养分。施底肥就是把肥料埋在土壤深处），后期还要进行追肥（追肥是指在农作物生长期间为补充和调节其所含养分而施用肥料），给农作物追肥的方式有播撒施肥、浇灌水肥、叶面喷肥等方式。

- **播撒施肥。**播撒施肥指直接把肥料撒在地里。通常播撒施肥都是在给农作物浇过水或者下过雨之后，有时也可以根据天气预报在雨期来临之前施肥。
- **浇灌水肥。**浇灌水肥指在给农作物浇水的同时把肥料溶入水中，再浇灌在农作物生长的土壤中。这是农村十分常见的给蔬菜瓜果追肥的方式。
- **叶面喷肥。**叶面喷肥指将肥料溶液喷洒在农作物叶片上，适用于农作物生长旺季的营养补充。

**2. 实践要求**

大学生进行农作物种植的实践要求包括以下 3 点。

- **安全实践。**严格遵守安全规定，特别是集体列队出行时，要拿好锄头、铁铲等劳动工具，不得嬉戏打闹。
- **学习农作物种植基本技术。**掌握播种技术相关知识，包括种子处理、播种期、播种量、播种方法等；学习田间管理相关知识，如施肥、灌溉、除草、病虫害防治等；了解收获技术相关知识，包括收获期、收获方法、收获机械等。
- **团队协作。**与同学团结协作，共同完成任务，分享经验和知识。

**3. 劳动实践开展**

农作物种植实践主要涉及种植准备、播种、田间管理和收获农作物等环节。

- **种植准备。**其一，确定要种植的农作物种类。其二，选择肥沃、疏松且阳光充足的土地，以便农作物生长。其三，耕地和平整土地，确保土地表面平整，没有明显的高低起伏，以便于灌溉和排水。其四，选择饱满、无病虫害的优质种子。
- **播种。**根据农作物的生长习性，选择合适的季节和具体时间进行播种。
- **田间管理。**其一，适时适量灌溉农作物。其二，在农作物的不同生长阶段合理施肥。其三，注意清除杂草。其四，密切关注农作物的生长情况，及时进行病虫害防治。
- **收获农作物。**根据农作物的成熟度选择合适的时机进行采摘或挖掘。

扫一扫

农作物种植实践
报告（示例）

**4. 反思交流**

完成农作物种植实践后，回顾自己在种植农作物过程中的表现，结合同学之间的交流，撰写农作物种植实践报告，如表 11 所示，以总结经验并吸取教训。

表11　农作物种植实践报告（示例）

| 种植的农作物 | 玉米 |
| --- | --- |
| 实践周期 | 3月20日—7月1日 |
| 种植过程描述 | （1）种植准备阶段<br>土地选择：选择肥沃、排水良好、阳光充足的土地（之前种植过农作物的熟地）<br>种子挑选：挑选颗粒饱满、无病虫害、发芽率高的优良玉米种子<br>农具准备：包括锄头、耙子、铲子、浇水壶等基本农具<br>肥料准备：有机肥料和适量的化肥<br>…… |

右上角：续表

| 成果展示（不同时期农作物的生长状态照片和工作照片） | ...... |
| --- | --- |
| 实践总结 | ...... |

## 二、生产实习

　　大学生进行生产实习活动是一个不断学习、实践和成长的过程。通过认真参与每个阶段的实习活动，大学生能够提高自己的专业能力和综合素质，为未来的职业发展打下坚实的基础。

**1. 活动准备**

大学生参加生产实习活动时，需要做好以下 3 个方面的准备。

- **选择实习单位。**根据自己的专业和兴趣，选择合适的实习单位，并与实习单位沟通，了解实习岗位的具体职责和工作安排。可以通过学校推荐、自行联系或参加招聘会等方式确定实习单位。
- **签订实习协议。**与实习单位签订实习协议，明确双方的权利和义务，包括实习时间、工作内容、实习待遇、安全保障等方面的内容。
- **准备实习所需物品。**准备好相关的证件，如学生证、身份证等；携带笔记本、笔等学习用品，以便记录实习过程中的重要信息。

**2. 实践要求**

大学生在生产实习中应严格要求自己，做好以下事项。

- **遵守实习单位的规章制度。**严格遵守实习单位的规章制度，如不迟到、不早退。正确使用和操作设备，确保工作安全等。
- **认真完成实习任务。**明确实习期间的工作任务和目标，积极主动地承担工作责任，认真对待每一项工作，保证工作质量。
- **积极学习和提升能力。**虚心向实习单位的员工学习，参加实习单位组织的培训和学习活动，提升自己的专业技能和综合素质。
- **保持良好的职业素养。**注意自己的言行举止，保持礼貌谦逊。保守实习单位的商业机密和工作信息，不泄露实习单位的内部资料。树立正确的工作态度，培养敬业精神和责任感。

**3. 劳动实践开展**

生产实习活动大体分为实习初期的适应阶段和实习中期的深入实践阶段。

- **实习初期的适应阶段。**到达实习单位后，参加单位组织的入职培训，了解单位的基本情况、组织架构、企业文化等，学习单位的规章制度、安全操作规程和工作流程；根据单位的安排，分配到具体的实习岗位后，与岗位负责人和同事见面，熟悉工作环境和工作团队、工作内容和工作要求，学习相关的设备操作方法和工作技巧；积极与同事交流沟通，建立良好的工作关系，并参与团队活动，融入团队，提高团队协作能力。

- **实习中期的深入实践阶段。** 在掌握一定的工作技能后，开始独立承担一些简单的工作任务，按照工作流程和标准，认真完成工作任务，保证工作质量；在工作中遇到问题时，及时向导师或同事请教，寻求解决方案，并总结经验，提高解决问题的能力；有机会参与单位的实际项目时，在项目中应用自己的专业知识和技能，并与团队成员密切合作，共同完成项目任务，提高团队协作能力；利用业余时间，学习与实习岗位相关的业务知识，拓宽自己的知识面，为今后的职业发展做好准备。

扫一扫

生产实习实践
报告（示例）

### 4. 反思交流

完成生产实习后，总结整个实习过程，回顾自己在实习期间的工作表现，反思自己的优点和不足，撰写实习活动报告，如表 12 所示。同时，同学之间可分享实习经验，相互交流实习心得和体会，并将实习经验运用到今后的学习和生活中。

**表 12　生产实习活动报告（示例）**

| 实习项目 | 原料处理岗位实习 |
| --- | --- |
| 实习时间 | 2024 年 6 月 10 日—2024 年 8 月 10 日 |
| 实习单位 | ××制药集团有限责任公司 |
| 实习目的 | （1）理论与实践结合：将所学的专业理论知识与实际生产操作相结合，加深对专业知识的理解和掌握，提高运用理论知识解决实际问题的能力<br>（2）熟悉生产流程：全面了解药品生产的整个流程，熟悉每个环节的操作规范和质量标准，为今后从事制药行业工作打下坚实的实践基础<br>（3）培养职业素养：培养良好的职业道德和职业素养，学习企业的先进管理理念和企业文化，增强对制药行业的认同感和归属感<br>（4）提升综合能力：锻炼动手能力、沟通能力和问题解决能力 |
| 团队成员 | …… |
| 实习内容<br>（附工作照片和实习成果照片） | （1）安全培训：培训内容包括车间安全规章制度、消防安全知识、个人防护用品的正确使用等<br>（2）企业文化与规章制度学习：学习企业文化与规章制度，为尽快融入公司的工作环境奠定基础<br>（3）生产流程与工艺知识培训：学习药品生产的基本流程和主要工艺，包括片剂、胶囊剂、口服液等不同剂型药品的生产特点和质量控制要点<br>（4）原料验收：严格按照公司的质量标准和验收流程，对采购回来的中药材、辅料等原料进行外观、纯度、含水量等指标的检验。<br>（5）原料清洗与炮制：运用筛选、水选、炒制、炙制等方法，对不同原料进行清洗和炮制<br>（6）原料粉碎与混合：将处理好的原料进行粉碎和混合，使其达到规定的粒度和均匀度 |
| 实践总结 | …… |